# 日本美妆品购物攻略

终极
推荐版

郑世彬 著

人民邮电出版社

北 京

开始一条『研究』的梦想之路。
本着对日本药妆的执着与向往，

终于，我的日本美妆系列第四本著作出版了。从2011年踏入采访写作这一行，至今已满5个年头。

5年多前，当我刚开始展开采访写作时，因为是一个完全没有作品的自由作家，所以几乎没有多少日本厂商愿意接受我的采访。在对日本厂商不断地"死缠烂打"之下，5年后的今天，许多日本厂商都认识我了，而且也会定期给我提供最新的资讯。正因为这样，我才能持续给所有读者提供最新、最完整的美妆资讯。

有人曾经问我，日本美妆真的有那么多东西可以写吗？其实我一直忘不了，2000年我第一次走进日本药妆店里的那份感动。干净、明亮、品种多、商品包装设计又吸引人。对我来说，那根本就是充满惊奇的百货公司。到2016年3月为止，我访日多达79次，每次访日我都会到药妆店报到，每次总能有新发现。每当有了新发现，我就会忍不住想早点与读者们分享。

日本美妆总是不断给人惊奇，每当我采访并写完稿子之后，总是会再发现几种新品或遗珠之憾。例如在2月时，为配合日本电视台的采访，我前往日本乐敦制药拜访媒体公关。没想到我刚截稿，她竟然拿出这款3月就要上市的"樱花眼药水"给我看。其实这瓶眼药水，是很多人都知道的"小花眼药水"姐妹品，主打特色是让眼睛呼吸的抗龄保养。

不过，"樱花眼药水"最吸引我的地方，是整个包装的设计感。结合粉嫩色系、和风图样、烫金印刷等特色，高雅不俗气的视觉感受，让人完全不觉得这是冷冰冰的商品。或许，这就是日本美妆吸引人的

地方吧？

老实说，在众多春夏美妆新品中，Lyceeblanc 樱花眼药水是我心目中的第一名！不知道各位觉得如何呢？

说到包装设计，日本人真的做得很好，竟然可以把冷冰冰的商品包装成时尚感十足的商品，甚至加入日本人最擅长的卡哇伊文化，把卡通人物也印到包装上。除了中国游客熟悉的面包超人蚊虫贴之外，这款印有美乐蒂图样的乳酸菌草本便秘药，也是药妆店中相当吸睛的商品。

很多读者都向我反映，日本美妆商品多得令人眼花缭乱，到底该怎么买才会不枉此行呢？其实，除了长销热卖商品及自己惯用的美妆品之外，日本其实每个时期都会有不同的趋势。下面三个是在日本已经存在了一段时间，但在中国人中还没太被注意到的趋势，分享给各位。

My Melody ©1976, 2016 SANRIO CO., LTD. APPROVAL NO.G551102

## 1. 碳酸美容

碳酸美容的产品在日本相当多，例如花王贵妇牌"est"就是相当具有代表性的碳酸美容品牌。其实碳酸美容的原理很简单，就是碳酸泡从皮肤进入微血管之后，会通过促进血管扩张让血液循环变好，进而让细胞活化。因此挑选碳酸美容商品时，碳酸泡浓度就显得特别重要。前阵子我利用采访空档，前往岐阜下吕深山的"小坂市"体验碳酸温泉，没想到意外发现利用当地碳酸温泉水打造的碳酸泡保养品。这真的不得不令人佩服，日本人总是懂得利用当地特色开发保养品。虽然碳酸美容在日本相当热门，但可惜的是相关商品都是高压气体瓶装，能够携带回国的数量有限。

## 2. 温感卸妆

记得两年前第一次接触温感卸妆凝胶时，市面上还没有太多类似的商品，所以很难把它写成一个专题。不过这种 90% 以上的成分由美容液成分组成的

新形态卸妆品，却因为使用感佳而大受日本人喜爱，因此在2015年爆发似地出现了许多同类商品。温感卸妆最大的特色，就是利用温热感让毛孔张开，并且利用美容液成分在卸妆的同时发挥保养作用，相比卸妆油可以说是温和许多。

### 3. 胎盘素

相信中国人对胎盘素一点也不陌生，而且日本药妆店及美妆店中也都找得到各种胎盘素保养品。在一般人的印象中，胎盘素是相当不错的抗衰老成分，但其实还有很多人不知道，胎盘素在日本其实也是美白成分之一。简单地说，胎盘素在日本是一种兼具美白与抗衰老作用的保养成分。对于手边已经有惯用保养品的人来说，把胎盘素原液加入自己的保养品中，似乎也是不错的方式呢。

最后，还是不免俗地要感谢所有协助采访的厂商，以及陪我一起做出这本书的每一位工作人员。希望在我们的努力下，大家能够在日本买得正确，也买得开心。除了写书之外，我们平时也会将第一手的日本美妆、旅游、电器、美食等资讯放到官方FACEBOOK中，而且就在2016年年初，我便将粉丝团正名为"日本药妆研究室"，欢迎各位一起加入哦！

▶日本药妆研究家

**Contents**

**产品销售点标识**

- 新　新品销售
- 药　药妆店销售
- 美　美妆店销售
- 超　超市销售
- 专　专卖店销售
- 百　百货公司销售

注：本书内商品标价皆
为未含税之日元定
价或参考价，实际
售价仍以各卖场
为准。

# PART 1

# 地方美妆特辑 {1}
# 奈良

# 奈良

## なら
### 日本历史的起源地
### 最古老的医药之都

说到奈良，你会想到什么？奈良公园里恣意漫步的鹿群、庄严肃穆的东大寺大佛、朱红耀眼的春日大社、满山樱花狂绽的吉野山……这些都是人们对奈良的第一印象。不过你知道吗？历史比京都更古老的奈良，在公元8世纪曾经是"丝路的终点"，因此自古以来就受到中国佛教等文化的熏陶，这之中也包括来自中国的医药技术。

从日本古书《日本书纪》就可发现，早在公元611年时，推古天皇便仿效中国的习俗于奈良宇陀一带的野地摘取药材。除了朝廷之外，奈良的寺院也和医药有着很密切的关系。过去曾有寺院为了救济因病所苦的民众而引进中国医药技术与药材，这种寺院秘传的处方在历史上又被称为"施药"。

## 送货到府的贴心服务
## 日本的配置药文化

除了医院的处方药及药妆店里的市售药之外，日本还存在着名为"配置药"的第三形态医药品。日本的配置药文化起始于数百年前，但目前只有奈良及富山两地仍保留完整的配置药文化。在医院及药局尚未普及的年代，许多配置员会背着药物走访各地，将生活所需药物放到居民家中的配置药箱里。

配置药文化有个相当特别的规则，那就是"先用后利"。简单地说，就是先使用后付费的意思。配置员在来到居民家之后，会先清点已经使用的分量，再依照实际使用量征收费用，同时再把药物补齐。这种对人与对药的信赖关系，是配置药最令人津津乐道之处。

即便是满街药妆店林立的今日，这种充满人情味的配置药文化仍然存在于奈良。正因为是由配置员直接送到居民家中的原因，许多历史悠久且品质优良的配置药一直未走入药妆店。近年来，有部分配置药开始走入药妆店，甚至将版图拓展到日本全国，这才使得充满地方色彩的配置药有机会让更多的日本人、甚至是外国人所认识。

过去的配置员会像这样，把装满配置药的竹篓背在身上，并逐户将药物送到居民家中。图中外包为动物皮制，更早之前则是布包。

奈良一般居民家中的配置药专用箱。

## 奈良药草与配置药的博物馆
# 三光丸药物资料馆

历史最早可追溯至 700 年前的三光丸，是奈良县内相当知名的招牌名药，其工厂就位于奈良县南部的御所市。为让一般民众也能够深入了解奈良制药产业的历史，三光丸特别在占地广阔的厂区内建设了一座"三光丸药物资料馆"。

整个馆区大致可分为展示奈良药物历史及药材的"药のまほろば馆"、展示三光丸历史文物及制药器材的"三光丸こころの馆"以及保管未展示文物的"收藏库"三大区。一般展示古文物的博物馆，都是将文物锁在玻璃柜中，但三光丸药物资料馆里除部分容易破损的纸类文物之外，绝大部分的制药工具以及老招牌，参观者都可以亲手操作与触摸，堪称体验式博物馆。

↑一走进博物馆，就可看见当年制药师傅们实际使用的制丸工具。一旁的黑白照片，则是当年寄宿工厂的童工们辛勤包装药物的实景。

↑各种用来磨碎药材及磨制药粉的工具，都能够实际操作。

↑这里还可以体验折药包，只要根据教学折好纸包，就能把放在一旁的三光丸包回家。虽然这一大盒三光丸是如假包换的真货，但因为是暴露在空气中，所以还是保存留念就好，不太建议服用哦！

↑早期的广告传单。这种名为"引札"的老广告传单除了吸引人的鲜艳配色之外，大部分都是以传奇故事内容或歌舞伎剧情为背景所绘，有许多制药公司在过去都喜欢以这种形式绘制广告传单。

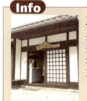

**Info**

**三光丸 クスリ資料館**

开放时间　9:00 ～ 16:00
开 放 日　平日及每月第二个周六
地　　址　〒639-2245 奈良县御所市今住 700-1
交　　通　JR 和歌山线"掖上站"步行 10 分钟
　　　　　近铁吉野线"市尾站"步行 15 分钟

## 隐身于吉野山世界遗产之中　陀罗尼助的发源地之一
# 藤井利三郎药房

陀罗尼助在关西，尤其在奈良是相当知名的胃肠药，相传它的发源地就在奈良的宗教重镇——大山。据说在1300年前，大山的开山始祖"役小角"曾采集山中的黄柏树皮熬制药物，并在熬制过程中读诵《陀罗尼经》后，将药物分送给身体不适的民众，因此这帖药方才被命名为"陀罗尼助"。

藤井利三郎药房的创始人于300多年前传承制法后，便在吉野山制造并售卖陀罗尼助。吉野山在日本不仅是颇负盛名的赏樱胜地，更是世界遗产"纪伊山地的灵场和参拜道"的一部分，因此藤井利三郎药房周围有着日本最古老的书院"吉水神社"以及宗教圣地"金峰山寺"等观光名胜。

↑一走进藤井利三郎药房，迎面而来的是巨大的蟾蜍雕像。这座雕像是数百年前用樱花树雕刻而成，俨然成为藤井利三郎药房的镇店之宝。事实上，这只只有三只脚的蟾蜍是"藤井陀罗尼助丸"的注册商标，因此在商品外盒或内瓶，都可见到它的踪影哦！

←在药房后方的和室里，展示着许多藤井利三郎药房从创业时期保存至今的老看板、文物及制药工具。

→沿着门前的参道走到底，就可看见宏伟的金峰山寺·藏王堂。

↓步入藤井利三郎药房斜对面的小坡道，就可抵达日本住宅建筑史上最古老的书院建筑，同时也是后醍醐天皇的南朝皇居，另外也是吉野山著名的"一目千本"赏樱热点。

**Info**

**藤井利三郎药房**

开放时间　8:30～17:00
开 放 日　不定休
地　　址　〒639-3115 奈良县吉野郡吉野町吉野山 2413 番地
交　　通　近铁吉野线"吉野站"转缆车至"吉野山"后步行约 10 分钟

# 药 奈良配置药

　　提到奈良，大家通常会联想到小鹿与古寺，奈良不仅是日本的文化古都，其实也是医药古都。在1300多年前，平城京（奈良）是日本的京城，除了京城建筑规划仿造中国唐朝长安城之外，在医药方面也受到中国医学的影响，因此成为早期日本医药最发达的地区。直到今日，奈良当地仍然有许多历史达数百年的传统药物流传。这些历史悠久的传统药，部分进入日本全国连锁系统而广为人知，但绝大部分都是被作为"配置药"（又称"置药"）所用。这种仅在部分地区日本人家里才看得见的医药品，其实才是真正只卖给日本人的"梦幻逸品"。这些极具特色的奈良药物，目前在奈良市区内部分药妆店（请参照本单元最后的地图）也有销售。下次来到奈良，不妨带些不一样的"限定伴手礼"吧！

## 三光丸

| 厂商名称 | 株式会社三光丸 |
|---|---|
| 类型 | 胃肠药 |
| 适应症 | 胃弱、吃太饱、食欲不振、饮酒过多、胃闷、胃/腹部膨胀感、胃食道逆流、食道异物感、恶心、呕吐 |
| 容量/价格 | 6包（180粒）/¥750 |

　　这是拥有近700年历史的纯中药材胃肠药。初期名为"紫微垣丸"，后于1336年献药给后醍醐天皇，因为治愈了天皇的不适疾患，天皇便称赞这是日·月·星之神所赐予的神药，并且赐名为"三光丸"，后来更成为奈良药物的金字招牌。

## フジイ陀罗尼助丸

| 厂商名称 | 株式会社藤井利三郎药房 |
|---|---|
| 类型 | 胃肠药 |
| 适应症 | 食欲不振、胃/腹部膨胀感、消化不良、胃弱、吃太饱、饮酒过多、胃食道逆流、胃闷、食道异物感、恶心、呕吐 |
| 容量/价格 | 36包（720粒）/¥1,500<br>78包（1,560粒）/¥3,000<br>小瓶装（1,980粒）/¥2,500<br>大瓶装（4,200粒）/¥5,000 |

　　商品化历史已有300年，是关西地区相当著名的黄柏类胃肠药。其实黄柏制剂在日本有三大品牌，包括"奈良·陀罗尼助丸""长野·百草丸"以及"山阴·练熊"。值得一提的是，在众多奈良配置药当中，这是少数走出奈良，在日本各地药妆店都可见的奈良本地品牌。其另一个特征，就是制药原料数百年来都相同，并未随着时代改变而添加化学添加物，也难怪至今仍受到许多日本民众的喜爱。

## 黑玉龙胆丸

| 厂商名称 | 大和制药株式会社 |
|---|---|
| 类型 | 胃肠药 |
| 适应症 | 食欲不振、胃/腹部膨胀感、消化不良、胃弱、吃太饱、饮酒过多、胃闷、食道异物感、恶心、宿醉、呕吐、整肠、软便、便秘 |
| 容量/价格 | 10包（300粒）/¥1,500 |

　　主要使用当药、老鹳草、龙胆、人参以及黄柏5种中药调配而成的和汉胃肠药。针对目标不仅有胃，也很重视肠，名字取自于苦味药材龙胆。其最大特征在于添加了可补气养神的人参。据说这样的配方并不常见，而且目前日本也不再发放新的制造许可。

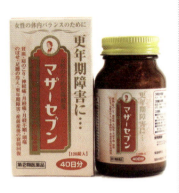

## 天平宝汉

| 厂商名称 | 佐藤药品工业株式会社 |
|---|---|
| 类型 | 营养补充剂 |
| 适应症 | 虚弱体质、身体疲劳、胃肠虚弱、食欲不振、气色不佳、身体虚寒 |
| 容量/价格 | 1,800锭 / ¥12,000 |

运用人参、地黄、当归、芍药以及黄柏等中药材，打造出相当少见的汉方营养补充剂。其实佐藤药品工业拥有相当过人的"长效缓释胶囊包覆技术"，得到许多知名药厂的信赖，因此市面上不少长效药剂是由他们代工生产的。

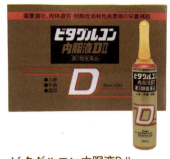

## ビタグルコン内服液DⅡ

| 厂商名称 | 金阳制药株式会社 |
|---|---|
| 类型 | 营养补充剂 |
| 适应症 | 滋养强壮、虚弱体质、身体疲劳、食欲不振、营养障碍、发热性疾病、产前产后补充营养 |
| 容量/价格 | 30毫升 / ¥400<br>30支 / ¥12,000 |

日本的药妆店或超商里，总是摆满琳琅满目的营养补充液，绝大部分都是玻璃瓶装。因为太重，所以许多人只能打消带回国的念头。不过来自奈良金阳制药的这种营养补充液，却是罕见地采用塑料安瓿，大大地减轻了重量。另外，服用方式也很特别，只要折断前端部分再插入吸管即可服用。从主要成分来看，除了人参、牛黄等补气养身的中药材与B族维生素之外，不知道是不是奈良的地缘关系，还罕见地添加了补气药材——鹿茸。

## マザーセブン

| 厂商名称 | 至诚堂株式会社 |
|---|---|
| 类型 | 妇女用药 |
| 适应症 | 贫血、肩膀酸痛、神经痛、经痛、月经不顺、头痛、热潮红、足腰虚冷、更年期障碍、产前产后的身体虚弱 |
| 容量/价格 | 120锭 / ¥2,280 |

只保留传统四物中所需要的成分，去除容易导致肠胃不适的地黄，并加入了牡丹皮搭配人参作为主要成分。成分中使用了自古以来的妇科妙药番红花，且添加了女性一日建议摄取量的富马酸亚铁。此外还有安定神经的溴化缬草酸尿素，以及维生素B与维生素E。

## ジンホル

| 厂商名称 | 金阳制药株式会社 |
|---|---|
| 类型 | 妇女用药 |
| 适应症 | 头痛、眩晕、头昏、四肢发麻、身体虚寒、肩颈僵硬、月经不调、歇斯底里 |
| 容量/价格 | 72包 / ¥3,600 |

专为女性开发的健康维持用药。除了截取当归芍药汤、桂枝茯苓丸、四物汤及加味逍遥散等妇科用药处方的部分药材之外，还额外添加了补气药材高丽人参，以及自古以来就用于治疗妇科病的番红花，再搭配可促使血管扩张的咖啡因。从处方结构来看，是中药结合西药的和洋制剂。像这样的特殊处方，据说目前已经不再发给新的许可执照了。

## 风天狗

| 厂商名称 | 丸太中嶋制药株式会社 |
|---|---|
| 类型 | 感冒药 |
| 适应症 | 缓和流鼻涕、鼻塞、打喷嚏、喉咙痛、咳嗽、有痰、畏寒、发烧、头痛、关节痛、肌肉酸痛等各种感冒症状 |
| 容量/价格 | 12包／¥1,800 |

无论是品名"风天狗"，还是盒面上的天狗商标，所有元素都相当抢眼且独具特色。创业近330年的丸太中嶋制药在创业初期为寺院济世的"施药"，后于江户时代至今则是配置药的制造厂。除乙酰胺酚等西药成分之外，还添加了地龙、陈皮及生姜等中药成分，在药物类型上属于抑制症状（西药）与提升免疫（中药）合一的感冒药。

## カゼソフト カプセル

| 厂商名称 | ユニテックメディカル株式会社 |
|---|---|
| 类型 | 感冒药 |
| 适应症 | 缓和流鼻涕、鼻塞、打喷嚏、喉咙痛、咳嗽、有痰、畏寒、发烧、头痛、关节痛、肌肉酸痛等各种感冒症状 |
| 容量/价格 | 18颗／¥1,800 |

内层包覆液态药物成分的软胶囊。这种软胶囊最大的特色，就是液态成分较容易被人体吸收，所以药效通常较快。除乙酰胺酚等西药成分之外，还添加了具有解热效果的中药成分牛黄。另外，还添加了南天果实萃取物，算是加强针对咳嗽症状的感冒药。

## 三宝心 "マルタ"

| 厂商名称 | 丸太中嶋制药株式会社 |
|---|---|
| 药物类型 | 强心药 |
| 适应症 | 心悸、呼吸急促、眩晕 |
| 容量/价格 | 200粒／¥20,000 |

在日本的传统药中，有种相当特别的类型——"脏器药"，其实就是我们所谓的强心药。"三宝心"这类药物的主要药效来自麝香、牛黄以及蟾酥等中药材的强心作用。许多人都以为这种药物是在心脏急症发生时服用，但事实上许多日本的老人家都是在平时服用，也就是作为保健药品使用。

## 力脏心

| 厂商名称 | 大佛堂制药株式会社 |
|---|---|
| 类型 | 强心药 |
| 适应症 | 心悸、呼吸急促、眩晕 |
| 容量/价格 | 80粒／¥8,500 |

从品名并不难看出"力脏心"的主要功效为何。这种被归类为脏器药的中药强心剂，在日本是相当常见的传统药。除麝香、牛黄以及蟾酥等强心中药材之外，力脏心最大的特色在于药粒外围包覆有一层金箔。常见于传统药粒的金箔包覆制法，除外观好看之外，据说还有防腐及安定等效果。

## 大心丸

| 厂商名称 | ユニテックメディカル株式会社 |
|---|---|
| 药物类型 | 强心药 |
| 适应症 | 心悸、呼吸急促、眩晕 |
| 容量/价格 | 40粒／¥20,000<br>80粒／¥39,000<br>120粒／¥55,000<br>600粒／¥240,000 |

"大心丸"是以麝香、牛黄以及蟾酥等强心中药材制成的脏器药。从包装上"牛黄配合"（添加牛黄）四个大字就不难看出，大心丸最大的卖点就在于牛黄这种强心药材。大部分脏器药的牛黄添加量大多介于2～3毫克，但大心丸的牛黄添加量却高达100毫克。或许是因为有效成分的剂量高人一等，所以在价格上也略高一些。

## スキンピュアリッチ

| 厂商名称 | ユニテックメディカル株式会社 |
|---|---|
| 容量/价格 | 68克／¥2,800 |

奈良当地制造的高保湿乳霜。素材方面虽然与奈良当地物产没有关系，但保湿成分的选择却是相当讲究且完整。除常见的胶原蛋白、玻尿酸及蜂王浆之外，还有近年来相当受瞩目的胎盘素与润泽成分角鲨烯。除了脸部之外，容易干燥的手肘、膝部、脚跟及颈部也都适合使用。由于质地温和没有刺激感，男性也能用于剃须后的保养。

## ならこすめ

| 厂商名称 | 株式会社クラブコスメチックス |
|---|---|

十分具有奈良特色的地方美妆，典雅的外包装图样其实是来自奈良明日香村的高松冢古坟壁画。这个保养系列之所以会被称为奈良美妆，其实是因为在原料方面，它坚持采用了大和当归、大和柿叶、大和芍药、大和地黄以及大和黄柏等奈良产中药材。或许有人会认为，中药材不是用来改善各种病症吗？怎么会跟保养扯上关系呢？事实上，这些奈良产的中药材具有抗氧化、抗糖化、促进胶原蛋白生成以及促进血液循环等美容效果。简单地说，这是一套主打抗衰老的地方美妆品。

### ならこすめ　エッセンス

| 类型 | 精华液 |
|---|---|
| 容量/价格 | 48毫升 / ¥2,362 |

### ならこすめ　大和の恵クリーム

| 类型 | 乳霜 |
|---|---|
| 容量/价格 | 25克 / ¥2,362 |

## ハイド ロQキズパッド

| 厂商名称 | ユニテックメディカル株式会社 |
|---|---|
| 容量/价格 | 8片 / ¥980 |

看似保护伤口用的一般创可贴，其实是亲水性敷料与聚氨酯橡胶制成的伤口贴片。简单地说，就是人工皮的一种。一般人工皮都是做成一大块，使用者再依照自己需要的大小裁切后使用，但这家奈良的制药公司则把人工皮制成一般伤口适用的大小。使用人工皮可保护伤口，让伤口复原得更快，但若是发生化脓或有感染现象的伤口，则不太适合使用。

### 味觉糖のど饴

| 厂商名称 | 味觉糖株式会社 |
|---|---|
| 容量/价格 | 90克 / ¥246 |

味觉糖是一家推出了许多软糖及糖果类商品的制造商，口感就像葡萄般的软糖"コロロ"就是他们的明星商品。其实味觉糖也有这种添加了药草成分的喉糖。这款喉糖的特殊之处，就是将15种药草细微粉末化后裹在蜂胶及蜂蜜制成的喉糖外层。在将喉糖放入口中之后，药草细微粉末就会立即融化，发挥润喉的效果。

### 味觉糖陀罗尼助饴

| 厂商名称 | 味觉糖株式会社 |
|---|---|
| 容量/价格 | 80克 / ¥288 |

包装上印有三脚蛙注册商标的陀罗尼助饴，是由味觉糖及藤井利三郎两家奈良厂商合作推出的和汉药。由于里面添加了关黄柏、肉桂以及延命草，并用黑糖调味，因此吃起来是黑糖味并带有特殊的汉方香味。

# 奈良伴手礼

到一个地方旅游，怎么可以不带些具有当地特色的伴手礼呢？来到奈良除了带些极具地方特色的奈良老药之外，和果子、甜点、可爱的奈良小鹿商品也都是不容错过的必购之物。下面就为大家介绍几种我在奈良买的伴手礼吧！在奈良市区，购买伴手礼的地方其实和药妆店的分布地点差不多，也就是集中在"三条通""小西さくら通"以及"东向通"这三条商店街。除此之外，JR奈良站的2楼也是不容错过的血拼重点！

## JR奈良车站 AREA

### 天极堂 ぷるるん

容量/价格　4个/￥950

天极堂可谓奈良的葛粉老店，这个葛粉冻礼盒里共有基本、白桃、红豆及黑蜜四种口味。其实葛粉冻吃起来味道似乎介于年糕与乌龙面，咬起来相当Q弹有劲，最基本的吃法就是淋上黑糖蜜直接吃。

### 天极堂 吉野本葛

容量/价格　150克/￥950

"葛"是奈良吉野一带的名产，将其根部磨成粉之后，就可制成知名的奈良甜点"葛粉"。这种未经处理过的葛原粉其实可取代淀粉做勾芡料理。许多当地人除了煮葛汤之外，还会在做日式煎蛋或玉米浓汤时拿来增加弹性或黏稠度。

### 山本 三轮の糸依

容量/价格　400克/￥1,080

拥有300年历史的三轮素面，也是许多人来到奈良必买的伴手礼。据说好山好水且气候寒冷的奈良三轮，是日本素面的发源地，或许是天然环境好的关系，三轮出产的手拉素面特别美味。

### しかまろくん　バタークッキー

容量/价格　12片/￥494

しかまろくん（鹿麻吕君）可以说是目前奈良最红的明星，走到哪都可看见他代言的伴手礼。这盒吃起来甜而不腻的奶油饼干，除了车站之外，在许多土产店也都买得到。

### まほろば大仏プリン

容量/价格　小/￥400・大/￥80

来到奈良怎能错过当地的必吃美食大佛布丁呢？绵密的布丁搭配微苦的焦糖水，实在是吃过一次就难忘！除总店"布丁之森"之外，JR奈良站2楼及近铁奈良站地下检票口附近也有分店。

## 东向通 AREA

### しかまろくん美味 しかせんべい

容量/价格　12片/￥1,200

仿造鹿仙贝制成的杏仁薄片，虽然造型跟鹿仙贝很像，不过千万不可以喂给小鹿，自己带回家细细品尝就好了！

奈良街头出售的用来喂食小鹿的鹿仙贝。

### 宽永堂 黑豆茶

容量/价格　￥400

热炒烘焙过的黑豆直接加热水泡开后，就可做成香气浓郁的黑豆茶。泡过的黑豆不要丢掉，喝完茶之后再吃也很美味哦！

## 万果堂　本千鸟

容量/价格　48个 / ¥1,100

千鸟图是日本传统的花纹，许多传统甜点上都可以看到这个图样。万果堂的千鸟馒头皮薄馅多，外皮其实是蜂蜜蛋糕，而内馅则是偏干的白豆馅，吃起来清爽不腻。

## 万果堂　千鸟葛干果子

容量/价格　¥620

千鸟造型的"葛干果子"是由葛粉和和三盆糖制成，入口即化的甜蜜口感，是具有奈良传统味的日式甜点。

## 御神鹿のふん

容量/价格　¥324

御神鹿的便便也能当伴手礼？是的，这和鹿鼻屎有异曲同工之妙，是仿造鹿便便做的巧克力花生。

## 鹿の鼻くそ

容量/价格　¥353

许多观光地都有这样的"鼻屎"商品。来到奈良当然也要不免俗地带回鹿鼻屎啰！其实这是可可花生豆，奈良许多土产店都有销售。

## 饴果子 奈良鹿ない饴莓

容量/价格　¥540

可爱的小鹿图案草莓口味拉糖，是许多土产店都会销售的商品，仅看盒面上的手绘风小鹿，就知道是来自奈良的伴手礼。

## 鹿クリップ

容量/价格　¥800

位于三条通的"日本市"，是展售许多和风杂货的店家，例如这款小鹿造型的回形针是不是很可爱且有奈良味呢？

## しかまろくんがいっパイ

容量/价格　¥600

喜欢鹿麻吕君且喜欢甜点的朋友，在土产店看到这盒巧克力千层派应该都会手滑吧？是的，我也不小心手滑了！

## 中川政七商店 月ヶ瀬和红茶

容量/价格　¥1,000

同样也是在"日本市"买到的特殊伴手礼。绿茶或烘焙茶很常见，但"和红茶"则不多见。加上铁盒的质感相当不错，喜欢铁盒的我自然就默默带回家了。

## せんとくんショコラハート

容量/价格　¥560

虽然最近光环被鹿麻吕君抢走不少，但"迁都君"才是奈良县的官方吉祥物，所以他当然也代言了一些伴手礼。这个象征"I LOVE 奈良"的心形白巧克力牛奶饼干就非常美味呢！

## ひより　しかまろくん　あぶらとり纸

容量/价格　20张 / ¥500

封面为鹿麻吕君的可爱吸油面纸，依功能性可分为干燥肌适用的シルク（丝绸）版、油性肌适用的アロエ（芦荟）版，以及混合肌适合的桃子版。

シルク / 丝绸

アロエ / 芦荟

桃 / 桃子

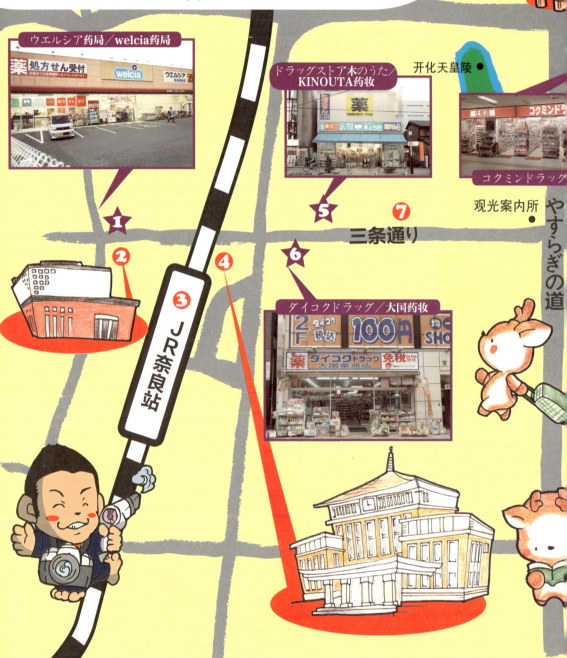

1. ☆ WELCIA
2. ② NIKKO HOTEL
3. ③ JR奈良站
4. ④ 奈良市综合观光案内所
5. ☆ ドラッグストア木のうた
6. ☆ ダイコクドラッグ
7. ⑦ 千鳥屋
8. ☆ SUN DRUG
9. ⑨ 日本市
10. ⑩ ひより
11. ⑪ SEIMS
12. ⑫ ダイソー(大創)
13. ⑬ 銀杏や
14. ⑭ 寛永堂
15. ⑮ 近鉄奈良站
16. ⑯ ソウイチロー/SOICHIRO
17. ☆ コクミンドラッグ

ウエルシア薬局／welcia薬局

ドラッグストア木のうた／KINOUTA药妆

开化天皇陵 ●

コクミンドラック

観光案内所 ●

三条通り

やすらぎの道

ダイコクドラッグ／大国药妆

近铁奈良站

15 16 14

13

12 东向商店街

11

8

小西さくら通

9 10

饼饭殿商店街

奈良公园

兴福寺

猿泽池

荒池

ドラッグセイムス／
SEIMS富士药品药妆

サンドラッグ／Sundrug药妆

# PART 2

# 地方美妆特辑{2}
# 北海道

# Hokkaido | 北海道

## 北国的药妆激战区——札幌狸小路商店街

　　除了东京的新宿、上野，以及大阪的心斋桥之外，全日本药妆店密度最高的地区，莫过于札幌的狸小路商店街了。这条位于地铁"大通"站与"すすきの駅"（薄野站）之间的商店街，至今已有140多年的历史。不仅是日本人，各国游客来到札幌，一定都会前来血拼一番。

　　从1960年开始，狸小路商店街就已经是全盖式商店街，就算外头刮风下雨或下雪，只要走进商店街就可以悠闲地逛。这条全长900米的商店街，从1丁目到7丁目主要分为七个街区，其中地铁"大通"

### サッポロドラッグストアー狸小路大王ビル店

SAPPORO 药妆是一家位于狸小路 5 丁目入口的大型店，1 楼为医药品、健康食品卖场，2 楼为美妆保养品卖场，而 3 楼则是生活用品及小型超市。这家店最大的特色，就是营业到凌晨 1 点，这对夜猫子来说是个好去处，也是回国前最后的补货店！

### コクミンドラッグ狸小路西店

这是国民药妆位于狸小路中的另一家分店，整体来说门市面积较小，位置靠近狸小路 4 丁目。

## 5丁目　　4丁目　　3丁目

### サッポロドラッグストアー狸小路 4 丁目店

SAPPORO 药妆是北海道当地的连锁药妆店，这家面积较小的门市，是狸小路 4 丁目唯一的药妆店。

### コクミンドラッグ狸小路店

国民药妆在狸小路 3 丁目开了两家分店，其中位于青山洋服隔壁的这家门市较为宽敞。

### サッポロドラッグストアー狸小路 5 丁目店

SAPPORO 药妆在 5 丁目还有另一家大型门市。这家门市除了药妆品之外，还设置伴手礼特区，整体来说商品种类更适合游客的购物需求。

## 狸小路商店街MAP

### マツモトキヨシ狸小路店

　　国人认知度最高的松本清，位于靠近狸小路2丁目的狸小路3丁目中。

### ダイコクドラッグ
### 札幌南2条店

　　常见的便宜药妆连锁店——大国药妆在北海道的分店较少，地点也比较难找。这家店位于狸小路1丁目入口附近的大创百元店对面。

| 3丁目 | 2丁目 | 1丁目 |

### サンドラッグ
### 狸小路2丁目店

　　整个狸小路2丁目就只有这家SUN DRUG独霸天下。

### ココカラファイン
### 狸小路店

　　这是东京及大阪常见的一家药妆连锁店，位于狸小路商店街的起点入口处。

站的出入口就位于 3 丁目与 4 丁目之间。

　　药妆店大多集中在狸小路 1 丁目至 5 丁目这段大约 600 米长的街道范围内。在这短短的路程上，共集结了 9 家药妆店，其密度之高堪称北国的药妆激战区（其实在连接地铁大通站的地下街中，也有一家北海道药妆连锁店 "ainz & tulpe"）。由于北海道的商品运输成本较高，所以药妆商品售价本身会比东京或大阪等地的激战区高一些。走一圈观察下来，发现狸小路商店街内的药妆售价差异并不算大，所以如果是跟团游而没有太多时间比价的话，可以选一家商品比较齐全的药妆店一次购足。

# 北海道的药妆霸主
## SAPPORO DRUG STORE——札幌药妆

　　为采访北海道地方美妆，我事前收集过札幌当地的药妆店资讯，结果发现在一批日本全国药妆连锁店中，有一家我在东京从未见过的药妆店，于是我便决定深入探索这家发迹于札幌的药妆连锁店——札幌药妆。

　　其实札幌药妆最吸引我的地方，不只是因为它是"北海道限定"的药妆店，它还有许多其他药妆店所没有的独家限定商品。相信许多人都对"限定"两字毫无抵抗力，所以更要窥探一下札幌药妆的秘密。

　　札幌药妆目前有130多家分店，主要分布在北海道地区。除了位于札幌车站西检票口外的都市型药妆店品牌"Creare パセオ西店"之外，以"SAPPORO DRUG STORE"为名的药妆店，其门市面积大多相当宽敞，有些甚至有日常用品、食品、酒类以及生鲜等商品，成为"药妆＋超市"的特殊形态商店。

↑走出札幌车站西检票口，往前直行走入商场之后，就能看到札幌药妆的都市型药妆店品牌"Creare"。

↑占地广阔的超市型药妆店，通常都开在市郊或住宅区附近，因此客户群以本地人为主。

↑泡面？蔬菜？是的，别怀疑，这里是药妆店！

↑许多北海道当地人来到札幌药妆，都会买上层的碳酸水，听说那是札幌药妆的自有品牌。这里一年可卖出70多万瓶碳酸水，其最大的特色是"气超强"。

## 巨大的药妆游乐园
# 札幌药妆中之岛店

札幌市区的札幌药妆分店大约有60家，而大部分游客购物的地区则集中在狸小路商店街里的三家分店。虽然狸小路商店街里的札幌药妆也算大，但最吸引我的分店是位于地铁"中ノ岛站"附近的中之岛店。

↑札幌药妆中之岛店的外观。光从外观看就觉得霸气十足了！像这样的大型药妆店通常都开在郊区，但这家店距离地铁站却只有5分钟不到的车程。

 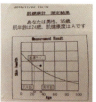

↑在1楼有这么一个自我健康检测专区，除血压、体脂肪等检验仪器之外，照片左侧的肤质检测仪让我最在意，所以当场就测试了一下。　↑年纪不小心曝光了……实际年龄35岁，但肌肤年龄却只有24岁！看来平日的保养真的很重要呢！

若要用一个字形容这家药妆店的特色，那就是一个"大"字。有多大呢？两层卖场加起来约有2000平方米那么宽敞。因为门市面积够大，所以商品的种类也格外齐全，尤其是2楼的美妆保养品卖场更是美妆店等级。除大品牌之外，许多其他药妆店看不到、极具创意的中小品牌美妆在这里也都找得到。最重要的是，卖场走道相当宽敞，逛起来和百货公司一样舒服。逛着逛着，都让我想在隔壁的公寓找个房间住下来了！

↑这是短跑练习道吗？真的是只有北海道才看得见的超大空间。右侧的透明玻璃电梯则是在札幌药妆会长富山先生坚持下打造的杰作。

↑2楼是美妆保养商品区，一上楼就可见熟悉的"@cosme"专区。原来札幌药妆与@cosme合作，在北海道设立了美妆排行资讯专区，每个月都会与东京同步更新美妆排行榜。

↑一般药妆店仅有一小区为男性保养品专区，在这里是横跨好几个商品架的豪华专区。　↑明亮宽敞的卖场，一点都看不出来是药妆店，这就是我所说的美妆店等级！

**Info**

サッポロドラッグストアー　中ノ島店

开放时间　9:00～22:00
地　　址　〒062-0922 札幌市 平区中の岛2条2丁目3番3号
交　　通　地铁南北线"中ノ岛站"・2号出口步行约5分钟

# 北海道限定药妆美妆大集合

曾经到过北海道的朋友，一定都发现北海道的药妆店里总是摆着马油，甚至还有一些在东京或大阪从来没见过的美妆保养品。其实这些药妆、美妆品有许多都是用北海道当地素材制作而成的北海道限定药妆、美妆。接下来就为各位介绍札幌市区可以见到的限定商品。

（注：商品名称后标注★的商品，只能在我采访的札幌药妆买得到）

## 北海道ぷちキンカン★

| 厂商名称 | 株式会社金冠堂 |
|---|---|
| 容量/价格 | 15毫升／¥476 |

老牌蚊虫药金冠液在北海道也推出限定版了！其实内容物与一般药妆店里的金冠液相同，仅包装有些不同而已。喜欢金冠液且喜欢收集不同版本的朋友，下次来北海道可以仔细在约妆店里找找哦！

## 节王 Premium★

| 厂商名称 | 株式会社サルボ |
|---|---|
| 容量/价格 | 135粒／¥3,500 |

节王是专为关节健康问题而开发的健康辅助食品，除常见的第二型胶原蛋白、软骨素、玻尿酸以及乙酰葡糖胺之外，还有萃取自三文鱼鼻软骨，同时也是组成人体软骨的稀有成分"蛋白聚糖"。

## GABAX★

| 厂商名称 | 株式会社プロント |
|---|---|
| 容量/价格 | 120粒／¥2,980 |

GABAX是目前少数通过"机能性表示食品"的健康辅助食品之一，其主要成分GABA能让身体放松，并促使亢奋的神经趋于稳定，因此非常适合已经十分劳累，但因满脑子想着工作而紧张到睡不着的现代人。

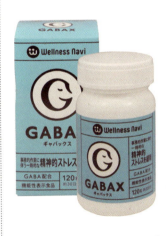

## 超酵素 エピザイム★

| 厂商名称 | 日本药品开发株式会社 |
|---|---|
| 容量/价格 | 2.8克×30包／¥2,980 |

将成长期的大麦嫩叶直接制成粉末的酵素饮，适合平时以肉食为主的外食族补充酵素。在食用上并没有任何限制，可以加入任何饮品中饮用，但因为过高的温度会使酵素活性降低，所以不太适合加到热茶或热汤中。

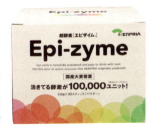

### 颜白料
### SDS クレイ洗颜フォーム★

| 厂商名称 | Creare株式会社 |
|---|---|
| 容量/价格 | 100克 / ¥1,980 |

　　Creare是札幌药妆旗下的都市型药妆店品牌，因此这款洗面乳也算是札幌药妆的自有品牌，搭配盒内附赠的起泡网，可以搓出相当浓密的泡泡。其洁净成分是近年来相当热门、用以吸附毛孔内脏污的黏土。

### お茶と重曹のもこもこ泡洗顔★

| 厂商名称 | 株式会社ノンタイトル |
|---|---|
| 容量/价格 | 120克 / ¥1,800 |

　　京都宇治绿茶与小苏打为主要原料、着重于毛孔清洁的洁颜霜。除了上述两种洁净成分之外，还添加了蛋白聚糖、马油、马胎素以及白桦等来自北海道的美容素材，目前只在北海道才买得到。

### 肌辉水 SDS
### ブライトニングローション★

| 厂商名称 | Creare株式会社 |
|---|---|
| 容量/价格 | 120毫升 / ¥1,980 |

　　札幌药妆的自有品牌商品之一，从盒面上的"肌辉水"三个大字来看，不难发现这是一瓶与亮白肤色有关的化妆水。从成分来看，主要美容成分除具有美白及抗衰老功效的胎盘素萃取物之外，还有北海道原料——红豆萃取物。

### 北海道石鹸

| 厂商名称 | 株式会社妆药研究所 |
|---|---|
| 容量/价格 | 82克 / ¥857 |

　　利用北海道原料制作的手工皂，不仅可以洗脸，也能用来洗净全身。手工皂依照主题与香味共有4种不同的类型，而且皂体本身的形状是北海道地图，可以说是相当具有北海道特色的地方美妆品呢！

札幌草莓　　富良野薰衣草　　小樽蜂蜜　　石狩玫瑰精油

札幌草莓

富良野薰衣草

小樽蜂蜜　　石狩玫瑰精油

### 北海道化妆水

| 厂商名称 | 株式会社妆药研究所 |
|---|---|
| 容量/价格 | 120毫升 / ¥1,429 |

　　与北海道肥皂同系列的"北海道化妆水"，同样以4种北海道产的原料为主。除各自的香氛及美容成分之外，其共同成分包括可滋润肌肤的蜂蜜、可调理肤纹的胎盘素萃取物，以及能防止肌肤干燥的当归萃取物。

清爽型

### あんここ オールインワンジェル

| 厂商名称 | 株式会社ベル・クール研究所 |
|---|---|
| 容量/价格 | 清爽型 60克 / ¥2,500 |
| | 滋润型 60克 / ¥2,500 |

近年来流行喝红豆水保养好气色，其实北海道也有红豆做的保养品呢！这款以红豆萃取物为主要成分的多效凝胶共有两种类型，分别是罐装清爽型以及软管装滋润型。除红豆萃取物之外，还添加了可改善肌肤弹性的葡萄叶、皮、籽萃取物以及可滋润肌肤的蛋白聚糖。

滋润型

### プロテオグリッチ 雪解ふっくらゲルクリーム

| 厂商名称 | キコラボエイジレス株式会社 |
|---|---|
| 容量/价格 | 100克 / ¥2,700 |

融合蛋白聚糖以及白桦、芦笋、薏仁、川芎与当归等北海道产素材萃取物，再搭配北海道的融雪水与海洋深层水所制成的抗衰老多效凝露。蛋白聚糖是近年来备受瞩目的抗衰老新成分，由于可从三文鱼鼻软骨萃取，因此许多北海道当地美妆都会添加这种当地美容成分。

### 北见ハッカ油

| 厂商名称 | 株式会社北见ハッカ通商 |
|---|---|
| 容量/价格 | 28毫升 / ¥1,200 |

到过北海道的人都知道，北见的薄荷糖是必买伴手礼，而北见薄荷油更是婆婆妈妈的最爱。北海道的北见薄荷油是食用原料之一，所以能加入红茶或花草茶中加味，也适合出游露营时使用，甚至还能当作室内香氛精油使用呢！

### 五条の雾水 ★

| 厂商名称 | 株式会社五条 |
|---|---|
| 容量/价格 | 200毫升 / ¥1,848 |

这瓶以玻尿酸为主要美容成分的全身用化妆水，也是札幌药妆的独卖商品，主要的功能就是帮肌肤补水。除洗澡后可用于全身之外，也可以随时喷于脸部补充水分。

### 北见ハッカバスソルト

| 厂商名称 | 株式会社北见ハッカ通商 |
|---|---|
| 容量/价格 | 450克 / ¥1,600 |

利用北海道的北见薄荷及粗盐制成的入浴盐，对于喜欢薄荷香氛的人而言，是相当不错的泡澡良伴。

## 白雪马油
### フェイシャルエッセンスマスク

| 厂商名称 | 株式会社小六 |
|---|---|
| 容量/价格 | 25毫升×10片／¥1800 |

采用日本国产马油、维生素C、胶原蛋白与EGF等美容成分制成的面膜。除马油的滋润效果外，还能增加肌肤清透感与弹性，是深具北海道特色的面膜。

## ロッシモイストエイド
### フェイスマスクBA

| 厂商名称 | コスメテックスローランド株式会社 |
|---|---|
| 容量/价格 | 7片／¥500 |

从马油面膜的种类来看，这款算是入门级的每日面膜。除马油之外，还有马胎盘素萃取物、维生素C衍生物、玻尿酸以及神经酰氨基酸等抗衰老保湿成分。

## 登别 泉フェイスマスク OV9

| 厂商名称 | 北海道熊笹本铺株式会社 |
|---|---|
| 容量/价格 | 20毫升×3片／¥1,400 |

这款视觉震撼力十足的黑面膜，是受到登别观光协会认证的北海道美妆。其主要的美容成分除登别温泉水之外，还有北海道的山白竹萃取物，是除了马油之外的使用北海道产原料的面膜。

## 资生堂ウォーターインリップ
### スーパーモイストキープ

| 厂商名称 | 株式会社资生堂 |
|---|---|
| 容量/价格 | 3.5克／¥500 |

为抵抗北海道酷寒的气候，资生堂护唇膏系列竟然在北海道推出超滋润限定版本。除了意大利温泉水之外，其最主要的保湿成分是"海洋性角鲨烯"。老是觉得手边护唇膏不够给力的朋友，可以来北海道试试这款限定品。

## 北海道限定
### 马油リップクリーム

| 厂商名称 | 株式会社三辉 |
|---|---|
| 容量/价格 | 5克／¥550 |

马油美妆在北海道可以说是没有极限，连护唇膏也有马油版本，而且还号称99％是由马油制成。像这样的护唇膏在北海道以外的地区还真的很少见呢！

## ロイズ リップクリーム

| 厂商名称 | 株式会社ロイズコンフェクト |
|---|---|
| 容量/价格 | 3克／¥600 |

北海道的巧克力大王——ROYCE竟然也出护唇膏了!?其护唇成分采用可可油，不过涂起来没有巧克力香真是有点可惜呢！

## プロメディアル トリートメントリップ★

| 厂商名称 | ロート制药株式会社 |
|---|---|
| 容量/价格 | 8.5克／¥1,200 |

Promedial是乐敦制药从皮肤科学的角度，专为干燥敏感肌肤开发的保养系列，但这个系列只在部分美妆专卖店铺货，在一般药妆店通常找不到，而札幌药妆则是这个品牌在北海道的唯一经销点。这款护唇蜜的主要护唇成分也比较特别，是渗透性高的低分子胶原蛋白以及可形成薄膜以防止嘴唇水分蒸发的葡萄寡糖。

# 巧克力大王跨界新挑战
## ROYCE保养系列

　　说到 ROYCE，大家第一个想到的就是那美味的生巧克力与巧克力土豆片。不过用于制造巧克力的可可油，其实也是一种天然美容成分，所以 ROYCE 才会跨涉到保养品业界。目前 ROYCE 这个保养系列除 ROYCE 官网及直营门市外，药妆渠道只在札幌药妆铺货。

　　整个 ROYCE 保养系列共有洁颜皂、护肤霜、护手霜、身体乳、冲洗式泥膜及护唇膏 6 个品项，在香味方面则有无香、巧克力香以及玫瑰香三种。究竟该如何判断每一个品项的香味呢？其实从包装就可看出端倪哦！简单来说，白色为无香、粉红色为玫瑰香，而棕色则是巧克力香！

フェイスクリーム
护肤霜
60克 / ¥1,170

ROYCE' HAND CREAM

ROYCE' CHOCO PACK

ROYCE' FACE CREAM

ハンドクリーム
护手霜
80克 / ¥900

チョコパック
巧克力泥膜
150克 / ¥1,480

# 北海道美妆代表·马油

　　说到北海道，许多人都会想到马油。身为北海道美妆代表的马油保养品，其种类不下数十种，北海道几乎所有的药妆店及土产店，都看得见马油保养品的踪迹。许多人都说马油保养品好用，但到底好在哪里呢？

　　其实马油的成分比例与人体皮脂相同，其饱和脂肪酸与不饱和脂肪酸的比例为4∶6，因此渗透性相当好。古人在烧烫伤时都会在伤口上涂马油，但站在现代医学的角度并不建议这样做，不过马油的滋润及抗氧化效果却是众所周知的。

　　北海道的马油保养品那么多，到底该怎么选择呢？许多保养专家都建议使用"纯马油"，也就是不含任何添加物及香料的马油。这种马油属于天然成分，因此也保有原本的"油味"。事实上，马油中的不饱和脂肪酸比例较高、较不稳定，所以容易在室温下融解分层或凝固，而未添加任何添加物的纯马油也容易因为氧化而变质，所以建议开封之后尽早使用完毕。另一方面，有些马油保养品则会依照产品特性，添加各种不同的美容成分，甚至为害怕"油味"的使用者开发出各种精油版本，这也让我们在购买马油保养品的时候有了更多选择。

（注：商品名称后标注★的商品，只能在我采访的札幌药妆才找得到）

## 纯马油

目前市面上常见的纯马油有以下几个品牌，基本上只有用100％马油制成的商品，才会在包装上标示"纯马油"三个字。

**LBプレミアムオイル70★**

| 厂商名称 | 株式会社北海道ラボ |
|---|---|
| 容量/价格 | 70毫升 / ¥1,500 |

**纯马油★**

| 厂商名称 | 株式会社北海道セレクト |
|---|---|
| 容量/价格 | 35毫升 / ¥1,000 |

**北海道纯马油**

| 厂商名称 | 北海道纯马油本铺株式会社 |
|---|---|
| 容量/价格 | 70毫升 / ¥1,000；225毫升 / ¥3,000 |

**LBプレミアムオイル120★**

| 厂商名称 | 株式会社北海道ラボ |
|---|---|
| 容量/价格 | 120毫升 / ¥2,500 |

# 复方马油

根据不同的产品特性，有些马油也会添加不同的美容成分，这些复方马油会比纯马油更像保养品。对于想获得马油的滋润功能以及还想改善其他肌肤问题的人来说，复方马油似乎是个新选择。

## 北海道金马油★

| 厂商名称 | 株式会社コスメテックジャパン |
| --- | --- |
| 容量/价格 | 50克／¥4,500 |
| 其他美容成分 | 脐带萃取物、胎盘素萃取物、摩洛哥坚果油 |

## ロッシモイストエイド スキンクリームBAプレミアム

| 厂商名称 | コスメテックスローランド株式会社 |
| --- | --- |
| 容量/价格 | 100毫升／¥2,000 |
| 其他美容成分 | 马胎盘素萃取物、苹果干细胞萃取物、维生素C衍生物、蜂王浆、神经酰胺、玻尿酸 |

## SOC 马油うるおいスキンクリーム

| 厂商名称 | 涩谷油脂株式会社 |
| --- | --- |
| 容量/价格 | 80克／¥598 |
| 其他美容成分 | 玻尿酸、发酵玫瑰蜂蜜、氨基酸衍生物、芦荟叶萃取物 |

## ピュアホワイト Q10

| 厂商名称 | 北海道纯马油本铺 |
| --- | --- |
| 容量/价格 | 65克／¥3,000 玫瑰／¥3,500 |
| 其他美容成分 | Q10辅酶 |

↑ 添加玫瑰花油

↑ 添加薰衣草油

↑ 添加柑橘皮油

## 香氛马油

虽然 100% 纯马油的品质最好，但有些人就是无法接受纯马油的天然油脂味，因此后来出现了许多添加了精油或是香料的香氛马油。这对于想使用马油，同时又要求香味的人而言，是一个不错的选择。

↑薄荷精油

↑柑橘精油

↑葡萄柚果皮精油

↑薰衣草精油

### 马爽油

| 厂商名称 | 北海道纯马油本铺 |
|---|---|
| 容量/价格 | 20克 / ¥1,000 |

### ミントクリーム

| 厂商名称 | 株式会社北见ハッカ通商 |
|---|---|
| 容量/价格 | 80克 / ¥3,500 |

↑薄荷精油

### 马油バーム★

| 厂商名称 | 株式会社NATURAL PRODUCTS |
|---|---|
| 容量/价格 | 15克 / ¥980 |

↑无香

↑薰衣草精油

↑柑橘香

# 礼 北海道伴手礼

除了让自己变健康与变美的北海道药妆美妆之外，好不容易千里迢迢跑一趟北海道，怎么可以错过那来自北国的美味伴手礼呢？白色恋人以及薯条三兄弟，可能是大家最早吃过的北海道点心，在这里就不多做介绍了。其实北海道当地还有许多让人看了就口水直流的巧克力与饼干，这次我们就以"狸小路商店街"及"新千岁机场日本国内线航站楼"这两个伴手礼热点地区为中心，探索一下必买伴手礼有哪些吧！

## Area狸小路商店街

来到札幌不知道去哪里买东西吗？其实来一趟狸小路商店街就可以解决所有的购物困扰。如果想买北海道当地的甜点饼干回去给亲朋好友，狸小路4丁目上的"たぬきや"及"こぶしや"这两家土产店就很好。由于这些伴手礼的价格都相当一致，因此可以省去比价的时间，如果看到自己想买的就把握时间直接结账吧！

↑土产店"たぬきや"（狸屋）。

↑土产店"こぶしや"（辛夷屋）。

### 六花亭
### ストロベリーチョコ

| 容量／价格 | 115克／¥602 |

风干后的整颗草莓外层包裹着巧克力，带有酸甜口感的六花亭草莓巧克力是许多人到北海道必买的伴手礼，目前有黑巧克力及白巧克力两种口味，很多土产店都会把两种包成一组出售。

↑ 金色盒装 / 牛奶巧克力

### 石屋制果
### 雪だるまくん

容量 / 价格　18片 / ¥600

　　与白色恋人一样由"石屋制果"制造的雪人巧克力，虽然人气不如白色恋人高，但可爱的雪人造型及浓郁的巧克力口感还是让我很喜欢，而且一盒有18片，很适合送给办公室的同事们。

↑ 银色盒装 / 白巧克力

### 六花亭
### マルセイバターサンド

容量 / 价格　5个 / ¥584　10个 / ¥1,158

　　六花亭的另一个必买明星商品是"葡萄干奶油夹心饼干"。饱满的葡萄干搭配浓郁的北海道奶油馅，再加上偏酥软的夹心饼，让许多人一吃就上瘾。

### スノーベル
### 元祖とうびきチョコ

容量 / 价格　28个 / ¥1,100

　　黑巧克力或白巧克力包裹着玉米花，吃起来带有一点酥脆感的玉米巧克力也是北海道的代表伴手礼之一，市面上其实有许多不同的品牌，不过这个品牌在狸小路商店街比较常见。

### 高桥制果
### 冰点下41度

容量 / 价格　8片 / ¥661

　　以1960年1月25日清晨观测到的历史最低温为名的饼干，为重现钻石冰尘、白雪与冰冻的大地，将白色威化饼、白色牛奶馅以及杏仁薄片合在一起，所以吃起来同时有酥、软、脆三种口感。

## グリコ 北海道マンベ—ルチ—ズコロン

容量 / 价格　6盒 / ¥600

　　固力果的Collon是许多人都爱吃的卷心酥，除了一般超商卖的奶油及抹茶等口味之外，在北海道还有北海道限定的康门贝尔奶酪口味。六小盒一组，适合分送给亲朋好友。

容量 / 价格　10包 / ¥800

　　明治的香菇巧克力饼干是相当热门的零食，在绝大部分的超市都见到它，不过这个北海道白巧克力版本是北海道制造，因此只能在北海道才买得到哦！

## ルタオ
## プレミアまあある

容量 / 价格　12个 / ¥1,800

　　小樽是个以运河街景闻名的北海道知名景点，去过那里的人都知道甚至买过当地备受游客喜爱的"LeTAO"，用黑巧克力及莓果白巧克力包裹的酥脆米果，则是招牌伴手礼。

## 北海道
## シュータスクセット

容量 / 价格　2包 / ¥925

　　将泡芙壳烤成略硬的泡芙饼。虽然烤成饼干状，但泡芙壳那具有层次的松软口感却神奇地得以完整保留。一盒里面有两包，一包是原味，另一包则是巧克力口味。

## 花畑牧場
### 生キャラメルプレミア ムポップコーン

| 容量／价格 | 10包／¥908 |
|---|---|

来自花畑牧场的北海道限定手工爆米花。其实花畑牧场的爆米花有很多口味，其中我最喜欢的就是生焦糖口味。虽然吃起来有点甜，却会令人不禁一口接一口呢！

### YOSHIMI
### ジャガJ／ジャガJ海带

↑原味

↑海带味

| 容量／价格 | 6包／¥658 |
|---|---|

使用北海道产土豆做的土豆片。因为土豆片本身偏厚，所以吃起来更具口感。一般土产店常见的版本有棕盒"原味"及绿盒"海带味"，喜欢吃土豆片的人应该都会喜欢这一款。

### カルビー
### ほっとコーン

| 容量／价格 | 4包／¥500 |
|---|---|

北海道的甜玉米相当有名，很多人到了北海道一定会吃上一根。虽然整根的玉米不方便带回家，但带几盒这种用北海道甜玉米做成的浓汤包也不错。

### カルビー
### IMO&MAME　いもまめ

| 容量／价格 | 6包／¥648 |
|---|---|

许多人都还在追薯条三兄弟，但我个人比较喜欢这个版本。酥脆的土豆片配上松脆的毛豆，两种口感及食材原本的香气巧妙地融合在一起，真的很适合一边喝茶一边吃呢！

## Area新千岁机场的日本国内线航站楼

北海道另一个伴手礼购物热点地区，就在新千岁机场的日本国内线航站楼。虽然国际线航站楼的伴手礼也不少，但国内线航站楼的商店数量多，同时选择也相对多。另一个重点，就是这里有ROYCE巧克力工厂与哆啦A梦SKY PARK。除了限定伴手礼之外，这里其实也是个很适合拍照留念的好地方哦！当然，如果你喜欢吃拉面的话，这里还有一条汇集了近10家拉面名店的"北海道拉面道场"，上飞机前时间许可的话可以过来逛一下。

↑新千岁机场国内线航站楼"Royce 巧克力工厂"。

↑新千岁机场国内线航站楼"哆啦A梦SKY PARK"。

↑新千岁机场国内线航站楼"北海道拉面道场"。

### ROYCE
### プチセット　クマ・ウシ
容量／价格　¥519

ROYCE造型巧克力"熊·牛"组合。以北海道棕熊、乳牛以及4种常见花卉为主题，制作成可爱的造型巧克力。

### ROYCE
### プチセット　ウサギ・キツネ
容量／价格　¥519

ROYCE造型巧克力"兔·狐"组合。以北海道野外常见的兔子与狐狸为主，再搭配4种常见花卉，制作成可爱的造型巧克力。

↑オリジナル / 原味巧克力

↑キャラメル / 焦糖巧克力

## ROYCE
## ポテトチップチョコレート

容量 / 价格　¥777

　　甜中带咸的ROYCE巧克力土豆片是许多人的北海道伴手礼首选，虽然车站及商店街都能见到它的踪影，但如果没买到还能来新千岁机场的直营店补货哦！

↑オリジナル / 原味巧克力

## ROYCE
## プチパック
## ポテトチップチョコレート

容量 / 价格　¥388

　　内容物和土产店一样，但只有在新千岁机场ROYCE Chocolate World才有小盒装限定版包装卖。这样小小一盒的分量，刚好可以一次吃完。

↑マイルドビター / 微苦巧克力

## Blendy stick
## 北海道ミルクカフェオレ

容量 / 价格　12包 / ¥600

　　Blendy stick是日本相当知名的即溶饮品制造商，他在北海道与HELLO KITTY合作，采用100%的北海道浓郁鲜奶，推出北海道限定的北海道牛奶欧蕾。

## 北海道限定
## ハローキティ
## チロルチョコミルク

容量 / 价格　20个 / ¥600

　　滋露巧克力的北海道KITTY限定版——牛奶巧克力版本。微甜的牛奶巧克力中，包着一层牛奶奶油馅，可以说是滋露巧克力的经典口味呢！

## 北海道限定
## ハローキティ
## チロルチョコいちご

容量 / 价格　20个 / ¥600

　　滋露巧克力的北海道KITTY限定版——草莓巧克力版。草莓巧克力与牛奶巧克力中，夹有Q弹的草莓口味软糖，甜中带酸的口感应该很受女孩子喜爱吧？

## ドラえもん
## ロイズ　板チョコレート

容量 / 价格　¥486

　　新千岁机场国内线航站楼哆啦A梦SKY PARK限定销售的巧克力。其制造商是北海道最大的巧克力制造商ROYCE。

↑ブラックチョコレート / 黑巧克力　　↑ミルクチョコレート / 牛奶巧克力　　↑ホワイトチョコレート / 白巧克力

# PART 3

# 日本美的历史
# 资生堂

# SHISEIDO

## 资生堂
### 跨越 3 个世纪，传承140余年，美丽与艺术的先驱创作家

19 世纪 70 年代的日本，处于一个刚结束锁国并开始大量接受西方文化的时期。这时候在西式建筑林立的银座大街上，出现了一家名为"资生堂"的调剂药局。是的，就是那个你我都熟悉的资生堂，只不过它在创业初期并非美妆保养品制造商，而是日本第一家西式调剂药局。这家药局后来成为日本顶尖的美丽殿堂，更是象征日本流行指标的银座最耀眼的地标。

资生堂的公司名称，其实是来自中国《易经》中的"至哉坤元，万物资生"。其含义是"赞美大地的美德，大地孕育了新生命，同时也创造了新价值"，这正符合资生堂以创新领导日本之美的先驱之姿。

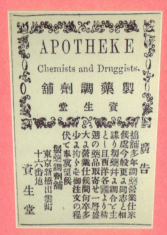

资生堂于1877年刊登的广告，可明显看出当时的企业类型为"制药调剂铺"，也就是所谓的西式药局。

### 由资生堂打造
### 日本史上第一款洁牙商品

资生堂创始人福原有信于 1888 年推出"福原卫生齿磨石碱"，这是日本第一个洁牙商品。当时的日本只能用粗糙会刮伤牙齿的牙粉刷牙，但资生堂却创新推出滑顺不伤牙，从科学角度研发出能清洁牙垢及芳香口气的牙膏，尽管售价是一般牙粉的近十倍，但如此创新的商品，仍然引发了相当热烈的反应。

# 资生堂镇店之宝——红色梦露

　　以西药房起家的资生堂，于 1897 年正式进军保养品界。资生堂史上第一号保养品"オイデルミン"（EUDERMINE）是一款玻璃瓶装且绑有红色缎带的红色化妆水。产品命名是由希腊语中的"eu"（美好）及"derma"（肌肤）两字衍生而来。这瓶意味着能打造出完美肤质的"オイデルミン"，其实就是大名鼎鼎的资生堂镇店之宝——红色梦露。

↑1897年

↑1918年

↑1935年

↑1950年（小）

↑1950年（大）

↑1968年

↑1980年

↑1997年

## 红色梦露的百年进化史

　　诞生于 19 世纪末的红色梦露，不仅是资生堂现存商品中历史最悠久的，同时也是极少数跨越 3 个世纪仍深受喜爱的化妆水。随着资生堂保养品研发技术的不断进步，红色梦露曾数次改版，而历年包装更有 8 种类型。从 1897 年的第一代包装开始，红色梦露一直沿袭百年的特色，包括那象征资生堂的红色，以及艺术价值高、宛如香水瓶一般的包装设计。

## 领导时尚再创新
# 日本第一部汽水制造机

↑1902年，日本第一台制造汽水的机器并不是出现在餐厅里，而是现身于西药房·资生堂中。

是什么样的理念，让药房里出现卖汽水的吧台？原本就致力于创新的资生堂创始人福原有信，在访问美国时发现当地的药局里竟然有汽水制造机，于是他通过贸易商友人将第一台机器以及杯具、吸管等相关周边物品，进口至银座的资生堂药局。

1902年时，汽水是一种罕见的新玩意，因此立即吸引了许多追求新潮事物的文人雅士注意，甚至在森鸥外等知名作家的小说中，都曾经提到这部日本最早出现的汽水制造机。正是这种创新及领导流行的基因推动，才能让资生堂在日本美妆界拥有标志性的地位。

## 利用设计的力量
# 不断刺激人们的视觉感官

福原信三在接手经营资生堂的次年，也就是1916年，便成立了一个名为"意匠部"的创意部门。这个由许多美术人员及画家组成的团队，主要工作就是恣意发挥创意地设计资生堂的所有广告、海报以及商品包装。在20世纪初的那个年代，如此大刀阔斧在公司内部成立专属广告部门的公司实在没几家，这也为资生堂的设计艺术风格奠定了相当稳固的基础。

←资生堂内部负责广告设计工作的"意匠部"根据福原信三亲手所绘的手稿，于1919年设计出山茶花商标。不过这时候的山茶花商标与现存设计略有不同。发现了吗？初期商标上的叶子有9片，而现存商标上的山茶花叶子则只有7片。

## 艺术血统的融合
# 打造商品艺术化的企业路线

　　创始于1872年的资生堂，虽然在初期就已经开发出红色梦露这款长销超过百年的经典化妆水，但资生堂的重心仍以药物调剂为主。直到福原有信在美国留学并短暂旅居巴黎的三子福原信三回到日本接班之后，资生堂才开始将事业重心由原本的药物移转到化妆品界。因此，福原信三便成为资生堂公司化之后的第一任社长。

　　福原信三不仅是一位企业家，还是一位艺术家。他本身在日本是个知名的摄影师，加上曾经旅居欧洲并拜访过许多美术馆，因此血液中总是充满着艺术因子。对于福原信三而言，他的企业理念就是"商品艺术化"，也就是赋予每一种商品艺术价值，让后世都能为此而津津乐道。

●药品部·饮料部

●化妆品部

资生堂在将事业重心从药品转向保养品时，将门市划分为两个部门。一个是附设汽水饮料部的"药品部"，另一个则是专营美妆保养品的"化妆品部"。

　　许多人都不知道，资生堂创业初期的商标是什么样子。仔细观察第一号商品"福原卫生齿磨石碱"的上盖，就可以发现正中央有一只展翅的老鹰。没错，早期资生堂的商标就是一只威风凛凛的老鹰，反映出资生堂在汉方药房当道的年代，展翅勇猛开拓出一条新思路的创举。不过老鹰商标的形象太过刚烈，福原信三认为不符合资生堂当时主攻的美妆品路线，因此便发挥艺术天分画下一朵山茶花，而这朵山茶花便成为沿用至今的资生堂商标——"花椿"。

←在过去，销售资生堂商品的店家门口，都会挂着这块资生堂颁发的认证招牌。从这块招牌可发现当年的商标是一只老鹰。

→资生堂第一任社长福原信三在决定更换商标之后，便在1915年亲自画下这张手稿，而这张手稿上的山茶花，就是现今资生堂商标的雏形。

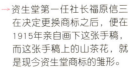

在这趟采访中，最令我感到惊艳的一段历史，其实是福原信三在接手资生堂之后，于 1917 年推出的旷世之作——"七色粉白粉"（七色蜜粉）。在蜜粉仍以"白色"为主流的年代当中，资生堂竟然根据各种肤色的特性，大胆地推出"白""黄""橘黄""玫瑰粉""牡丹红""绿色"及"紫色"共七种不同颜色的蜜粉。不仅如此，切割成八角形的外盒设计在当时也是相当罕见的。

↓早在100年前，资生堂就已经针对各种肤色特质，发明出适合各种肤色的七色蜜粉。

# 革新与创新的集合体

资生堂自 19 世纪 70 年代诞生以来，就一直不断地革新与创新，并在日本药妆史上留下一笔又一笔的首创纪录。除了日本第一款牙膏、第一台汽水机以及第一款防晒品之外，资生堂其实还有许多影响后世保养界的首创纪录呢！

↓1918年
日本第一瓶乳霜
"COLD CERAM"。

↑1906年
日本最早的肤色蜜粉"かへで""やよひ"。

→1917年
日本第一瓶美白化妆水
"抗氧化青瓜水"。

←1917年
日本第一瓶日本制香水
"花椿"。

↑1967年
日本最早的男性保养品系列"MG5"。

# 不让肌肤保养落后于医学进步

**胶原蛋白专家**
**▶▶ELIXIR SUPERIEUR**

诞生于 1983 年的 ELIXIR，是日本历史相当悠久的胶原蛋白保养系列。在 30 多年的品牌历史中，ELIXIR 经历过 8 次改版，而最近一次改版的主题，则是将重点放在真皮干细胞促进人体自然增生胶原蛋白的全方位抗衰老效果上。

ELIXIR 的品牌名称来自法文，其含义是象征万能的"灵药"，而这瓶灵药的抗衰老秘密，其实就藏在 3 种胶原蛋白当中。目前人类已知的动物性胶原蛋白有 21 种之多，但 ELIXIR 却把重点放在 I 型、IV 型及 VII 型胶原蛋白。I 型胶原蛋白可维持肌肤弹力与张力；VII 型胶原蛋白呈垂吊状，能将肌肤往上拉提；而 IV 型胶原蛋白则是呈片状，可固定 VII 型胶原蛋白。

许多胶原蛋白保养品，都只能在肌肤角质层发挥保湿功能，但资生堂 ELIXIR 的研究重点，却是深入促使胶原蛋白增生的领域。因此，该系列的主要诉求就是打造由深层涌现的弹力肌。

↑ELIXIR SUPERIEUR的主色调为金色与橘色，其主要想展示的意象是一种散发出光芒的健康肤质，同时也带有温暖人心的温度感。

（左）リフトモイスト エマルジョン W II [医药部外品] / 乳液 `容量/价格` 130毫升 / ¥3,500
（中）リフトモイスト ローション W II [医药部外品] / 化妆水 `容量/价格` 170毫升 / ¥3,000
（右）デーケアレボリューション W II(SPF30 PA++++) [医药部外品] / 日用美容乳液 `容量/价格` 35毫升 / ¥2,800

## 资生堂经典品牌之 { 二 }
# 聚焦于胶原蛋白美白

**再次进化的抗衰老美白品牌**
### ▶▶ ELIXIR WHITE

ELIXIR WHITE 是胶原蛋白保养系列 ELIXIR 旗下的美白系列，除了针对细纹斑点，还主打胶原蛋白抗衰老技术。

2016 年春季，ELIXIR WHITE 再次进化改版，而这次的改版重点更是令人大开眼界。资生堂的研究团队发现，许多人的肌肤会因为年龄增长而暗沉，但肤色暗沉的原因不是黑色素沉淀，而是胶原蛋白"羰基化"。一旦胶原蛋白因年龄增长发生羰基化，胶原蛋白本身就会变黄，造成肤色看起来缺乏透亮感而显得暗沉。一般美白保养品都将重点放在抑制黑色素形成或代谢已形成的黑色素上，但 ELIXIR WHITE 还重视肌肤整体的明亮度。

同时间，再搭配 ELIXIR 系列最引以为傲的真皮干细胞技术与强化胶原蛋白密度的抗衰老保养机制，并注重预防微小黑色素形成，讲求净透感美肌才能升级成具有独特性的抗衰老美白保养品。

→ELIXIR WHITE在2016年春季改版，除美白机制重点升级之外，就连包装也从原来的白色系更改为优雅带有知性的淡粉红系，这与其他美白产品常见的纯白、宝蓝包装主色调明显不同。

（左）**クリアローーション C Ⅱ** [医药部外品] / 化妆水　容量/价格　170毫升 / ¥4,000
（中）**クリアエマルジョン C Ⅱ** [医药部外品] / 乳液　容量/价格　130毫升 / ¥4,500
（右）**デーケアレボリューション C+** (SPF50 PA++++) [医药部外品] / 日用美容乳液　容量/价格　35毫升 / ¥2,800
（前）**クリアエマルジョン C Ⅲ** [医药部外品] / 滋润型乳液　容量/价格　45克 / ¥2,800

## 资生堂经典品牌之 { 三 }
# 集结资生堂百年美白研究精华

### 蝉联十年冠军的美白天后
### ▶▶HAKU

　　说到日本的美白精华液，许多日本人第一个脱口而出的品牌都是资生堂的"HAKU"。诞生于 2005 年的 HAKU 在资生堂众多品牌中，历史谈不上悠久，但它却是融合资生堂百年美白研究史中所有精华的品牌。2005 年上市时，HAKU 只有一支美白精华液单打独斗，但这一打竟打出蝉联 10 年冠军的傲人成绩。一直到上市 5 年后的 2010 年，才加入一位新生力军——美白面膜，并在上市满 10 周年时推出化妆水、乳液及碳酸泡乳液，这才让整个系列更加完整。

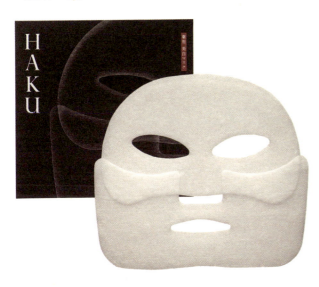

HAKU メラノシールド マスク
[医药部外品] / 面膜

| 容量/价格 | 30毫升×1组 / ¥1,500 |
| --- | --- |

HAKU メラノフォーカス3D
[医药部外品] / 精华液

| 容量/价格 | 30克 / ¥7,000　45克 / ¥10,000 |
| --- | --- |

主打改善黑斑问题的HAKU，其主要成分是资生堂的独家配方"m-传明酸"与"4MSK"。由于m-传明酸带有正离子，而4MSK带有负离子，两项成分复合之下可提升美白成分的渗透力，因此效果才会备受使用者肯定。

### ■ 2016年春季改版新品

HAKU 美白精华液及面膜，在2016年春季进行改版。其中精华液已经是第6代版本，这次的改版重点其实就反映在品名最后的"3D"两字。第6代

HAKU 除沿袭"m-传明酸"与"4MSK"独家成分技术之外，还因为研究团队成功将肌肤中的黑色素立体视觉化，而顺利开发出可改善深层黑斑问题的"3D锁定配方"。

另外，含有一整瓶精华液的HAKU面膜，则是主打敷完有感的速效美白。最令人惊艳的是，外包装主色竟然大胆地选择黑色，而精华液内瓶则是以白色加银色渐层构成，整体的视觉感可以说是相当强烈与前卫。

● HAKU的美白化妆水、乳液、碳酸泡乳液是HAKU系列诞生10周年的2015年推出的基础保养系列。化妆水的别名是"去角质化妆水"，而乳液的别名则是"代谢乳液"。简单地说，就是通过拭去老废角质及提升代谢的方式打造清透肌肤。乳液分为一般型及碳酸泡型，只有使用上的触感以及吸收感有所不同，因此择其一使用就可以了。在瓶身设计方面，则是沿袭精华液的灯塔状造型。据说这个造型瓶身，象征着美白之路就是要不断地往上走，这也反映出美白对许多人来说是个毕生追求的目标。

（左）HAKU アクティブ メラノリリーサー [医药部外品] / 美白化妆水 **容量/价格** 120毫升 / ¥4,500
（中）HAKU インナーメラノディフェンサー [医药部外品] / 乳液 **容量/价格** 120毫升 / ¥5,000
（右）HAKU メラノディフェンスパワライザー [医药部外品] / 碳酸泡美白乳液 **容量/价格** 120克 / ¥6,000

# 结合美白医美技术与美白保养

## 追求效率的美透白肌保养系列
### ▶▶SHISEIDO WHITE LUCENT

WHITE LUCENT 是资生堂国际柜中的美白保养品牌。身为资生堂美白保养系列，在日本等 89 个国家一直拥有相当多的喜爱者。资生堂三大美白品牌分别是着重于改善肌肤暗沉问题的"ELIXIR WHITE"、改善深层黑斑问题的"HAKU"，以及针对亚洲女性表浅黑斑问题并强化打造肌肤清透感的"WHITE LUCENT"。

在 2016 年春季，WHITE LUCENT 针对"紫外线伤害"这个亚洲女性最常见的肌肤问题，一口气推出化妆水、精华液、乳液及乳霜四种进化新品。这四种新品的主题是"美白医美"×"美白保养"。简单地说，就是融合"医美的效率"及"保养的安全与持续力"。换个角度来说，就是在改善黑色素代谢力的同时，打造黑色素不易形成的耐性肌。

这四种新品的美白成分，同样采用

资生堂主打的美白成分"m-传明酸"及"4MSK"。除美白成分之外，最特别的进化新成分是采用染井吉野樱萃取物，开发出名为"SAKURA防御科技"的新技术，而这项新技术的主要作用在于维持肌肤保湿度，并发挥预防黑斑形成的作用。

→WHITE LUCENT于2016年春季推出的四种新品。容器设计极具现代科技感，配色则是以樱花粉红为主色，视觉感显得更加年轻化。

（左）ルミナイジング サージ [医药部外品] / 乳液 容量/价格 75毫升 / ¥6,500
（中）マイクロブライトニング スポッツコレクター [医药部外品] / 精华液 容量/价格 30毫升 / ¥11,000
（右）ルミナイジング インフューザー [医药部外品] / 化妆水 容量/价格 150毫升 / ¥5,500
（前）マルチブライト ナイトクリーム [医药部外品] / 乳霜 容量/价格 50克 / ¥11,000

## 资生堂经典品牌之 {五}
# 着重日常过敏源问题

**反复性敏感肌适用**
**▶▶ d program**

在资生堂众多品牌中，走马卡龙色风格的 d program，可能是品牌形象最不同于"资生堂形象主流"的品牌之一。d program 是专为反复性敏感肌族群开发的保养系列，并根据肤况再细分为"平衡型""抗痘型""干燥型""抗衰老型"四种基础保养类型。包括睡眠不足、激素变化及季节变化在内，日常生活中有许多因素会使肌肤变得敏感，而 2016 年春的 d program 则锁定在"过敏原"，紫外线、空气污染、花粉及尘螨都可能是造成我们过敏的成因。

d program 的"d"有两个层面的意义，一个是让肌肤变健康的"保护"（defense），另一个则是促进肌肤形成防御能力的"培育"（develop）。为贯彻这两大精神，d program 针对敏感肌常见的肌肤问题，强化三大敏感肌适用成分。这三大成分分别是可改善敏感肌偏红的"野山楂萃取物"、抑制肌肤发炎的"银杏叶萃取物"，以及可强化肌肤防御力的"赤藓醇·甘油复合成分"。

| バランスケア / 平衡型 | |
| --- | --- |
| ローション W化妆水 | 125毫升 / ¥3,500 |
| エマルジョン R乳液 | 100毫升 / ¥3,800 |

| モイストケア / 干燥型 | |
| --- | --- |
| ローション W化妆水 | 125毫升 / ¥3,500 |
| エマルジョン R乳液 | 100毫升 / ¥3,800 |

アレルバリア エッセンス
防晒精华
40毫升 / ¥3,000

| アクネケア / 抗痘型 | |
| --- | --- |
| ローション W化妆水 | 125毫升 / ¥3,500 |
| エマルジョン R乳液 | 100毫升 / ¥3,800 |

| バイタルアクト / 抗衰老型 | |
| --- | --- |
| ローション W化妆水 | 125毫升 / ¥4,500 |
| エマルジョン R乳液 | 100毫升 / ¥4,800 |

↑ d program不仅配色风格可爱，就连容器包装也十分独特。据说为了给人温和的印象，容器设计参考奶瓶，而压嘴式设计则是考虑到敏感肌族群最在意的卫生问题。

## 资生堂经典品牌之 { 六 }
# 温度C美容再进化

### 跨越世代的亲子共用美妆品牌
### ▶▶ BENEFIQUE

诞生于 1972 年，品牌历史长达 40 多年的 BENEFIQUE，在资生堂众多品牌中，是知名度相当高的经典品牌。主打为肌肤保养的 BENEFIQUE 从 2014 年起就推出 BM、AC 及 IM 等一连串的基础保养系列，再加上彩妆、妆品及健康辅助食品等成员，堪称商品类型广泛的品牌。

BENEFIQUE BM 系列主打独家"温度 C 美容法"，温度 C 美容法是应用资生堂研究十年的"肌温研究"开发而成，主要理念就是通过"温、冷、温"这种温度交错变化的清洁保养方式，来调节肌肤角质层状态。

继主打温度 C 美容法的 BM 系列之后，BENEFIQUE 在 2015 年秋季以"母女肌肤保养"为主题，推出痘痘肌专用的 AC 系列及熟龄肌适用的 IM 系列，这也是少数同时推出跨越三世代适用保养品的品牌。

### ■ AC痘痘肌系列

专为解决青少年常见的痘痘肌问题开发，保养重点在于调节肌肤状态及毛孔清洁，而主要有效成分则是痘痘肌保养品常见的角质调理成分——水杨酸。整个系列只有洗面乳、化妆水、局部用精华液三个品种。

（上）AC アクネウォッシュ [医药部外品] / 洗面乳　容量/价格　75克 / ¥800
（左）AC アクネローション [医药部外品] / 化妆水　容量/价格　75毫升 / ¥1,200
（右）AC アクネスポッツ [医药部外品] / 局部用精华液　容量/价格　10毫升 / ¥1,200

### ■ BM 温度 C 保养系列

是针对 30 ～ 40 岁轻熟龄肌肤开发的抗衰老护理系列。BM 系列最大的特色，就是利用温感卸妆、凉感化妆水、乳液加乳霜保养程序，打造"温、凉、温"三个阶段的抗衰老保养程序。在成分方面，则是以"CL 美容成分"及"润环美容成分"这两种独家成分为主。

### ■ IM 熟龄肌系列

BENEFIQUE 的 IM 系列是针对 50 岁熟龄肌开发的基础保养系列，主要美容理念着重于肌肤因增龄而降低的防御机能。在美容成分方面，采用的是由"CM 葡聚糖""蜂王浆发酵液"及"甘油"组成的独家成分。

1 ホットクレンジング / 温感卸妆凝胶
容量/价格 150克 / ¥4,000

2 ローション Ⅰ·Ⅱ [医药部外品] / 化妆水
容量/价格 200毫升 / ¥5,500

3 エマルジョン Ⅰ·Ⅱ [医药部外品] / 乳液
容量/价格 150毫升 / ¥6,500

4 クリーム [医药部外品] / 乳霜
容量/价格 40克 / ¥10,000

5 IM ローションⅡ / 化妆水　容量/价格 200毫升 / ¥4,000

6 IM エマルジョンⅡ / 乳液　容量/价格 150毫升 / ¥4,200

7 IM クリーム / 乳霜　容量/价格 30克 / ¥6,200

## 资生堂经典品牌之 { 七 }
# 诞生自男性皮肤生理研究

**日本男性保养的顶尖品牌**
**▶▶SHISEIDO MEN**

　　日本的男性保养品虽然多样，但绝大部分都属于药妆店销售的基本清洁及入门保养商品，而百货专柜销售的男性保养品则大多以欧美品牌为主。早在1967年，资生堂就已经推出日本最早的男性保养品牌——MG5。虽然这个品牌并不常见，但在日本男性保养史上却是相当重要的里程碑。

　　从生理层面来看，男性肤质与女性肤质有许多明显的差异，例如男性的皮脂分泌量偏多，即使进入中年也不会明显减少，因此使用油性润泽成分较多的女性保养品，会有一种黏腻感。

　　另外，男性剃须的动作其实会对肌肤内外产生刺激，使肌肤的防御机能逐渐降低。针对这些男性特有的肌肤问题，SHISEIDO MEN 开发出专属于男性的"防御复合成分"，并让保湿成分使用起来没有黏腻感。在香氛方面，有别于大部分男性保养品的柑橘类香味，SHISEIDO MEN 采用的是草本型淡花香。

1 クレンジングフォーム / 洗面乳　容量/价格 130克 / ¥2,000
2 ハイドレーティングローション / 化妆水　容量/价格 150毫升 / ¥3,000
3 モイスチャーライジングエマルジョン / 乳液　容量/价格 100毫升 / ¥3,500
4 トータルリバイタライザー / 保湿乳霜　容量/价格 50克 / ¥7,000
5 スキンエンパワリングクリーム / 抗衰老乳霜　容量/价格 50克 / ¥12,000
6 アクティブ　コンセントレイティッドセラム / 精华液　容量/价格 50毫升 / ¥6,500
7 トータルリバイタライザーアイ / 眼霜　容量/价格 15克 / ¥5,000

# 让肌肤散发出光芒的视觉化

## 资生堂集团顶级品牌
## ▶▶clé de peau BEAUTÉ

在采访资生堂企业资料馆及技术研究所之后，我才知道资生堂这座日本首屈一指的美丽殿堂，是研究人员以一块块名为"科学"的基石砌成的。从生物科学、皮肤科学到脑科学，资生堂保养品背后的研发过程绝对超乎你的想象，这也难怪资生堂能屹立不倒140多年。

在这座美丽殿堂之中，君临顶点的品牌是被称为"肌肤之钥"的"clé de peau BEAUTÉ"。一般保养品针对的目标，都是肌肤最表层的角质层及表皮层，但肌肤之钥自1982年诞生以来却是把研发重心锁定在"细胞保养"这一高科技领域。

肌肤之钥有一套相当有趣的肌肤理论，就是他们认为肌肤与人脑一样会"记忆"各种外来的信息，特别是在受到紫外线及干燥等外在压力影响时，肌肤就会处于异常状态，唯有"消除压力"才能让肌肤散发出健康的光芒。肌肤之钥在2016年春季推出基础保养进化版，这次的改版重点在于一种独家复合成分，而这种复合成分则是由稀有的"白金金黄蚕茧"与"日本产珍珠"组成。

（左）ローションイドロA [医药部外品] / 化妆水
容量/价格　170毫升 / ¥10,500

（中）エマルジョンプロテクトゥリス [医药部外品] / 日用乳液
容量/价格　125毫升 / ¥11,000

（右）エマルジョンアンタンシヴ [医药部外品] / 夜用乳液
容量/价格　125毫升 / ¥13,000

（前）ラ クレームn [医药部外品] / 乳霜
容量/价格　30克 / ¥60,000

# 特別情報
## 研究室

# 新宿药妆·美妆新殿堂
# ainz & tulpe

源于北海道的"ainz&tulpe"在东京或大阪等地的门市数量不多，但在日本药妆迷心中却占有相当重要的地位。为什么呢？因为 ainz&tulpe 早就打破单一销售模式，是一家融合药妆店、美妆店、百货公司品牌的特殊形态店。在过去，东京原宿店及自由之丘店是许多日本药妆爱好者的朝圣之地，但 2015 年 7 月下旬，ainz&tulpe 正式进军药妆一级激战区——新宿。ainz&tulpe 一进驻新宿东口，出手就是打造 3 个楼层的巨大殿堂，立即成为新宿东口一带最引人注目的新地标。

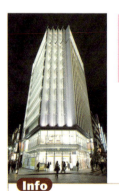

## Info
**ainz&tulpe 新宿东口店**

开放时间　10:00 ～ 23:00
地　　址　〒160-0022 东京都
　　　　　新宿区新宿 3 丁目 36-10
　　　　　ミラザ新宿ビル B1~2F

## B1
### 医药品·保健食品·美容咨询保养品

　　ainz&tulpe 新宿东口店共有 3 个楼层，其中地下 1 层主要是医药品及保健食品卖场。另外，像资生堂、高丝、佳丽宝、SOFINA 这些在中国属于专柜的保养品牌，则分布在四周的壁柜。这么大一家旗舰店当然有免税服务，免税专用柜台在地下 1 层，所以希望免税的朋友记得到地下 1 层办理退税结账手续哦！

## LIPS and HIPS·彩妆·饰品杂货

进到 1 楼正门之后，可以看到右手边有一个散发出可爱气息的粉红专区。这个名为"LIPS and HIPS"的美妆保养系列，其实是 ainz&tulpe 的自有品牌。同楼层的其他区域则摆满了各种彩妆品与饰品杂货。

## 日常保养·地方美妆

ainz&tulpe 新宿东口店的 2 楼沿袭 1 楼的米白基调风格，整体感觉宽敞、明亮以及干净。2 楼主要分为两个主题区域，其中一个就是日常保养品专区，几乎平常所需的脸部保养品都可以在这里找齐。

在靠近柜台这一区，则有令我感到兴奋的"日本地方美妆专区"。这里收集了京都、冲绳、青森、秋田、北海道等 12 个地区的特色美妆，整个东京就属这里的地区美妆最齐全了！

> 你看看、你看看，就连日本各地温泉区推出的温泉水喷雾也能在这里找到，竟然有这么多类型!!

## AYURA·AYURA CAFE

原本隶属于资生堂的 AYURA，从今年开始与 ainz&tulpe 同属一个集团，因此除了在百货公司之外，ainz&tulpe 的新宿东口店、池袋店以及北海道大通公园旁的"ainz&tulpe Le trois"这三家分店也设有 AYURA 专柜。不只是 AYURA 专柜，ainz&tulpe 新宿东口店的 2 楼也开了第一家"AYURA CAFE"。这家咖啡厅最大的卖点，就是正宗的意式冰淇淋以及可放松身心的 AYURA 茶。对于喜欢 AYURA 的朋友来说，多了一个朝圣的好地方呢！

# 兼具清纯与可爱的风格
## 美妆女王亲手打造的新品牌 LIPS and HIPS

　　喜欢药妆店的朋友们可能已经注意到，最近 ainz&tulpe 店内出现一个名为"LIPS and HIPS"的可爱新品牌，而这个品牌正是 ainz&tulpe 的自有品牌。许多自有品牌的包装，总是让人觉得吸引力不够，但 LIPS and HIPS 却打破这样的通病，因此当我第一次看见时，便很好地拿起来端详一番。

　　说到 LIPS and HIPS 这个品牌的诞生，其实背后有个相当有趣的故事，而品牌开发者更是来头不小，因为这位品牌开发者竟然是参加过电视节目并夺冠的电视冠军——美妆女王庄司麻美小姐！

　　来自北海道的庄司小姐，据说从 3 岁时就开始接触美妆品，之后求学及就职都与美妆保养脱不了关系。热爱美妆保养品的她，在年轻时总是把所有的薪水都拿去购买最新的商品，正是这股热情才能促使 LIPS and HIPS 这个品牌的诞生。如此深爱美妆保养品的她，从适合东方人肤质的角度，开发出一系列从头到脚都可使用的美妆保养品牌，因此才会将品牌命名为"LIPS and HIPS"。

→美妆女王庄司麻美小姐。

### LIPS and HIPS オイルリップ
容量/价格 ￥1,800

乍看与一般唇蜜并无两样，但严格来说算是加了色彩的唇用美容油。美容油本身是由米糠油及角鲨烯等保养油组成，会根据唇部的水分量而展现出不同的色调，因此每天显现的唇色也会略有不同。

### LIPS and HIPS リップ アンド チーク
容量/价格 ￥1,500

从品名就可知道，这是一款最近相当流行的唇颊膏。一般唇颊膏都是小罐装，使用时需要用手指挖出后再涂于嘴唇及脸颊。如果外出时不方便洗手，又不想直接挖了就涂在嘴唇上，不妨参考这种唇膏式的新型唇颊膏哦！

## LIPS and HIPS 身体保养系列

LIPS and HIPS 的另一个重点就是身体保养系列，而每个品项都分为无香型、带点酸甜味的莓果型，以及带有清爽洁净感的皂香型三种类型。

### LIPS and HIPS ハンド ソープ
容量/价格 230毫升 / ￥1,000

主要成分为米糠油、米胚芽油等来自米的天然油脂成分，因此温和得连小婴儿都可以使用。除此之外还搭配保湿效果好的米萃取物及神经酰胺，所以洗完之后双手也不会感到紧绷。重点是，瓶身设计得像洗发润发商品一样的洗手乳还真的很特别。

无香型　　　莓果型　　　皂香型

### LIPS and HIPS ボディムース
容量/价格 110克 / ￥1,800

若觉得护肤油的滋润度过高，那么你或许比较适合这款较为清爽的身体保养慕斯。这款身体保养品的质地很特别，一开始摸起来就像棉花糖般Q弹，但在肌肤上推开之后却会瞬间化成水滴状，因此使用起来清爽许多。

无香型

莓果型　　　皂香型

无香型　　　　　莓果型　　　　　皂香型

### LIPS and HIPS タッチミークリーム
容量/价格 50克 / ￥1,000

瓶身大约一个手掌大，方便收纳于包包中的护手霜。沿袭LIPS and HIPS身体保养系列的特色，除采用米糠油、米胚芽油、米萃取物之外，还添加了玻尿酸、乳木果油及角鲨烯等滋润成分，因此也能当成指缘油保养手指。

无香型　　　　莓果型　　　　皂香型

## LIPS and HIPS オイルジュエル

容量/价格　180毫升 / ¥1,800

瓶身浑圆宛如烧瓶的护肤油。刚挤出瓶身时是透明凝露状，在推开之后则会化为保养油，很适合在沐浴后趁着肌肤表面还带有水气的时候用来按摩与保养身体。

## LIPS and HIPS
### ヘアソープ（シャンプー）/ ヘアトリートメント

容量/价格　300毫升 / ¥2,300　；200克 / ¥2,500

LIPS and HIPS在2015年秋冬推出的新品——洗润发系列。洗发精本身除了可在洗净时修复发丝之外，成分中的茶叶与柿子萃取物则能发挥消除头皮异味的作用。护发乳则分成适合短发使用的弹力型与需要经常吹整的修复型。在香味方面，走的是舒缓身心的草本精油香氛路线。

シャンプー / 洗发精　　トリートメント ボリューム / 弹力型护发乳　　トリートメント ダメージ / 修复型护发乳

---

**PR 保养系列**

PR 保养系列是 ainz&tulpe 另一个保养品牌 "PLACENTA & VITAMIN C" 于 2015 年秋冬推出的升级版，从商品类别来看，属于抗衰老与美白兼有的医美保养品。PR 保养系列除沿袭使用 "PLACENTA & VITAMIN C" 的胎盘素萃取物及维生素 C 衍生物等美容成分外，还添加了具有抗衰老作用的罕见医疗成分 "小牛血去蛋白萃取物"、脐带萃取物及聚蛋白糖等稀有保湿成分。这样的成分构造几乎称得上是独家，而且可取代性也相当低。

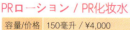

**PRローション / PR化妆水**
容量/价格　150毫升 / ¥4,000

**PRエッセンス / PR美容液**
容量/价格　30毫升 / ¥8,000

**PRクリーム / PR乳霜**
容量/价格　50克 / ¥8,000

# 从根基打底的东方美容概念
# 刺激五感的独特美容品牌 AYURA

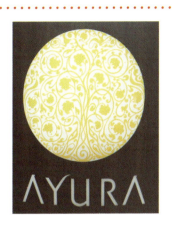

诞生于 1995 年的 AYURA，是一个以气、血、水循环为基本理念，强调人体"生命美"的东方美容品牌。AYURA这个品牌名称来自梵语"AYUS"，也就是"生命"这个词。看似层层藤蔓所组成的商标，其实是以种子发芽、枝叶伸展、根柢扩散为意象绘出的"生命树"。

AYURA 美容法的特征之一，就是聚焦于"滞留不动"的气、血、水带来的肌肤问题，因此主张以"疏通放松"的方式让肌肤、身体及心灵处于良好的循环之中。在这样的特殊理念下，AYURA 的保养系列格外重视香氛。这种香氛不是华丽的花香味，而是一种能安抚情绪的草本香。除此之外，还能搭配独特的刮痧美容板及掌心美容法。正因为美容理念及保养特色独树一帜，因此在日本拥有相当多的美容专家爱用者。

## モイスチャライジングプライマー [医药部外品]

AYURA 的保养重点商品"美白化妆液"质地偏向乳液，其美白成分来自资生堂独家配方"m-传明酸"与"4MSK"。根据各种肤质的保养需求，整个系列分成两大类，并依照肌肤干燥部位的特性，各自细分出三个品项。

### うるおい・美白化妆液

| 容量/价格 | 100毫升 / ￥4,500 |
|---|---|

品名最后一字为"W"＝"滋润美白化妆液"。主要适用的肌肤问题为粗大毛孔、肤纹紊乱、肌肤干燥及黑斑雀斑。

インナードライW　　コンビネーションドライW　　オーバードライW
内干型　　　　　　　T油U干型　　　　　　　　内外兼干型

## うるおい・はり・美白化妆液

| 容量/价格 | 100毫升 / ¥6,000 |
|---|---|

　　品名最后一字为"WA"="滋润弹力美白化妆液"。主要适用的肌肤问题为光泽弹力不足、肌肤干燥及黑斑雀斑。

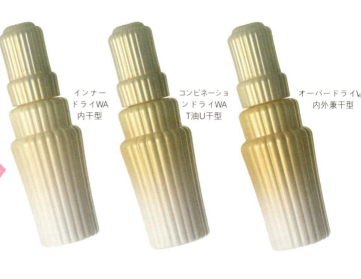

インナードライWA
内干型

コンビネーションドライWA
T油U干型

オーバードライW
内外兼干型

## ウェルフイットボディーメンテナンスオイル

| 容量/价格 | 120毫升 / ¥2,800 |
|---|---|

　　AYURA于2015年秋季推出的身体按摩油。这瓶按摩油最大的特色，就是运用AYURA最拿手的精油芳疗法，也就是利用森林系香氛精油来放松身心，并让肌肤显得更有光泽感。由于森林系香氛的香味较清新，并没有季节感的问题，所以一年四季都适用。

## ビカッサプレート プレミアム

| 容量/价格 | ¥2,800 |
|---|---|

　　"美活沙"系列中的脸部专用刮痧板，前端的U形凹槽可贴着脸部线条滑动，发挥提拉与按摩的效果。纯手工陶瓷制的刮痧板质感扎实，除了脸部专用型之外，同系列还有头皮专用与身体专用的刮痧板，可搭配不同的美容液为全身进行美容刮痧。

## ビカッサフォースセラムプレミアム

| 容量/价格 | 58克 / ¥12,000 |
|---|---|

　　"美活沙"是AYURA旗下的按摩美容系列，主要原理就是用美容液搭配陶制刮痧板进行按摩，通过维持肌肤良好循环状态的方式，发挥提拉的美容效果。这瓶美容液是脸部专用刮痧美容液的升级版，非常适合有肌肤下垂问题者使用（注：不同于中国传统民俗的刮痧法，脸部美容刮痧的手法必须轻柔且缓慢，以避免过度拉扯脸部肌肤）。

## モイストパワライズクリーム
[医药部外品]

容量/价格　28克 / ¥8,000

　　AYURA于2015年夏季推出的乳霜新品，主要的美白成分是资生堂独家开发的4MSK。此外还添加了维生素A衍生物，并通过日本代表可改善干燥引起细纹的"效能评价试验"认证，是一款能同时抗衰老的美白乳霜。

## スピリットオブアユーラ アロマハンド

容量/价格　50克 / ¥1,800

　　草绿色包装是AYURA身体与头部保养系列的主色调。这款护手乳除独特的草本香氛之外，还具有珠光润色效果，涂上之后可自然调节手部肤色不均的视觉感。

## ザ ホワイトEX [医药部外品]

容量/价格　40毫升 / ¥8,500

　　AYURA品牌诞生20周年的2015年推出了许多新品，这款美白精华液就是其中之一。除招牌美白成分m-传明酸及4MSK之外，主要成分还包括能够调理肤纹的白莲果萃取物以及植物萃取保湿成分。质地本身容易推展且带有草本精油香氛，可配合掌心温和的按摩手法，发挥放松肌肤与心情的效果。

## 香草汤

容量/价格　25克×10包 / ¥1,800

　　冥想浴是AYURA式美容法的重点项目之一，除了液态的入浴液系列之外，也推出泡澡粉系列。有别于一般的温泉泡澡粉，AYURA推出的是利用各种香氛草本原料打造出的4种不同主题泡澡粉。除了盒装之外，也有190日元的单包装。

## メディテーションバスα

容量/价格　300毫升 / ¥1,800

　　别名为"冥想风吕"的精油入浴剂是AYURA最广为人知的招牌之一。其实AYURA式美容法当中，相当推荐通过呼吸与水的浮力进行"冥想浴"，借此发挥放松身心的效果，因此在香氛的选择上也就特别讲究。

**蓬香草汤**
原料：艾草＋香氛草本
水色：乳绿色

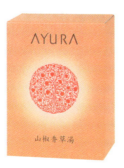

**山椒香草汤**
原料：山椒＋香氛草本
水色：黄色

**生姜香草汤**
原料：生姜＋陈皮
水色：橘色

**薄荷香草汤**
原料：薄荷＋柠檬
水色：蓝色

# 银座美丽新地标
# SOFINA Beauty Power Station

　　说到银座，你会想到什么？从名牌精品、保养美妆品牌、3C 品牌到平价服饰，都将银座视为独一无二的华丽舞台，陆续在这里筑起一家又一家的旗舰店。这对于各品牌的忠实粉丝而言，无疑是接触新品的最佳场所。2015 年 11 月，花王的 SOFINA 也挺进银座插旗，开了第一家品牌概念旗舰店，而这家名为"SOFINA Beauty Power Station"的品牌旗舰店主题是"让你更深入、更正确地了解肌肤的特别空间"。

　　依照品牌渠道设定，SOFINA 旗下的"SOFINA""SOFINA jenne""SOFINA beauté""GRACE SOFINA""Primavista""ALBLANC""est"等品牌，分别在药妆店、美妆店或百货公司展售，而 SOFINA Beauty Power Station 则是让这几个品牌首度齐聚一堂的全新舞台，无论是老粉丝还是新朋友，这里绝对

是接触 SOFINA 全系列美妆保养品的新天地。

SOFINA Beauty Power Station 主要分为两大部分，一个是提供肤质检测服务的"Personal Lesson Studio"。这是一项仅为女性提供的付费服务，且提供详细的检测服务与保养教学，因此每天只接受 13 个预约名额。为维持良好的服务环境，据说这里仅限预约者本人进入，若有同行者则需要另行预约，所以如果有好姐妹想一起进入"Personal Lesson Studio"，则需要依人数事前预约哦！另外，预约者虽无国籍限制，但目前仅提供日语服务。

走进柜台后方，就可见走道两旁有 5 个房间，其中位于前方的"Lesson Room"是整个服务的第一站。在这里，美容咨询师会通过电脑问卷帮我们找出肌肤问题所在，并回答我们关于肌肤困扰的所有问题。

在完成咨询服务之后，美容师会带我们到后方的检测室，通过几项肌肤检测来帮我们找出肌肤表面及潜在的各种问题。在进行肌肤检测之前，首先要清洁肌肤，防止脸上的彩妆及脏污影响检测结果。

↓花王SOFINA旗下所有品牌，从基础保养到顶级品牌在"'Try & Enjoy'Shop"都能够一次购齐。

在清洁脸部的过程中，美容师会指导我们正确使用双手将洁颜商品打出细致的泡泡以及正确的卸妆、洗脸方式。例如卸妆及洗脸时动作要轻柔，以不拉动肌肤为原则，而冲洗时建议用33度左右的微温水。

在清洁脸部之后，美容师就会利用检测室里的仪器，为我们分析全脸状态、角质状态、肌肤保水力以及体温循环状态等几项与肌肤健康息息相关的状态数值。不过有些检测项目需要送到专业的研究所进行分析，所以部分检测结果需要两周后才能取得，而取得方式有来店取件及日本国内邮寄两种方式。

除预约制的美容咨询及肌肤检测服务

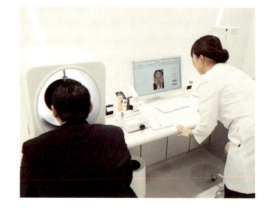

外，SOFINA Beauty Power Station 的另一个特色，就是展售 SOFINA 旗下的所有品牌。过去分散于药妆店、美妆店及百货公司的数十个品牌齐聚一堂，而且几乎每一种美妆保养品都能实际试用及体验。

**Info**

**SOFINA Beauty Power Station**

营业时间　11:00 ～ 20:00
地　　址　〒 104-0061　东京都中央区银座三丁目 4 番 12
　　　　　文祥堂银座ビル 1F　Beauty Power Station
交　　通　地铁银座线・丸之内线・日比谷线　银座站 A13 出口

**SOFINA**
**Beauty Power Station**

## 镇店之宝 SOFINA iP

花王研究碳酸已有 30 多年的历史，堪称日本的碳酸美容先驱。花王最早将碳酸研究成果应用于发泡入浴剂，直到 2002 年才将这项技术导入保养品，并在日本引爆碳酸美容风潮。

SOFINA iP 是全新概念的保养新品牌，同时也是 SOFINA Beauty Power Station 的镇店之宝。iP 这个词的含义其实是"I Power"，也就是指每个人自身的活力，因此这个保养系列最根本的理念，就是由内而外散发的健康美肌。除了这里之外，各大百货公司的 est 专柜也有销售。

### SOFINA iP
### 美活パワームース
### ＜土台美容液＞

容量/价格　90克 / ¥5,000

花王 SOFINA 碳酸美容的最新力作、最大的特色就是成功开发出比毛孔还要细微的碳酸泡，洗完脸后只要立即将这些浓密的碳酸泡轻轻涂在脸上，就可让润泽成分快速深入角质层发挥美容作用，并提升化妆水的渗透力。

### SOFINA iP
### クロロゲン酸 美活饮料

容量/价格　100毫升×10罐 / ¥3,800

SOFINA iP 系列的美容饮品，主要成分是萃取自咖啡豆、主要用来帮助血液循环的"绿原酸"。其实只要血液循环变好，肌肤状态自然能够改善，再加上绿原酸本身可提升副交感神经作用，因此还能让人放松并能改善睡眠不足等威胁肌肤健康的现代人常见问题。

# 隐藏于北关东大城市市郊，保留纯粹日式服务的美容沙龙 Molti

这家位于宇都宫市郊的美容美体沙龙叫"Molti"，其实在同县的小山及创办人故乡广岛县也都设有分店。虽然门市总数才3家，2015年前来接受服务的客人却多达1万人，这可是许多拥有数十家分店的美容美体沙龙望尘莫及的数字。不仅如此，听说还有不少名人也会特地来这里。究竟Molti有什么样的魔力，让许多人舍弃东京的沙龙，宁愿搭1个多小时的车来这里呢？

实际前往Molti之后，发现这里是个颠覆我对日本美容美体沙龙印象的地方。隐身于老公寓中的Molti并没有华丽的外表，有的是具有温馨感的居家风装潢，让不习惯上沙龙的人不会感到浑身不自然，犹如在家一般轻松自在。其实Molti大受欢迎的第一个秘密就在这里，因为创始人认为不应该花太多钱在装潢上，还把这些费用转嫁到消费者身上，所以Molti的课程其实比较便宜。例如45分钟的脸部抗衰老课程加上足部按摩大概只要5000日元左右！

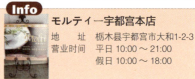

**Info**　モルティー宇都宫本店

地　址　栃木县宇都宫市大和1-2-3
营业时间　平日 10:00～21:00
　　　　　假日 10:00～18:00

不过说到Molti最大的卖点，就是那热情且无微不至的纯日式服务风格。采访当天，工作人员在气温不到5℃的雪地中顶着冷风举牌迎接我们。一进入沙龙，立即送上栃木县当季且最好吃的草莓，桌上摆满花瓣还有手写的欢迎小卡片。不仅如此，因为我的生日在5月，所以墙上还挂满了我的生日花——康乃馨的手绘图卡。其实，这并不是因为我要来采访才这么做，听说Molti向来是以这种热情的方式接待每一位客人，有些客人甚至感动得痛哭流涕呢！

Molti 最引以为傲的美容服务，其实不是靠先进仪器来缔造话题，而是善用美容师的"神手"搭配"神技"，用感应器最密集且敏锐的双手，为每一位客人提供个性化的美容服务。说到 Molti 最神奇的美容法，就是利用按摩来达到小脸与大眼的效果，有兴趣的朋友可以上 Molti 的官网看看。

↑ 为我服务的美容师，是有美容界"贵公子"之称的藤冈正纮老师。

↑ 脸部足部按摩一起来，舒服得我快睡着啦!

↑ 连助理也来体验一下!

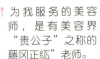

← Molti 总是给人许多惊喜。课程结束之后，在化妆室旁的大镜子上竟然出现我和助理的Q版头像。

→ 课程结束后喝茶时，桌上还出现一盘用巧克力笔写的信息。

**美容研究家藤冈由起子**

Molti 创办人，同时也是"jewelry jelly"的开发者。誓言要改变日本美容界，且凡事以消费者感受为第一的她，耗费 5 年的时间及数亿日元的经费，总算开发出令她满意的保养品。

## ジェリー状美容液ジュエリージェリー

| 容量/价格 | 50克 / ¥14,000 |
| --- | --- |

jewelry jelly 主打提高细胞活性的抗衰老功效，质地属于形状记忆凝露，但因为有效成分浓度相当高的关系，所以轻轻敲打时会有一种特别的弹跳感，并不像一般形状记忆凝露一样会马上散开。jewelry jelly 除汉方植萃成分及近年来相当红的珍贵成分富里酸之外，最特别的地方，在于添加了石英、橄榄石、孔雀石、菱锰矿等纳米矿石粉末。据说这些天然矿石具有促进细胞活性与抗氧化的功能，而 jewelry jelly 也是少数以天然矿石为概念的抗衰老保养品，难怪 2015 年可以在品项多达 1 亿种的日本乐天市场中脱颖而出，连夺 13 个冠军奖项。

**Info**

jewelry jelly 销售地点

**日本精品馆 RANK-IN**

地　址　大阪市中央区道顿堀 1-9-3
营业时间　平日 10:00 ～ 22:00

**乐天市场**

# 老牌胶卷公司的新挑战，
# 美妆保养品界的新异军 ASTALIFT

近几年来日本美妆保养品界中，出现了一个相当引人注目的新词——异业种コスメ（跨业界美妆）。这群杀入日本美妆保养品领域的新"刺客"，原本都不是以美妆保养品起家，但却延伸自家独特的研发技术，开发出令人感到惊艳的美妆保养品。早在许久以前，就有许多制药公司运用制药技术，研发出许多热门美妆保养品，但由于药与妆的概念相近且销售渠道重叠，所以给一般民众的震撼程度就不是那么强烈。然而近年来，日本有许多食品及饮料业者，纷纷跨入保养品业界，确实是为整个业界带来不少话题。在跨业界美妆逐渐扩大版图的这场革命中，来自富士软片的"ASTALIFT"跌破了不少民众及业界人士的眼镜。一般民众根本想不到，胶卷制造商竟然推出美妆保养品，找不到底片与美妆保养品之间有什么关联性。

**从胶卷到保养品的三大关键字**

## 胶原蛋白、抗氧化、纳米化技术

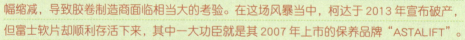

创始于 1934 年的富士软片，相信许多 30 岁以上的人都曾经使用过。后来随着数码影像技术的进步，胶卷的使用需求大幅缩减，导致胶卷制造商面临相当大的考验。在这场风暴当中，柯达于 2013 年宣布破产，但富士软片却顺利存活下来，其中一大功臣就是其 2007 年上市的保养品牌"ASTALIFT"。

### ▶胶原蛋白◀

乍一看，胶卷与保养品完全不相干，但事实上却有着密不可分的关联性。"胶原蛋白"是维持肌肤弹性及保湿度的重要成分之一，但你可能不知道胶卷有 50% 是由胶原蛋白组成。为维持胶卷的稳定性及品质，富士软片从数十年前就开始研发各种胶原蛋白，因此自然拥有可满足保养品需求的胶原蛋白开发技术。

### ▶抗氧化◀

翻开老相簿，可能会发现很久之前的照片都褪色了，但后来的照片却不太有褪色的问题。冲洗出来的相片之所以会褪色，是因为氧化。当年富士软片为改善照片褪色的问题，曾经投入开发出 4000 多种抗氧化成分。

### ▶纳米化技术◀

或许你不知道，胶卷的厚度只有大约 0.02 毫米，而这个厚度其实和人体肌肤角质层的厚度差不多，而角质层正是保养的"标的物"。仅有 0.02 毫米厚的底片其实有四层构造，每一层都有许多显像所需的微粒子分布。为了将这么多微粒子塞入胶卷中，富士软片便开发出高精度的纳米化技术，而这项技术也成为开发保养品的重点技术。

# ASTALIFT

富士软片运用制作底片的技术，打造出名为"ASTALIFT"的保养品牌。从2007年诞生至今，这个品牌已拥有保湿弹力保养、美白保养、彩妆等系列。其中，最早诞生的保湿弹力保养系列各品项的共同成分，包括纳米化虾青素、纳米化茄红素、胶原蛋白及大马士革玫瑰香氛等，而那呈现橘红色的质地，则是来自虾青素及茄红素这两大抗氧化成分。

**美专**
**アスタリフト ジェリーアクアリスタ**

| 容量/价格 | 40克 / ¥9,000 | 60克 / ¥12,000 |

魔力红美肌冻是ASTALIFT系列的明星商品，质地为记忆型凝冻。虽然类型为精华液，却是在洗完脸后第一步使用的前导精华液，以帮助后续保养品更容易地渗透至肌肤中。除了系列共同成分之外，这款还添加了保湿成分——纳米化神经酰胺。

**美专**
**アスタリフト クレンジングジェル**

| 容量/价格 | 120克 / ¥2,600 |

这款质地较为清爽的卸妆凝胶适合日常清洁，另外还添加了具有滋润作用的草本成分——茵陈蒿萃取物。

**美专**
**アスタリフト クレンジングオイル**

| 容量/价格 | 120毫升 / ¥2,600 |

ASTALIFT的卸妆品有卸妆油及卸妆凝胶两种类型，这款卸妆油的洁净力相对较强，因此适合卸除脸部油化的彩妆与皮脂。

**美专**
**アスタリフト ローション**

| 容量/价格 | 150毫升 / ¥3,800 |

水感质地相当清爽的化妆水，除含有三大共同成分之外，还添加了保湿成分——玻尿酸。

**美专**
**アスタリフト クリーム**

| 容量/价格 | 30克 / ¥5,000 |

水漾再生乳霜中除含有三大共同成分之外，还添加了保湿成分——蜂王浆萃取物及润泽油性成分——角鲨烯。此品是油性成分比例较高的霜类，适合在滋润度不够时加强保湿。

**美专**
**アスタリフト エマルジョン**

| 容量/价格 | 100毫升 / ¥4,200 |

水漾再生乳液属于质地轻透、不过于厚重的乳液，除含有三大共同成分之外，还添加了保湿成分——玻尿酸以及润泽油性成分——角鲨烯。

**美专**
**アスタリフト エッセンスデスティニー**

| 容量/价格 | 30毫升 / ¥6,000 |

额外添加蜂王浆萃取物及弹力蛋白等保湿弹力成分的精华液。

# 20年的胎盘素专家BB LABORATORIES
# 开发出日本最初的胎盘素安瓶

　　这几年在日本备受瞩目的美容成分，其中之一就是"胎盘素"。其实中国人对胎盘素一点也不陌生，因为从古代开始就有一种名为"紫河车"的中药材，就是利用人类胎盘制作的药方，据说能让人青春永驻。

　　不过，市面上的胎盘素当然不可能是用人的胎盘制成的。最早的胎盘素其实是采用牛胎盘，但后来因为疯牛病的原因，改为马胎盘及猪胎盘，但又因为马胎盘数量少且价格高昂，因此最为普及的胎盘素仍以猪胎盘为主。

**美**

### 水溶性プラセンタエキス原液

| 容量/价格 | 30毫升 / ¥9,000 |
| --- | --- |
| | 50毫升 / ¥15,000 |

　　BB LABORATORIES在20年前就推出了，堪称日本第一罐胎盘素原液。采用日本国产猪胎盘制成的原液，使用起来有一股特殊的气味，但其实这才是纯的胎盘素呢！

**美**

### PHマッサージゲルPro.

| 容量/价格 | 300克 / ¥3,000 |
| --- | --- |

　　原本只提供给美容机构使用，但因为人气太旺而在大众市场销售的胎盘素按摩凝露。除胎盘素萃取物及玻尿酸之外，还添加了角鲨烯、乳木果油、米胚芽油及薰衣草精油等保养油成分。

**美**

### EMトリートメントオイル

| 容量/价格 | 300毫克×30颗 / ¥5,000 |
| --- | --- |

　　除胎盘素之外，BB LABORATORIES也推出美容油胶囊。除含有11种天然植物油成分之外，还添加了苹果籽萃取物及维生素C衍生物等美容成分，非常适合肌肤干燥或暗沉者拿来做油保养。

## 胎盘素是什么？

　　富含维生素、氨基酸、矿物质等成分的胎盘素，因为具有保湿及促进肌肤代谢的作用，在日本被视为具有抗衰老及美白功能的美容成分。部分胎盘素保养品包装上偶尔可见"植物性胎盘素"或"海洋性胎盘素"等字样，但胎盘只有胎生动物才有，植物及鱼类体内并无胎盘构造。其实植物性胎盘素主要萃取自胚芽，而海洋性胎盘素则取自鱼类的卵巢膜，这些物质的成分都与胎盘素相近，因此才会出现这些名称。

# 拥有50年历史的日本假睫毛先驱，来自日本传统老街的KOJI本铺

能让双眼变得更加有神且吸引人的假睫毛，在日本其实已经问世超过50年。许多日本女性都把假睫毛当成时尚妆感的打造重点之一，却没多少人知道推出日本第一对假睫毛的公司，竟然来自东京的老街——浅草。

20世纪40年代后期，KOJI本铺的创始者"小林幸司"希望日本女性的双眼也能变得更有神，就开始不断地寻找灵感。有一天，小林幸司发现浅草的艺者为了让自己的双眼更有神，每个人都会用自己的头发编出专

↑日本最早商品化的假睫毛，当年是以人发为材料纯手工制作，而旁边的小玻璃瓶内则是装着粘假睫毛用的松脂。

属的假睫毛。小林幸司从艺者身上获得灵感后，便着手开发假睫毛。在不断尝试之下，终于在1947年开发出日本第一款商品化的假睫毛"特制コージー附まつ毛"（特制KOJI假睫毛）。当年的假睫毛是利用120根人发制成，由于是纯手工打造的，即使是技法熟练的师傅一天也只能做出20对，所以在当年可说是相当珍贵的眼妆精品。

假睫毛最早是以人发制成，后来则是一度更改为用兽毛。随着制作技术的进步，KOJI本铺在1972年时更推出全球第一对化学纤维打造的假睫毛。就这样，KOJI本铺一路发展成为专业的假睫毛制造商，后来更成为许多女性喜爱的日本假睫毛品牌。

**药 美**

スプリングハート
アイラッシュ

容量/价格 | 1对 / ¥380

2004年就推出的长销系列，其特色是亲民的价位与高品质。多达10种类型的系列中，梗较粗可强调眼线视觉感的02号最受日本女性喜爱。

**药 美**

ドーリーウインク
アイラッシュ

容量/价格 | 2对 / ¥1,200

KOJI本铺从2009年就推出的假睫毛品牌，目前大约有17种不同的类型。这款编号为1号，眼头疏、眼尾密的透明梗可打造出惹人怜爱的垂眼妆感，是许多人在打造娃娃妆时的首选。

**药 美**

ラッシュコンシェルジュ
アイラッシュ

容量/价格 | 3对 / ¥1,000

KOJI本铺于2015年秋季推出的"Lash concierge"，是专为妆感不适合太浓的上班族女性开发的新系列，整体走的是自然而不过于浓密的风格。

# 百年家庭常备药物语，
# 专门对抗鸡眼/硬茧/赘疣的IBOKORORI

许多名为"家庭药"的老字号常备药，因为其品质与安全性备受肯定，所以一般民众才会父传子、子传孙地代代使用，而来自关西兵库县的"イボコロリ"（IBOKORORI）正是传用超过百年的家庭常备药之一。横山制药早在 1900 年就创立并于 1919 年上市的 IBOKORORI 在药物分类上属于皮肤用药，其适应症却不是常见的皮肤瘙痒或湿疹、干燥等症状，而是关系到美观及足部健康的鸡眼、硬茧及赘疣等常见的皮肤问题。

或许有些不会日语的人，会觉得 IBOKORORI 的品名有点难记，但事实上 IBOKORORI 的品名相当直截了当地道出了商品诉求哦！日语原品名"イボコロリ"其实可拆成两个字，分别是"イボ"（IBO＝赘疣）与"コロリ"（KORORI＝击退、扑杀）。在了解品名的日语原意之后，是不是觉得容易记了呢？

↑ 初期的IBOKORORI外包装及内容器。

## IBOKORORI三神药

依照药剂类型及使用需求，IBOKORORI 大致可分为"涂液型""贴附型"及"服用型"三种类型。"涂液型"及"贴附型"这两种外用药剂型的有效成分为具有软化角质功能的水杨酸，而内服药剂型的"服用型"的成分则是高剂量的薏苡仁萃取物。

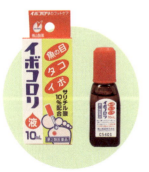

### イボコロリ

| 药剂类型 | 涂液型 |
|---|---|
| 使用需求 | 水杨酸浓度0.1% |

### イボコロリ绊创膏

| 药剂类型 | 贴附型 |
|---|---|
| 使用需求 | 水杨酸浓度50% |

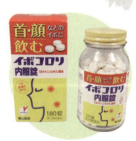

### イボコロリ内服锭

| 药剂类型 | 服用型 |
|---|---|
| 使用需求 | 适用于改善脸部、颈部、腹部等肌肤较薄而不适合使用外用剂型之部位上的赘疣。 |

## 足专Labo系列

　　横山制药于 2012 年推出的新系列。这个系列主要是为改善女性足部健康所开发，不仅有鸡眼、硬茧用贴片，另外还开发了一系列的缓冲鞋垫，防止

拇趾外翻以及形成于足底、脚趾的鸡眼与硬茧不受摩擦。对于经常穿高跟鞋或需要经常走动与久站的女性而言，是保护双脚的新选择。

## 渠道包装一览

　　在日本药妆店中，横山制药的 IBOKORORI 是同类商品中市场占有率最高的品牌。除大国药妆（ダイコクドラッグ）及 OS 药妆是采用横山制药的原创包装之外，许多药妆连锁系统都有专属包装。除包装设计略有不同外，内容物其实都相同。

| | |
|---|---|
| マツモトキヨシ（松本清） | ▶ |
| サッポロドラッグ（札幌药妆） | ▶ |
| サンドラッグ（SUN DRUG） | ▶ |
| スギ薬局（SUGI药局） | ▶ |

ツルハドラッグ（TSURUHA DRUG）　▶

## 日语小知识

　　在 IBOKORORI 的外包装上，都可看见几个大大的日语，在这里就来告诉大家，这些日语所代表的含义吧！

【魚の目】中文翻译为"鸡眼"，形成原因是足底皮肤不断受到摩擦与压迫而使得肌肤角质变厚、变硬。一般来说，鸡眼的特征是按压时会感到疼痛。

【タコ】中文翻译为"硬茧"，形成原因与鸡眼类似，但最大的特征是按压时并不会出现疼痛感。

【イボ】中文翻译为"赘疣"，一般而言是细微伤口因病毒感染引起的。除手足之外，常见于颈部的小肉芽也是赘疣的一种。

# 日本免洗洗手液的先驱，
## 市场占有率稳居日本第一的 健荣制药

每年一到秋冬季或季节转换之际，就会有流行性感冒或肠胃炎等病例大量出现。其实许多人的防疫观念都相当好，除了饭前及如厕后会洗净双手之外，也会准备免洗洗手液在身边，以便随时随地洁净双手。在 2013 年采访日本阿卡将本铺时，我也注意到日本的免洗洗手液，而吸引我最大的理由，就是包装上那只可爱的浣熊。

对于许多人而言，包装上印有浣熊图案的免洗洗手液是非常熟悉的商品，但对健荣制药这个来自日本大阪的公司名称却相对陌生。这家创立于 1946 年的制药公司，其实也是一家拥有 70 多年历史的老字号。它早在 2006 年推出免洗洗手液商品时，日本的药妆市场上还没有类似商品，这也是健荣制药在免洗洗手液界奠定龙头地位的最主要原因之一。除了免洗洗手液之外，这家公司的主力商品还包括浣肠及婴儿用软凡士林。

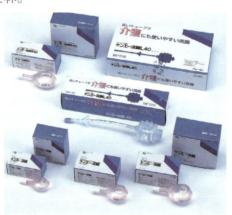

→健荣制药主力商品之一的浣肠剂，是日本药妆店中的长销商品之一。

↑在日本医院或公共设施的入口，通常可见这样的压嘴式消毒液。这些消毒液，其实有不少也是健荣制药的产品。

## 手ピカジェル（TE-PIKA GEL）

堪称健荣制药三大台柱之一的"TE-PIKA GEL"，是日本市场占有率最高的免洗洗手液产品。浣熊清洗食物的可爱模样，俨然成为这个系列的商标形象。一般人都会在回家后、吃饭前或照顾婴幼儿之前使用免洗洗手液，但其实现代人都相当依赖智能手机，许多病菌都会附着在屏幕上，所以用完手机之后若想吃东西，还是得注意一下手指的清洁度！

## 手ピカジェル

| 容量 | 60毫升 | 300毫升 |
|------|--------|---------|
| 售价 | ¥500日元 | ¥1,000 |

　　酒精浓度约80%的速干型免洗洗手液，共有60毫升随身瓶及300毫升家庭号两种类型。由于添加了保湿成分"玻尿酸"，使用之后双手不会变得干巴巴。

## 手ピカジェル ローズの香り

| 容量 | 60毫升 | 300毫升 |
|------|--------|---------|
| 售价 | ¥500日元 | ¥1,000 |

　　玫瑰花香版本。成分与基本款相同，但多加了玫瑰花香，适合女性使用。

## おでかけホルダー付き
## 手ピカジェル ローズの香り

| 容量 | 60毫升 |
|------|--------|
| 售价 | ¥650 |

　　玫瑰花香版60毫升装的硅胶套版本，可挂在包包或婴儿车上，以便随时使用。

## 手ピカジェル mini

| 容量 | 15毫升 |
|------|--------|
| 售价 | ¥320 |

　　玫瑰花香版的迷你瓶版本。是主打女性市场的新版本，除了免洗洗手凝露本身带有玫瑰香氛之外，瓶身大小也与唇膏相同，方便放于化妆包中。

## ベビーワセリン

| 容量 | 60克 |
|------|------|
| 售价 | ¥650 |

　　装在软管中的婴儿用凡士林。相对于一般偏硬的凡士林，这款凡士林的质地较软，因此适合用于皮肤薄且保湿能力较低的婴幼儿。当然，干燥敏感肌的成人也可以使用。

## 手ピカジェルプチ

| 容量 | 1.2毫升×20包入 |
|------|---------------|
| 售价 | ¥650 |

　　日本最早出现，只要单手就能打开使用的独立包装免洗洗手液。

# 从产业用纸到生活用纸，
# 日本纸制品专家——大王制纸

日本厂商推出的纸尿裤及面巾纸等日常消耗品有相当多的支持者。身为日本三大综合制纸公司之一，旗下拥有人气纸尿裤品牌"グ～ン"（GOO.N）及纸巾品牌"エリエール"（elleair）的大王制纸，是许多人都知道的知名品牌。

成立于1943年的大王制纸，是一家拥有70多年历史的老牌制纸公司。从四国爱媛县发迹的大王制纸，最早是制作和纸及西式纸张的公司，之后则是多方发展制造文化用纸、纸箱等产业用纸。中国人所熟知的纸尿裤及纸巾等日常用品，则大多是在20世纪80年代前后才陆续上市的。

## elleair赘沢保湿纸巾　　エリエール®

对于感冒或是鼻子常过敏的人而言，用粗糙的纸巾擤鼻涕简直是一大酷刑。不过日本有些纸巾却出奇的柔软。例如elleair的"赘沢保湿"（奢华保湿）面纸系列，不只是纸质柔软，竟然还添加了甘油及胶原蛋白，难怪不容易把鼻子或嘴唇磨得红肿、破皮。

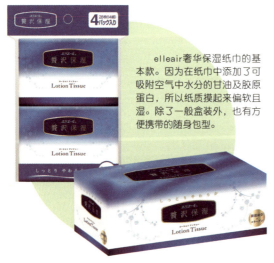

elleair奢华保湿纸巾的基本款。因为在纸巾中添加了可吸附空气中水分的甘油及胶原蛋白，所以纸质摸起来偏软且湿。除了一般盒装外，也有方便携带的随身包型。

elleair奢华保湿纸巾的香氛爽鼻版本。除了具有甘油及胶原蛋白等保湿成分之外，还添加了薰衣草、三种薄荷、尤加利及迷迭香等六种天然草本香氛成分。不只有舒服的香气，还因添加了薄荷成分，使用起来有一股淡淡的清凉感。

## GOO.N尿布系列

大王制纸从 1980 年便开始制造纸尿裤，至今已有 36 年的历史。2003 年打造出大王制纸的纸尿裤品牌——"GOO.N"，同时也成为大王制纸的另一个明星品牌。品项多达 20 余种的 GOO.N 纸尿裤系列，除一般常见的腰贴式纸尿裤之外，还有学习裤及戏水专用纸尿裤。GOO.N 纸尿裤全系列内层涂有维生素 E 来呵护宝宝的肌肤。而且粘贴式纸尿裤于 2015 年改版后，其干爽及柔软程度更升一级。

GOO.N纸尿裤的另一个特色系列就是香氛纸尿裤。许多人在换完纸尿裤之后，都会暂时丢在家里的垃圾桶中。另外，若是外出时换纸尿裤之后，纸尿裤通常会先暂置于车中，这时最害怕的就是纸尿裤发出异味。这款香氛纸尿裤中的香氛胶囊，能把异味转换成香味，如此就不必担心用过的纸尿裤会把密闭空间给弄臭了。

换纸尿裤及用餐前后都能用来擦拭双手或用来清洁小朋友玩具的elleair除菌湿纸巾，在2015年荣获"第七届Mothers Collection"的冠军商品。纸巾本身偏厚不易破，再加上企鹅造型的可爱外盒，难怪可以立即俘获日本妈妈们的心。

## 追求顶级触感——
## 地区限定的天使系列

被誉为纸尿裤界爱马仕的"GOO.N Premium 天使系列"，是全系列中品质及触感顶级的产品。不仅在日本，在中国市场也很受欢迎。

# 育儿妈妈保养新观点！让妈妈们也能享受香氛围绕的 MAMA AQUA SAVON

　　记得在一次聚餐中，一位新手妈妈问我，日本有没有适合妈妈用的保养品。对于一位妈妈，特别是 24 小时与小朋友黏在一起的全职妈妈，最重要的就是以自己的小孩为优先。

　　由于妈妈们通常会担心保养品中的酒精及化学物质会造成婴儿过敏，或担心香氛过浓的保养品会扰乱小朋友的嗅觉，然而最担心害怕的还是涂在自己身上的保养品会不小心被小朋友舔掉吞下肚，因此市面上绝大部分适合育儿女性用的保养品都是以有机派、自然派、无添加这几种类型为主。然而这些强调温和不刺激的保养品，通常是无香氛或是较淡的草本香氛味的商品。

## 低调且满足自己的香氛，让育儿妈妈也能香香地做家务

　　其实不只是育儿女性，在日本"不强出头"的特殊职场文化影响下，大部分日本人在上班期间都不会使用气味过于强烈的香水。然而，毕竟人们还是希望自己香喷喷的，而且许多日本人都希望自己散发出的淡香能给他人留下好印象，或是喜欢通过香味来让自己的心情变好。所以日本便出现了几个专为日本人开发，香气相对低调且感觉洁净清新的香氛品牌。

　　例如日本的皂香香氛品牌"AQUA SAVON"就为了日本的育儿女性开发出不含酒精等刺激成分，但又能让人感受香氛疗愈力的香氛新品牌"MAMA AQUA SAVON"。该系列除香氛喷雾之外还有护手霜，甚至还有亲子可以共用的全身用乳液及防晒乳。因为这个品牌的诞生，育儿女性总算能安心地享受香氛，而小朋友们也会觉得妈妈变得香香的，而这股带有洁净感的香味，也能成为亲子间共同的香味，所以推出后就立刻受到日本许多育儿妈妈的欢迎。

**新美**
ママアクア シャボン
UVモイストジェルアロマバリア

容量／价格　80克／¥1,350

　　MAMA AQUA SAVON在2016年春季推出的防晒新品，最大的特色是添加了柠檬香茅油、迷迭香叶油及香叶天竺葵油等蚊虫不喜欢的精油成分，因此相当适合外出时使用。（SPF32／PA+++）

**美**
ママアクア シャボン
UVモイストジェル

容量／价格　250克／¥1,350

　　包装设计与身体乳相近，但尺寸小一号的可亲子共用的防晒凝胶。虽然添加了有机乳木果油作为保湿成分，但质地相当清爽，可轻易地推展开来。卸除时只需用一般肥皂或沐浴乳就可以，而大罐装压嘴设计则方便妈妈们单手就能挤出需要的使用量。（SPF32／PA+++）

## 美 ママアクアシャボン オードトワレ

容量 / 价格 80毫升 / ¥2,000

MAMA AQUA SAVON承袭纯日系皂香香水系列"AQUA SAVON"的曲线瓶包装及香氛基调，推出一系列专为育儿女性开发的轻香水。考虑到育儿女性需要经常接触小朋友，因此这款轻香水并未添加带有刺激性的酒精，香调方面也是以淡雅的花香及果香调为主。除香水本身的前、中、后调之外，每一款都有专属的特调精油，因此香气会显得更有层次且持续。

**新 ジャスミンアロマウォーターの香り**
带有轻甜感的茉莉花香调
特调精油：
柠檬果皮油+迷迭香叶油
前调：苹果、优雅青香、柠檬、柳橙
中调：茉莉花、百合花、紫丁花
后调：麝香

**フラワーアロマウォーターの香り**
略带香甜味的纯净花香
特调精油：
佛手柑果油+大马士革玫瑰花油
前调：佛手柑、森林香
中调：茉莉花、百合花、玫瑰
后调：麝香、木调香

**グリーンアロマウォーターの香り**
带有草本温和感的柑橘香
特调精油：
柳橙果皮油+柠檬香茅油
前调：柠檬、柳橙、椴香脂、万寿菊
中调：山胡椒、香茅、茉莉花
后调：麝香

**ヴィオレットアロマウォーターの香り**
给人沉静感的新鲜紫罗兰香
特调精油：
橘果皮油+大马士革玫瑰花油
前调：橘子、海洋花香
中调：玫瑰、茉莉花、紫罗兰
后调：木调香、麝香

## 美 ママアクアシャボン ハンドクリーム

容量 / 价格 50克 / ¥900

MAMA AQUA SAVON系列中，专为需要经常用水清洗衣物及餐具的妈妈们开发的香氛护手霜。因为育儿女性需要经常接触小朋友及处理食物，所以护手霜本身绝大部分的油脂成分及保湿成分都是来自橄榄油、芦荟叶、胡桃籽油、米糠油及甘蔗等植物萃取成分。质地偏清爽不黏腻，使用后做家务并不会觉得不方便。

**ヴィオレットアロマウォーターの香り** 给人沉静感的新鲜紫罗兰香 **特调精油：** 橘果皮油+大马士革玫瑰花油
**フラワーアロマウォーターの香り** 略带香甜味的纯净花香 **特调精油：** 佛手柑果油+大马士革玫瑰花油
**グリーンアロマウォーターの香り** 带有草本温和感的柑橘香 **特调精油：** 柳橙果皮油+柠檬香茅油

## 美 ママアクアシャボン モイストマルチクリーム

容量 / 价格 400克 / ¥1,400

育儿女性及6个月以上婴幼儿可一同使用的全身用乳液。除身体之外，连头发及脸部都可使用。在成分方面，是采用芦荟叶、鱼腥草、薏米、艾草、枇杷叶、紫苏叶萃取物等婴幼儿也能用的天然保湿成分。质地虽然偏清爽不黏稠，但滋润度却相当足，而且带有一股淡淡的皂香，小朋友用起来也不会觉得太刺鼻。重点是，一大罐400克可以用很久呢！

# PART 5

# 保湿保养特辑
## 美肌之计在于保湿

# 保湿保养品

　　无论是美白、抗皱还是一般日常保养，肌肤保养的基本功就是"保湿"，这也使得保湿成为绝大部分保养品的基础诉求。除了夏季的空调房产生的干燥问题之外，秋冬季环境干冷带来的干燥问题，对肌肤而言更是一大考验。从保湿成分来看，常见的成分可根据作用原理分成夹住水分的"锁水型"、维持水分的"吸水型"以及捕捉水分的"抓水型"。除这三种类型之外，近年来大行其道的油保养也为保湿保养注入了新概念，进而衍生出封盖水分的"封水型"保湿成分。除保养油之外，许多针对熟龄肌开发的保湿保养品，都会考虑到使用者皮脂分泌量减少而加强油性保养成分，而这些成分绝大部分都来自天然油脂。

## 日本保养品常见保湿成分

## 锁 水型保湿成分

　　这是在所有保湿成分中保湿效果最为显著的族群。锁水型保湿成分的保湿原理，就是以夹心饼干的方式，将角质层中的水分层层包夹与锁定，使水分不会向外流失。

| 神经酰胺 | セラミド | Ceramide |
|---|---|---|
| | 神经酰胺又被称为赛洛美或分子钉，目前已知人体皮肤中约有6种神经酰胺。它是许多日本皮肤科医师首推的保湿成分。皮肤角质层中负责维持水分的三大因子分别是"细胞间脂质""天然保湿因子"以及"皮脂"，其中"细胞间脂质"的比例就高达80%左右。另外，整个"细胞间脂质"中，有40%～55%是由神经酰胺组成的。由此可知，保湿的关键就在于如何维持角质中的神经酰胺量。神经酰胺能像夹心饼干一样，将水分层层夹住以发挥"锁水"功能，因此只要角质中的神经酰胺量足够，就算环境中的湿度下降，肌肤还是能够维持水润的状态。 | |
| 大豆卵磷脂 | 大豆レシチン | Soy Lecithin |
| | 在一般认知中，大豆卵磷脂是一种可以养颜美容及补充营养的口服成分，但少数保养品牌也会采用大豆卵磷脂作为保湿成分。不过大豆卵磷脂相当容易氧化，所以添加在保养品中时，通常会与氢混合使用，以防止成分氧化而导致效果变差。大豆卵磷脂虽然不被广泛使用，但却和神经酰胺一样拥有相当不错的锁水效果。 | |

| 神经鞘脂质 | スフィンゴ脂质 | Sphingolipid |
|---|---|---|
| | 肌肤角质层中有条相当重要的保湿防御线"细胞间脂质"，其中比例最高的成分就是号称保湿能力最强的神经酰胺，而神经鞘脂质也是组成细胞间脂质的一种成分。神经鞘脂质的保湿能力介于神经酰胺与玻尿酸之间，也是部分保湿保养品中常用的成分之一。 | |
| 硬脂酸 | ステアリン酸コレステロール | Stearic Acid Cholesterol |
| | 与神经酰胺及神经鞘脂质一样，是组成细胞间脂质的成分之一。虽然保湿力逊色于神经酰胺，但也是部分保湿品当中可见的保湿成分。 | |
| 活性保湿因子 | リピジュア® | Lipidure® |
| | 在生物科技进步下，由日本油脂公司开发的保湿成分，据说保湿力是玻尿酸的两倍左右。除了由内防止角质层的水分流失之外，活性保湿因子还能从外发挥角质防护作用，防止刺激性物质进入角质，如此一来就能让肌肤状态更加健康。 | |

# 吸 水型保湿成分

保湿效果仅次于锁水型保湿成分，也是市场上最常见的保湿成分。这些保湿成分包括玻尿酸、胶原蛋白以及弹力蛋白等原本就存在于皮肤真皮层中的成分。这些保湿成分在保养品中所扮演的角色与原本的功能不太一样，因为保养品无法深入真皮层，所以这些成分主要在角质层发挥吸水保湿的作用，借此防止肌肤在干燥的环境中缺乏水分滋润。

| 玻尿酸 | ヒアルロン酸 | Hyaluronic Acid |
|---|---|---|
| | 玻尿酸存在于真皮中，又被称为透明质酸，是市面上保湿保养品相当常见的胶状保湿成分。玻尿酸的保湿原理是吸附周边水分子，暂时填补角质屏障，据说每克玻尿酸可吸附约6升的水分。但由于玻尿酸本身的分子量较大，因此无法深入角质层，所以保湿效果非常有限。为弥补这个缺点，后来有厂商陆续开发出超级玻尿酸以及纳米玻尿酸等小分子类型，这才弥补了玻尿酸原本无法深入肌肤角质层的缺点。因此在选择玻尿酸类保养品时，最重要的是确认玻尿酸本身的类型。 | |
| 胶原蛋白 | コラーゲン | Collagen |
| | 说到美肌成分，胶原蛋白可能是知名度最高的一种。胶原蛋白在分类上属于蛋白质，最广为人知的美肌效果是维持肌肤弹力。位于真皮中的胶原蛋白就像一道网状结构可撑起真皮组织，但一般保养品中的胶原蛋白无法深入真皮，仅能在表皮发挥吸水功能，也就是防止表皮内的水分蒸发。近来在许多胶原蛋白保养品的包装上可见到"加水分解胶原蛋白"及"生胶原蛋白"等字样，这两种胶原蛋白各有各的优点。加水分解胶原蛋白就是反复加热与分解后的小分子胶原蛋白，主打特色是更容易渗透至肌肤当中；生胶原蛋白则维持胶原蛋白原有的三股螺旋构造，而这样的胶原蛋白因为表面积较大，所以可吸收较多的水分并持续发挥保湿力。 | |
| 弹力蛋白 | エスラチン | Elastin |
| | 同样存在于真皮层中，与胶原蛋白相辅相成的弹力蛋白，其主要功能就是维持肌肤弹性。由于具备相当好的吸水能力，因此也是保养品中常见的保湿成分。 | |

## 抓 水型保湿成分

在常见的保湿成分中，抓水型属于保湿力较低的族群。例如天然保湿因子 NMF、PG 以及甘油，都是保养品中常见的基础保湿成分。这些成分虽然都有抓水吸湿的能力，但在干冷的冬季可能稍嫌不足，因此大多是作为最基础的保湿添加物，添加于各类保养品中。

| MNF 天然保湿因子 | NMF 天然保湿因子 | Natural Moisturizing Factor |
|---|---|---|
| | NMF 天然保湿因子是相当常见的保湿成分，同时也存在于角质细胞中，由氨基酸、尿素以及乳酸盐类等许多成分组成。由于 NMF 可在角质层中抓住水分，借此维持角质细胞间的水分含量，因此是肌肤中非常重要的保湿成分。 | |
| 丙二醇 | PG | Propylene Glycol |
| | 中文名称为"丙二醇"的 PG 是一种亲水性保湿剂，虽然具备抓水的能力，但保湿效果却差强人意，因此在保养品中往往不是主要的保湿成分，而是用来辅助其他保湿力较强的成分发挥保湿效果。 | |
| 甘油 | グリセリン | Glycerine |
| | 别名为"丙三醇"的甘油同样是亲水性保湿剂。由于甘油的吸湿能力强，因此许多保养品中都可见到甘油的踪影。 | |

## 天 然素材保湿成分

除了上述几种类型之外，近几年日本也掀起了一股自然素材风。在许多保养品中也常见到使用自然素材作为保养成分。

| 海藻萃取物 | 海藻エキス | Seaweed Extract |
|---|---|---|
| | 海藻萃取物是近年来非常受喜爱的保湿成分，其主要原料是来自天然食材中的各种海藻。从产地来看，所谓的明星品牌是来自法国布列塔尼半岛的海藻，不过日本冲绳褐藻及北海道利尻海带等海藻类萃取物在这几年也备受关注。 | |
| 蜂蜜 | はちみつ | Honey |
| | 富含维生素、矿物质及氨基酸等营养成分的蜂蜜，自古以来就是相当重要的食材，同时也是天然保养素材的一种，例如埃及艳后就是蜂蜜保养的爱好者之一。 | |
| 蜂王浆 | ローヤルゼリー | Royal Jelly |
| | 蜂王浆与蜂蜜都是近年来相当热门的保湿及美容成分。蜂王浆的水分及糖分都比蜂蜜低，且绝大部分是由氨基酸、维生素及矿物质组成，因此营养价值比蜂蜜要高许多。不过蜂王浆中最重要的美肌成分，其实是名为类唾液腺素（Kind Parotin）的成分，据说这种成分具有返老还童的作用，因此蜂王浆才会被奉为珍贵的美肌成分。 | |

# 油 脂润泽保湿成分

近年来因为油保养风潮兴起，市面上出现了许多植萃精油保养品。其实许多乳状或霜状保养品也都会添加油性成分来加强保湿作用。严格来说，油脂成分并不能算是保湿成分，而是偏向于可让肌肤散发光泽的润泽成分。不过油脂成分最大的特色就是能防止肌肤水分蒸发，所以有些保湿保养品会添加各种不同的油脂成分来辅助保湿成分发挥更显著的效果。油脂润泽保湿成分类型众多，较为常见的有以下几种。

| 摩洛哥坚果油 | アルガンオイル | Argan Oil |
|---|---|---|
| | 别名为"摩洛哥黄金"的摩洛哥坚果油，是许多保湿保养品中常见的油成分。富含维生素E的摩洛哥坚果油渗透性相当好，自古以来就被当成美容油使用。除润泽保湿的功能之外，由于摩洛哥坚果油本身具有促进新陈代谢的作用，因此也能用来代谢肌肤中的黑色素。 | |
| 橄榄油 | オリーブオイル | Olive Oil |
| | 富含维生素E，可防止肌肤受紫外线伤害的橄榄油，是许多油保养产品中的主要成分之一，甚至有许多标榜天然成分的卸妆油都是以橄榄油为主要成分。不过橄榄油中含有肌肤中也存在的"油酸"，所以皮脂分泌过于旺盛的油性肌，在使用上需观察自己的肌肤反应。 | |
| 角鲨烯 | スクワラン | Squalan |
| | 具有保湿、抗氧化作用的角鲨烯是一种人体也能产生的油脂成分，许多油保养产品中会添加这种成分，甚至直接将角鲨烯作为主要成分。一般而言，角鲨烯可分为动物性及植物性两种类型。纯度较高且质地较黏稠的动物性角鲨烯取自鲨鱼肝油，而纯度略低一些且质地清爽的植物性角鲨烯则大多取自橄榄油、米糠等原料。 | |
| 凡士林 | ワセリン | Vaseline |
| | 主要指白蜡，是将石蜡精炼后的产物。它活性低，不易变质，且具有高度的防水性。但也因防水性高，使用起来质地会感觉厚重一些。 | |

# 促 进生成型保湿成分

大部分的保湿成分都是利用本身的特性发挥锁水、吸水或抓水等功能，进而达到保湿效果。不过有些保湿成分则扮演着辅助的角色，也就是帮助其他保湿成分生成而发挥保湿效果。

| 氨基酸 | アミノ酸 | Amino Acids |
|---|---|---|
| | 许多人都知道，人体大约70%由水分组成，但这些水分中有20%是氨基酸。由此可见，氨基酸对于人体有多么重要。另一方面，先前提到天然保湿因子可在肌肤角质层中维持肌肤含水量，而天然保湿因子有将近一半的比例是由氨基酸组成。 | |
| 米萃精华 No.11 | ライスパワー No.11 | Rice Power® No.11 |
| | 萃取自白米的精华成分，最大的特色是能够提升肌肤的防御机能，同时促使保湿力备受肯定的神经酰胺产生，借此发挥保湿作用。 | |

## 专为干燥敏感肌开发

# 来自制药公司的氨基酸保湿保养品牌

# MINON
## Amino Moist®

　　知名药厂第一三共 Healthcare 旗下的"MINON Amino Moist"，是目前少数将主要成分聚焦于氨基酸的干燥敏感肌保养品牌，其主打成分是9种"保润氨基酸"及2种"清透氨基酸"。"MINON"之所以如此重视氨基酸，其实有相当重要的原因。因为人体肌肤角质细胞中，存在着能够抓水的"NMF天然保湿因子"，而这个NMF天然保湿因子大约有一半是由氨基酸组成的。

　　此外，大家都知道人体大约70%是由水组成，其中又20%是由氨基酸组成的。因此，"MINON"认为氨基酸有助于打造肌肤滋润度。同时，氨基酸也是存在于人体中的物质，干燥敏感肌使用也不容易产生刺激感，因此"MINON"才能在"温和低刺激性"与"美容保养"之间找到最佳的平衡点。除了基础保养以外，MINON还有高人气的面膜，详细介绍请参考P100。

**保湿成分 氨基酸**

**药 美 超**

### モイストチャージ ミルク

容量／价格　100克／¥2,000

　　在众多杂志及网站获奖无数的乳液，适合只用化妆水会觉得滋润度不足的人。

**药 美 超**

### モイストチャージ ローション I・II

容量／价格　150毫升／¥1,900

　　化妆水分为质地水感、适合春夏季使用的I・滋润型，以及质地浓稠、适合秋冬使用的II・超滋润型两种类型。

I・しっとりタイプ
滋润型

II・もっとしっとりタイプ
超滋润型

**药 美 超**

### 药用マイルド ホワイトニング

容量／价格　30克／¥2,500

　　主要成分为左旋维生素C糖苷搭配甘草酸二钾，是专为干燥敏感肌开发的美白精华液，质地是相当清爽的凝露型，因此能轻松地在肌肤上推开。

**药 美 超**

### モイストバリア クリーム

容量／价格　35克／¥2,300

　　加强油脂成分补给但质地却清爽的乳霜，适合想加强"锁住水分"及在意小细纹问题的人。

**药 美 超**

### アミノフルシャワー

容量／价格　50克／¥800　150克／¥1,900

　　水雾粒子相当细微的喷雾化妆水，添加了吸附型玻尿酸，可在肌肤表面形成一道薄膜。建议洗完澡后喷一下，不仅能及时补水还能帮助之后的保养品更好吸收。

**保湿成分 玻尿酸**

药 美 超 **肌ラボ 极润**

厂商名称 ロート制药株式会社

对于日本药妆迷而言，日本乐敦制药的极润系列简直是保湿保养开架品牌中的经典之作。极润系列的主要成分为玻尿酸、超级玻尿酸及纳米玻尿酸三种分子大小不同的玻尿酸。有些人使用玻尿酸保养品时会有一种刺痛感，那是因为肌肤过于干燥。如果有这样的问题，建议在使用玻尿酸保养品之前先使用前导液形态的保养品或喷雾化妆水帮肌肤打底。

注：精华液及乳霜并未添加"纳米玻尿酸"。

| 名称 | 极润ヒアルロン液 | 名称 | 极润ヒアルロン乳液 | 名称 | 极润ヒアルロン美容液 | 名称 | 极润ヒアルロンクリーム |
|---|---|---|---|---|---|---|---|
| 类别 | 化妆水 | 类别 | 乳液 | 类别 | 精华液 | 类别 | 乳霜 |
| 价格 | 170毫升 / ¥740 | 价格 | 140毫升 / ¥740 | 价格 | 30克 / ¥1,680 | 价格 | 50克 / ¥1,280 |

**保湿成分 玻尿酸**

新 药 美 超
**肌ラボ 极润プレミアム**

厂商名称 ロート制药株式会社

日本不管哪个业界，最近几年都在推出Premium豪华版本，而乐敦极润也在2015年秋季推出了豪华版的"金色极润"。一开始只有"化妆水"及"凝露油"两种商品。既然称为豪华版，成分自然很厉害，因为金色极润两种新品的共同成分，是玻尿酸、超级玻尿酸、纳米玻尿酸、3D玻尿酸及吸附型玻尿酸五种玻尿酸。

| 名称 | 极润プレミアム ヒアルロンオイルジェリー | 名称 | 极润プレミアム ヒアルロン液 |
|---|---|---|---|
| 类别 | 凝露油 | 类别 | 化妆水 |
| 价格 | 25克 / ¥900 | 价格 | 170毫升 / ¥900 |

这款主打"高精制×低融点"的凝露油，其基底是由特殊的超柔凡士林制成。这种高纯度的凡士林，液化点和体温正好接近，大约在35度会化成液状，转换成容易延展的美容油。同时因为质地细致，能够更密合于肌肤，达到密着滋润的目的。

豪华版金色极润化妆水的质地比其他版本来要浓稠，而且涂上之后会像面膜一样，在肌肤表层形成一道薄膜，使用起来就像在用ALL IN ONE保养品一样。

**保湿成分**
## 神经酰胺功能成分

**药 美 超 キュレル**

**厂商名称** 花王株式会社

神经酰胺是现今最热门的保湿成分之一，许多人都以为它是最近才出现的，但其实神经酰胺是存在于肌肤中的保湿因子之一，而且花王早在30年前就开始进行研究，并开发出类似神经酰胺的保湿成分，而这个成分就是Curél系列中的主要成分"浸润保湿神经酰胺成分"。Curél的另一个特色，就是添加了抗炎成分，因此相当适合干燥敏感肌者使用。

| 名称 | キュレル化妆水[医药部外品] |
|---|---|
| 类别 | 化妆水 |
| 价格 | 150毫升 / ￥1,800 |

化妆水共有三种类型，分别是 I 清爽型、II 滋润型和 III 超滋润型。

| 名称 | キュレル 润浸保湿美容液[医药部外品] |
|---|---|
| 类别 | 精华液 |
| 价格 | 40克 / ￥2,300 |

| 名称 | キュレル乳液[医药部外品] |
|---|---|
| 类别 | 乳液 |
| 价格 | 120毫升 / ￥1,800 |

### 神经酰胺的类型

目前在皮肤表面发现的游离性神经酰胺共有9种，但一般常见于保养品的类型为第一型、第三型及第六型这三种类型，而这三种神经酰胺各自拥有不同的功能。

第一型：可调节角质层状态并锁住水分。
第三型：可改善肌肤防御机能。
第六型：可自然代谢老化角质。

| 名称 | キュレル 润浸保湿フェイスクリーム[医药部外品] |
|---|---|
| 类别 | 乳霜 |
| 价格 | 40克 / ￥2,300 |

**保湿成分**
## 神经酰胺·胶原蛋白

**药 超 セラコラ**

**厂商名称** 株式会社明色化妆品

明色化妆品的保湿保养品牌"ceracolla"于2015年改版上市。从品名大概就可以猜出这个品牌的主要保湿成分是神经酰胺与胶原蛋白。简单地说，就是利用神经酰胺的保湿与防御力，加上纳米胶原蛋白提升肌肤弹力机能来打造干燥肌适用的保养品。可能是专为干燥肌开发的原因，它使用起来质地偏黏稠，但吸收后不黏腻，且不含香精及酒精等带有刺激性的物质。

| 名称 | しっとり化妆水／超しっとり化妆水 |
|---|---|
| 类别 | （蓝）滋润型化妆水／（粉）超滋润型化妆水 |
| 价格 | 180毫升 / ￥800 |

| 名称 | 保湿乳液 |
|---|---|
| 类别 | 乳液 |
| 价格 | 145毫升 / ￥800 |

| 名称 | 保湿クリーム |
|---|---|
| 类别 | 乳霜 |
| 价格 | 50克 / ￥800 |

## 保湿成分 神经酰胺·胶原蛋白

### 药超 ピュア ナチュラル

| 厂商名称 | 株式会社pdc |
|---|---|

　　Pure Natural是许多人都相当熟悉的保湿保养品牌，因为它已经连续数年都推出史努比限定版本，对于众多史努比迷而言，是不容错过的保湿保养品。该系列另一个特色，就是化妆水与乳液合二为一，因此洗完脸后只需要一个步骤就可完成基础保养。若觉得滋润度不够，还可以追加使用同系列的乳霜。

| 名称 | エッセンスローション リフト |
|---|---|
| 类别 | 水乳合一化妆水 |
| 价格 | 210毫升／¥800 |

| 名称 | クリーム モイストリフト |
|---|---|
| 类别 | 乳霜 |
| 价格 | 100克／¥800 |

## 保湿成分 豆乳发酵液

| 名称 | とってもしっとり化妆水 |
|---|---|
| 类别 | 超滋润化妆水 |
| 价格 | 200毫升／¥900 |

| 名称 | 乳液NA |
|---|---|
| 类别 | 乳液 |
| 价格 | 150毫升／¥900 |

### 药超 サナ なめらか本铺

| 厂商名称 | 常盤药品工业株式会社 |
|---|---|

　　SANA的豆乳保养系列，是相当经典的保养品牌，也是少数只用豆乳发酵液作为保湿主要成分的保养品，严格来讲也算是自然派保养品的一种。SANA先将豆乳发酵成酸奶状的固体，接着再利用独特制法萃取出浓缩豆乳发酵液。除豆乳发酵液本身之外，其内含的大豆异黄酮其实也是公认的美肌成分呢!

| 名称 | クリームNA |
|---|---|
| 质地 | 乳霜 |
| 价格 | 50克／¥950 |

---

### 药超 モイスタージュ リンクルエッセンス

| 厂商名称 | クラシエホームプロダクツ株式会社 |
|---|---|

## 保湿成分 维生素A衍生物 海洋型胶原蛋白 玻尿酸

　　MOISTAGE是1993年就诞生的保养品牌，在2015年秋季时改版上市。无论是化妆水、乳液还是乳霜，都追加了精华液这项功能，所以整个系列并未另外分化出精华液这项单品。该系列除胶原蛋白、角鲨烯及蜂王浆三项保湿成分之外，其实还添加了维生素A衍生物及海洋型胎盘素等抗衰老成分。由于是设计给轻熟龄至熟龄肌使用，所以在质地方面算是相当浓稠。

| 名称 | ローション（超しっとり） |
|---|---|
| 类别 | 超滋润化妆水 |
| 价格 | 210毫升／¥665 |

| 名称 | ミルク（超しっとり） |
|---|---|
| 类别 | 超滋润乳液 |
| 价格 | 160毫升／¥665 |

| 名称 | クリーム（超しっとり） |
|---|---|
| 类别 | 超滋润乳霜 |
| 价格 | 100克／¥665 |

## 保湿成分 黑糖发酵萃取物·玻尿酸 Lipidure®·胶原蛋白

### 新 药超 黑糖精

| 厂商名称 | 株式会社コーセーコスメポート |
|---|---|

　　黑糖在中医上属于温补的食材，许多女性在生理期间都习惯喝上一杯温热的黑糖饮，但其实黑糖中富含矿物质、多酚以及11种氨基酸，所以也算是相当不错的美肌素材。2015年上市的黑糖精，其原料是由日本国产甘蔗所制的纯黑糖，再搭配独家开发的酵母发酵后制成。整个系列有两个品项，一个是质地清爽的无香型化妆水，另一个则是质地也偏清爽但带有淡花香的ALL IN ONE六合一凝冻。

| 名称 | うるおい化妆水 |
|---|---|
| 类别 | 三效合一化妆水 |
| 价格 | 180毫升／¥880 |

| 名称 | うるおう力ジェル |
|---|---|
| 类别 | 六效合一凝冻 |
| 价格 | 90克／¥1,480 |

### 药 美 スハダ力　潤い肌のミルク美容液

| 厂商名称 | 株式会社スタイリングライフ・ホールディングス |
|---|---|

包装相当简朴的"素肌力"的品牌理念，就是打造素颜美人，因此整个品牌的诉求是以"补充肌肤真正需要的滋润"与"将水分留在肌肤"为中心。这个品牌的重点成分之一，就是采用素有"美人汤"之称的出云秘汤——"海潮温泉"的温泉水作为基底。在商品分类上虽然是精华液，但却是一瓶多效合一的精华液，也就是洗完脸后只需要一瓶就可完成保湿工作。除滋润版之外，之后还推出添加了收敛成分的油性版本，因油水失衡而容易冒油的人，比较适合使用这一款。

| 名称 | 潤い肌のミルク美容液 | | 名称 | 潤い肌の水分美容液 |
|---|---|---|---|---|
| 类别 | 滋润型乳状精华液 | | 类别 | 滋润型水分精华液（油性肌适用） |
| 价格 | 300毫升／¥3,000 | | 价格 | 300毫升／¥3,000 |

### 药 超 suisai

| 厂商名称 | 株式会社カネボウ化妆品 |
|---|---|

suisai的酵素洗颜粉在日本曾经数度卖到断货，目前在日本的药妆店里也是摆在醒目位置上的明星商品。同系列的保湿型基础保养系列，主打的保湿成分是玻尿酸。在化妆水方面有三个不同的滋润度类型，乳液则有清爽型及滋润型等类型，可以配合自己的肌肤状态及季节变更来选择使用。

| 名称 | モイストローション | 名称 | ハリつやローション |
|---|---|---|---|
| 类别 | 滋润型化妆水 | 类别 | 弹力光泽型化妆水 |
| 价格 | 200毫升／¥1,000 | 价格 | 200毫升／¥1,000 |
| | 额外保湿成分：玻尿酸、氨基酸、蜂王浆萃取物、海藻糖 | | 额外保湿成分：胶原蛋白、弹力蛋白、蚕丝萃取物、西红柿萃取物 |

### 药 サナ ハニーシュカ

| 厂商名称 | 常盤药品工业株式会社 |
|---|---|

SANA的Honeyshca蜂蜜保养系列属于中等价位的药妆店开架保养品，主打特色是采用玫瑰蜜作为主要美容成分，而保养品本身则带有一点玫瑰香气。除洗卸品之外，整个基础保养系列有三效合一精华液及五效合一凝露两种商品。无论是哪一种，质地都偏浓润，而凝露更是可拿来当晚安冻膜使用。

| 名称 | オールインワンジェル | 名称 | オールインワンセラム |
|---|---|---|---|
| 类别 | 五效合一凝露 | 类别 | 三效合一精华液 |
| 价格 | 150克／¥1,800 | 价格 | 150毫升／¥1,600 |

### 新 药 超 ルミーチェ

| 厂商名称 | 株式会社ウテナ |
|---|---|

无论是中国还是日本，这几年都相当盛行油保养。油保养是保湿保养的延伸，许多女性年过30之后，皮脂分泌量锐减，造成肌肤油水失衡，补油的同时把水分留住，让肌肤能柔嫩有光泽与弹性。主要美容成分为摩洛哥坚果油的Lumice系列有两个主题，分别是强化保湿的金色版及强化肌肤弹性的粉红版。由于是美容油＋保湿弹力美容成分的原因，所以质地较为厚重。对于轻熟龄以上、肌肤容易干燥的女性来说是不错的选择，但对于皮脂分泌旺盛的男性而言可能会稍嫌不够清爽。

| 名称 | ①モイスチャーローション | 名称 | ②モイスチャーエマルジョン |
|---|---|---|---|
| 类别 | 化妆水 | 类别 | 乳液 |
| 价格 | 40毫升／¥700　150毫升／¥2,500 | 价格 | 30毫升／¥900　100毫升／¥3,000 |
| 名称 | | 名称 | ③ディープモイストエッセンス |
| | | 类别 | 精华液 |
| | | 价格 | 30毫升／¥3,800 |
| | | 名称 | ④ディープモイストクリーム |
| | | 类别 | 乳霜 |
| | | 价格 | 30克／¥3,800 |

① ② ③ ④

药超专 SOFINA ポーテ

厂商名称 花王株式会社

SOFINA beaute是专为30～40岁女性开发的保湿系列，基本上可分为基础型及美白型两个类别，推荐使用兼具保湿及美白保养作用的美白系列。该系列的主要保湿作用，来自花王30多年对神经酰胺研究而开发的"神经酰胺机能成分"，也就是通过类似神经酰胺锁水的功能，搭配独家持续渗透技术，再加入花王独家的洋甘菊ET成分，发挥保湿与美白的保养功能。

| 名称 | 美白化妆水 |
| --- | --- |
| 类别 | 化妆水 |
| 价格 | 140毫升 / ¥2,800 |

| 名称 | 朝の美白乳液 |
| --- | --- |
| 类别 | 日用乳液(SPF50+ PA++++) |
| 价格 | 32毫升 / ¥3,000 |

| 名称 | 夜の美白浓密乳液 |
| --- | --- |
| 类别 | 夜用乳液 |
| 价格 | 40克 / ¥3,000 |

药美 NOV II

厂商名称 常盘药品工业株式会社

以临床医学为发展方向的NOV，是历史超过30年的敏感肌保养品牌，其中精制度高且极力排除刺激因子的NOV II在2015年升级改版，同时推出了滋润度更高的保湿膏新品。除保湿成分之外，该系列的另一个特色，就是添加了高浓度的凡士林，也就是尽量利用肌肤负担低的保湿与油脂成分来保护敏感肌，因此在质地上偏浓润。除此之外，包装上有个很贴心的设计，那就是用数字标示使用步骤，让看不懂英文的朋友也不怕搞错顺序！（注：[1]为卸妆，[2]为洗颜）

保湿成分
**角鲨烯 神经酰胺 氨基酸**

| 名称 | [3] フェイスローション |
| --- | --- |
| 类别 | 化妆水 |
| 价格 | 120毫升 / ¥4,000 |

| 名称 | [4] モイスチュアクリーム |
| --- | --- |
| 类别 | 乳霜 |
| 价格 | 50毫升 / ¥5,000 |

| 名称 | [5] モイスチュアバーム |
| --- | --- |
| 类别 | 保湿膏 |
| 价格 | 30克 / ¥3,000 |

药超 DEW ポーテ

厂商名称 株式会社カネボウ化妆品

保湿成分
**海藻萃取物**

2014年诞生的DEW beauté是针对轻熟龄开发的抗衰老保湿系列，主要的保湿成分是来自法国布列塔尼半岛的海藻萃取物。该系列的化妆水及乳液各自分为LIGHT清爽型、I滋润型及II滋润加强型三种形态，可以配合自己的肤质选择。从质地来说，带有海藻萃取成分特有的顺滑感，并搭配有层次的香氛，适合注重保湿但又喜爱自然香味的人使用。

| 名称 | ローション |
| --- | --- |
| 类别 | 化妆水 |
| 价格 | 150毫升 / ¥4,000 |

| 名称 | エマルジョン |
| --- | --- |
| 类别 | 乳液 |
| 价格 | 100毫升 / ¥4,000 |

美 **chant a charm**

厂商名称 株式会社ネイチャーズウェイ

新 专 无添加アクティブ コンディショニングEX

厂商名称 株式会社ファンケル化妆品

说到无添加品牌，许多人第一个想到的应该就是FANCL吧！2015年秋季，FANCL推出了全新的保湿系列。整个系列的主打特色，是添加了能帮肌肤确实吸收营养的"活动型神经酰胺"，以及渗透力更高的"适应型胶原蛋白"，而这两种成分都是FANCL研发的特殊独家成分。

chant a charm是日本自然派保养品的知名品牌之一，其主打特色就是运用40多年的开发经验，并采用自家农场栽种的植物制作天然成分保养品。草绿色是这个品牌的干燥肌保养系列，除氨基酸之外，还添加了植物萃取保湿成分及温泉水。基础保养系列中的化妆水有清爽型及滋养型两种类型可以选择。由于走的是不造成肌肤负担的天然派简单保养路线，所以产品也简化成水、乳、霜三个品项。

| 名称 | モイスト ローションL |
|---|---|
| 类别 | 清爽型化妆水 |
| 价格 | 150毫升 / ¥2,000 |

| 名称 | モイスト ローションR |
|---|---|
| 类别 | 滋养型化妆水 |
| 价格 | 150毫升 / ¥2,000 |

| 名称 | モイスト ミルク |
|---|---|
| 类别 | 乳液 |
| 价格 | 120毫升 / ¥2,500 |

| 名称 | モイスト クリーム |
|---|---|
| 类别 | 乳霜 |
| 价格 | 30克 / ¥2,800 |

| 名称 | ローション |
|---|---|
| 类别 | 化妆水 |
| 价格 | 30毫升 / ¥1,700 |

| 名称 | エマルジョン |
|---|---|
| 类别 | 乳液 |
| 价格 | 30毫升 / ¥1,700 |

新 专 オルビスユー アンコール

厂商名称 オルビス株式会社

ORBIS继2014年春季推出全新概念系列"ORBIS=U"之后，接着在2015年推出了升级版的"ORBIS=U encore"。除保湿之外，其实该系列更着重于法令纹及松弛等抗衰老保养上。该系列还有一个特别的地方，就是从油性保湿成分及水性保湿成分中，各自取优点而开发出的独家成分——even wateroil。从质地来说，由于是专为熟龄肌开发，所以质地也会较滋养一些。

| 名称 | ローション (左) |
|---|---|
| 类别 | 化妆水 |
| 价格 | 180毫升 / ¥3,300 |

| 名称 | デイミルク (右) |
|---|---|
| 类别 | 日用乳液（SPF20 / PA+++） |
| 价格 | 30克 / ¥3,200 |

| 名称 | ナイトクリーミー ジェル |
|---|---|
| 质地 | 夜用凝霜 |
| 价格 | 30克 / ¥3,500 |

## 保湿成分 谷物美容成分

### 白专 do organic

| 厂商名称 | ジャパンオーガニック株式会社 |

在欧美品牌独占一方的有机保养品市场中，do organic可以说是少数脱颖而出的日本品牌。整个系列的主轴放在"日本国产"这一点上，因此基础保养系列的共同成分是由日本国产玄米及黑豆萃取而成的独家谷物保湿成分。其另外一个特色，就是基底成分之一为"大马士革玫瑰水"，因此使用起来有一股相当高雅的玫瑰清香味。

| 名称 | エクストラクト ローション モイスト (左) |
|---|---|
| 类别 | 化妆水 |
| 价格 | 120毫升 / ￥3,800 |

额外保湿成分：日本国产米神经酰胺、日本国产梅果萃取物

| 名称 | パワーセラム V (右) |
|---|---|
| 类别 | 精华液 |
| 价格 | 30毫升 / ￥7,000 |

额外保湿润泽成分：有机野燕麦萃取物、日本国产米胚芽油、有机摩洛哥坚果、野菜油

| 名称 | エンリッチ クリーム アドバンスト |
|---|---|
| 类别 | 乳霜 |
| 价格 | 40克 / ￥6,000 |

额外保湿润泽成分：甘草根萃取物、柚子籽萃取物、日本国产米胚芽油、有机摩洛哥坚果、有机乳木果油、有机橄榄油、有机鳄梨油

## 保湿成分 蜂蜜·玻尿酸·氨基酸

### 美百 ハニーローション ──HINKAKU──

| 厂商名称 | HACCI'S JAPAN. LLC |
|---|---|
| 类别 | 化妆水 |
| 容量 / 价格 | 150毫升 / ￥10,000 |

因为蜂蜜含有众多维生素、矿物质及氨基酸等美肌成分，所以市面上出现了许多以蜂蜜为主要美容成分的保养品。在众多品牌当中，来自日本养蜂场的HACCI可以说是顶级品牌。化妆水本身为带有黏稠度的金黄色，在香氛方面则是高雅的淡花蜜香。HACCI的保养原理，在于利用生物科技的手法，以完美的比例调配出肌肤所需的氨基酸，而氨基酸正是肌肤中名为NMF天然保湿因子的重要成分之一。

## 保湿成分 褐藻萃取物

### 白专 エスト

| 厂商名称 | 花王株式会社 |

花王est是许多日本药妆迷心目中的顶级品牌之一，瓶身为橘色的版本是保湿保养系列。该系列的主要保湿成分，其实是由褐藻萃取物、柚子萃取物及甘油组成的独家成分。从品项特色来说，基础保养品有化妆水、日用乳液、夜用乳液三种，而每一种根据滋润度的不同还细分为四个等级，可以说是质地使用感区分得相当细的品牌。

| 名称 | インナーアクティベート コンディショニング ローション |
|---|---|
| 类别 | 化妆水 |
| 价格 | 120毫升 / ￥5,000 |

| 名称 | インナーアクティベート プロテクトエマルジョン 日用乳液（SPF24 / PA++++） |
|---|---|
| 价格 | 30克 / ￥5,500 |

| 名称 | インナーアクティベート ナリッシングエマルジョン |
|---|---|
| 类别 | 夜用乳液 |
| 价格 | 80毫升 / ￥6,000 |

## 保湿成分 米神经酰胺·米发酵液 米糠油·米糠萃取物

### 药美 毛穴抚子 お米シリーズ

| 厂商名称 | 株式会社石泽研究所 |

主打采用100%日本国产米制成的毛穴抚子米保养系列。其实从好几年前，萃取自白米及糙米（玄米）的成分，就是许多保养品中常见的保湿成分，也因为东方人以米为食，所以更被认为适合东方人的肤质。该系列的基础保养品项只有化妆水及乳霜两种，使用起来并不会觉得黏腻。

| 名称 | お米の化妆水 |
|---|---|
| 类别 | 化妆水 |
| 价格 | 200毫升 / ￥1,500 |

| 名称 | お米のクリーム |
|---|---|
| 类别 | 乳霜 |
| 价格 | 30克 / ￥1,500 |

## PART 6

# 面膜特辑
## 日系百大面膜分析

## 保湿型面膜

敷面膜最主要的目的，不外乎就是加强保养，然而保湿更被视为保养的基本功，因此在众多面膜中，保湿类型的数量及选择最多。纵观市面上的保湿型面膜，最基本的成分不外乎是玻尿酸、胶原蛋白以及备受皮肤科医师认同的锁水成分"神经酰胺"。除此之外，米萃取物、蜂蜜、蜂王浆等素材是这几年备受瞩目的自然保湿成分。每种保湿成分都有不同的特色，当然也适合于不同的肤质，建议各位先按保湿成分进行分类，再从各分类中挑选出最适合自己肤质的保湿型面膜。

## 药妆渠道

### （药）（超）

プレミアムプレサ
ゴールデンジュレマスク

| 厂商名称 | 株式会社ウテナ |
| --- | --- |
| 容量／价格 | 33克×3片／¥700 |
| 质地 | 凝冻 |
| 香味 | 草本精油 |
| 面膜纸素材 | 丝绸 |

utena顶级面膜的美容凝冻系列。一般面膜的美容成分都是液态，但该系列的美容成分则是油性成分及水性成分融合而成的凝冻状。这种凝冻不但能防止成分蒸发，还能更切实地软化肌肤，并渗透至角质层中发挥作用。除各自强化的美容成分之外，共同成分则包括神经酰胺、角鲨烯、8种氨基酸以及海藻糖等主流保湿成分，由此可见是个强化保湿效果的功能性面膜。

主要美容成分：
（红）Wヒアルロン酸 双重玻尿酸
（蓝）Wコラーゲン 双重胶原蛋白

### （新）（药）（超）

プレミアムプレサ　ビューティーマスク

| 厂商名称 | 株式会社ウテナ |
| --- | --- |
| 容量／价格 | 28毫升×4片／¥700 |
| 质地 | 美容液 |
| 香味 | 无 |
| 面膜纸素材 | 100%纯棉 |

知名度相当高的utena面膜，在2015年秋季推出新的顶级保养面膜。这个新系列的主要特色，就是保湿成分搭配了角鲨烯、荷荷巴油、橄榄油、玫瑰果油、摩洛哥坚果油以及夏威夷豆果油等美容油成分。从包装上大大的"艳肌"两字，就不难看出这是一款从打造光泽肌的"油保养"衍生而来的新形态保养面膜。美容油成分可在肌肤表面形成一道薄膜，防止脸部肌肤的水分在睡眠过程中蒸发与流失，让隔日的肌肤更容易上妆。简单地说，它算是一种纸面膜融合晚安面膜的新概念面膜。另一个特色，就是其美容液含量多达28毫升，除了全脸之外也能涂满颈部，甚至能擦在肘部或膝部做局部保养。

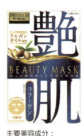

主要美容成分：
ヒアルロン酸
玻尿酸＋6种美容油

主要美容成分：
コラーゲン
胶原蛋白＋6种美容油

主要美容成分：
セラミド
神经酰胺＋6种美容油

## プレミアムプレサ ゴールデンジュレマスク Wローヤルゼリー

| 厂商名称 | 株式会社ウテナ |
|---|---|
| 容量／价格 | 33克×3片／¥700 |
| 质地 | 凝冻 |
| 香味 | 草本精油 |
| 面膜纸素材 | 丝绸 |

utena美容凝冻系列中的抗衰老蜂王浆型。这个系列在2014年秋季就已推出玻尿酸与胶原蛋白型两款保湿型面膜，由于热卖超过百万盒，所以在2016年春季新增生力军。除神经酰胺、角鲨烯、8种氨基酸以及海藻糖等保湿成分之外，还添加了两种富含氨基酸、蛋白质以及矿物质等元素的天然抗衰老保湿成分，适合肤质干燥的熟龄肌使用。

## プレミアムプレサ ハイドロゲルマスク

| 厂商名称 | 株式会社ウテナ |
|---|---|
| 容量／价格 | 25克／¥400 |
| 质地 | 果冻 |
| 香味 | 花香 |
| 面膜纸素材 | 无纺布＋亲水性凝胶 |

主要美容成分：
（上）ホワイトパールエキス＋プラチナ
　　　白珍珠萃取物＋白金
（左）Wヒアルロン酸＋セラミド
　　　双重玻尿酸＋神经酰胺
（下）Wコラーゲン＋ローヤルゼリーエキス
　　　双重胶原蛋白＋蜂王浆萃取物

utena顶级面膜的果冻凝胶系列。面膜纸本身的基底是无纺布，但外层则包裹着由美容液制成的果冻凝胶，因此摸起来有着冰冰凉凉且Q弹有劲的触感。这种果冻凝胶本身不易干燥且相当服帖，因此敷上20～30分钟也没问题。换句话说，一般面膜的使用时间是5～10分钟，但这种果冻凝胶却能够让美容成分慢慢渗透进角质层。这三款面膜虽然都被归类为保湿面膜，但粉红色款着重在肌肤锁水效果，水蓝色款较重视肌肤的弹力状态，而白色款则较着重于改善肌肤干燥引起的肤色暗沉问题。

## プレサ シートマスク

| 厂商名称 | 株式会社ウテナ |
|---|---|
| 容量／价格 | 15毫升×5片／¥700 |
| 质地 | 美容液 |
| 香味 | 无 |
| 面膜纸素材 | 极细纤维布 |

主要美容成分：
（左）パールエキス＋コラーゲン　珍珠萃取物＋胶原蛋白
（中）ヒアルロン酸＋ローヤルゼリーエキス　玻尿酸＋蜂王浆萃取物
（右）コラーゲン＋海洋性エラスチン　胶原蛋白＋海洋性弹力蛋白

PUReSA基本美容液面膜系列。定价虽然在700日元，但大部分的购买都在500日元以下，平均每片不到人民币7元，性价比可以说是相当高。尤其是那具有伸缩性且服帖性极佳的面膜纸，更是这个价位难得一见的品质。整个系列有5款，其中无香保湿型就有3款。在挑选上有几个重点可以参考，若重视肌肤的保水度可选红色玻尿酸型，想增加肌肤嫩弹力就可选蓝色胶原蛋白型，如果想让肤色更为顺滑水嫩，则可以考虑白色珍珠萃取物型。

## プレサ シートマスク ローズエキス

| 厂商名称 | 株式会社ウテナ |
|---|---|
| 容量／价格 | 15毫升×5片／¥700 |
| 质地 | 美容液 |
| 香味 | 玫瑰 |
| 主要美容成分 | 玻尿酸、玫瑰萃取物 |
| 面膜纸素材 | 极细纤维布 |

PUReSA基本美容液面膜系列中的玫瑰香味款。美容液成分除玻尿酸之外，还添加了具有保湿作用的玫瑰萃取成分。在整个基本美容液面膜系列中，这是唯一带有香味的版本，若觉得敷脸时需要香氛辅助，就可考虑选择这一款面膜。

主要美容成分：ヒアルロン酸
玻尿酸＋Q10＋蜂王浆萃
取物＋摩洛哥坚果油

主要美容成分：コラーゲン 胶原蛋白＋Q10＋蜂王浆萃取物＋摩洛哥坚果油

## クリアターン プレミアム ロイヤルジュレマスク

| 厂商名称 | コーセーコスメポート株式会社 |
|---|---|
| 容量／价格 | 30克×4片／¥800 |
| 质地 | 凝冻 |
| 香味 | 淡花香 |
| 面膜纸素材 | 100%植物纤维 |

号称日本市场占有率最高的高丝CLEAR TURN面膜在2016年4月也推出了豪华版的PREMIUM系列。这次主打的面膜有两个特色，第一个特色是面膜美容成分的形态采用最近相当热门且保湿效果相当高的美容凝冻。另一个主打特色就是全效保养面膜，也就是一片面膜可抵化妆水、精华液、乳液、乳霜、面膜、眼膜六项保养程序，对于没时间慢慢保养的人可以说是一大福音呢！该系列目前有玻尿酸型及胶原蛋白型，比起CLEAR TURN同系列的其他面膜来说，玻尿酸及胶原蛋白的浓度则升级3倍，这也是PREMIUM豪华系列才有的奢华成分组合呢！

マスクの密着効果！実感、もちもち肌！

## バリアリペア シートマスク

| 厂商名称 | 株式会社マンダム |
|---|---|
| 容量 / 价格 | 5片 / ¥700 |
| 质地 | 美容液 |
| 香味 | 无 |
| 面膜纸素材 | 无纺布 |

　　如同包装上的婴儿照片，Barrier Repair面膜系列的主题就是打造婴儿般具有弹力的Q嫩肌。在美容成分方面，渗透性尿酸是指分子量约为一般玻尿酸的1/100，而渗透性胶原蛋白则是指低分子胶原蛋白。除这些基本的保湿成分之外，较特别的地方是这个系列采用了名为"baby water lipid"的类胎脂保湿成分，借此提升面膜美容液本身的保湿力。另外，面膜纸在眼尾、嘴角、人中及唇下位置共有6处切口，拉开后可配合脸部线条来调整面膜位置，更能提升面膜纸的服帖度。

主要美容成分：
（左）セラミド＋ベビーウォーターリピッド
神经酰胺＋类胎脂保湿因子
（中）浸透するヒアルロン酸＋ベビーウォーターリピッド
渗透性玻尿酸＋类胎脂保湿因子
（右）浸透するコラーゲン＋ベビーウォーターリピッド
渗透性胶原蛋白＋类胎脂保湿因子

## ワンデーチャージ ハイドロゲルマスク ディープアクア

| 厂商名称 | 株式会社KIYORA |
|---|---|
| 容量 / 价格 | 30克×1片 / ¥350; 5片 / ¥1,500 |
| 质地 | 凝冻 |
| 香味 | 茉莉花香 |
| 主要美容成分 | 加水分解胶原蛋白、玻尿酸、加水分解蚕丝 |
| 面膜纸素材 | 无纺布＋亲水性凝胶 |

　　触感冰凉Q弹的果冻凝胶面膜。主要成分是未加热处理且吸水力较佳的胶原蛋白、玻尿酸及加水分解蚕丝蛋白。面膜本身带有淡淡的茉莉花香，因为美容成分为果冻状不易蒸发，所以敷用时间可大幅拉长到20～30分钟，加上服帖度佳不易掉落，可以边敷边做洗碗或叠衣服之类的轻松家务。

## 肌研 极润 ヒアルロンマスク

| 厂商名称 | ロート制药株式会社 |
|---|---|
| 容量 / 价格 | 20毫升×4片 / ¥900 |
| 质地 | 美容液 |
| 香味 | 无 |
| 主要美容成分 | 玻尿酸、超级玻尿酸 |
| 面膜纸素材 | 无纺布 |

　　极润白色基础系列的面膜，主要的美容成分为玻尿酸以及分子更小的超级玻尿酸，是一款承袭极润基础特色的保养强化单品。如同极润化妆水一般，面膜的美容液本身偏黏稠，但因为未添加油性润泽成分，所以敷完之后并不会有不舒服的油腻感，不过对于肌肤过干的人而言，单用它滋润度可能会稍嫌不够。

## Pure Smile ラグジュアリー3Dマスク

| 厂商名称 | 株式会社サンスマイル |
|---|---|
| 容量 / 价格 | 3片 / ¥800 |
| 质地 | 美容液 |
| 香味 | 无 |
| 面膜纸素材 | 无纺布 |

　　这款3D面膜最特别的地方，就是"覆盖范围"及"提拉力道"。整片面膜可分为脸部及颈部两个区域，脸部靠耳朵的部分，有两个耳挂孔可固定住面膜。颈部部分拉开后可包覆整个下巴及颈部，而且颈部左右两端也有耳挂，往上挂在双耳之后，就可在完整包覆下巴及颈部的状态下，同时利用耳挂的力量发挥提拉的效果。两款保湿型的基本成分是吸水力较佳的加水分解胶原蛋白，再分别加入玻尿酸或神经酰胺这些保湿效果好的主流成分。

主要美容成分：
（上）ヒアルロン酸＋加水分解コラーゲン 玻尿酸＋加水分解胶原蛋白
（下）セラミド＋加水分解コラーゲン
神经酰胺＋加水分解胶原蛋白

## MINON Amino Moist ぷるぷるしっとり肌マスク

| 厂商名称 | 第一三共ヘルスケア株式会社 |
|---|---|
| 容量 / 价格 | 22毫升×4片 / ¥1,200 |
| 质地 | 凝冻美容液 |
| 香味 | 无 |
| 主要美容成分 | 氨基酸 |
| 面膜纸素材 | 无纺布 |

　　适合敏弱肌使用的保湿类面膜。最特别的地方，就是呈现凝冻状的美容液不易蒸发，也不会因为重力影响而一直往下滴落，而是能均匀分布在面膜纸上，使面膜完全服帖于脸部。

## 肌美精
### うるおい浸透マスク（超しっとり）

| 厂商名称 | クラシエホームプロダクツ株式会社 |
|---|---|
| 容量／价格 | 25毫升×5片／¥766 |
| 质地 | 美容液 |
| 香味 | 无 |
| 主要美容成分 | 玻尿酸、蜂王浆、氨基酸 |
| 面膜纸素材 | 无纺布 |

　　肌美精系列中最受外国游客青睐的一款面膜。强调保湿力的这款面膜，号称急救型保湿面膜。因为添加有软化角质作用的柠檬果酸，所以保湿成分能更容易地渗透入肌肤角质层。

## 肌美精
### 超浸透3Dマスク エイジングケア保湿

| 厂商名称 | クラシエホームプロダクツ株式会社 |
|---|---|
| 容量／价格 | 30毫升×4片／¥760 |
| 质地 | 美容液 |
| 香味 | 无 |
| 主要美容成分 | 胶原蛋白 |
| 面膜纸素材 | 无纺布 |

　　虽然品名上有"エイジングケア"（抗衰老保养），但从美容成分上来看却只有保湿成分，因此算是一种平日保养对抗肌肤年龄增长的概念。这款面膜最大的特征，就是从额头到下巴有一条纵向的立体缝线，而下摆的面膜纸也能完整覆盖整个下巴。

### クリアターン　ホワイトマスク

| 厂商名称 | コーセーコスメポート株式会社 |
|---|---|
| 容量／价格 | 22毫升×5片／¥700 |
| 质地 | 美容液 |
| 香味 | 无 |
| 面膜纸素材 | 铜氨长丝纤维(Bemliese®) |

　　高丝蔻丝魅宝的CLEAR TURN号称药妆店里最热卖的面膜系列，若以品牌总销售额来说，从2006年开始它就一直稳居冠军宝座。该系列之所以会热卖，类型选择多是一大原因，仅保湿型分包装面膜就有三种类型。不只是面膜纸本身偏软且服帖度佳，除玻尿酸、胶原蛋白、胎盘素等各自的主要美容成分之外，这三款保湿面膜还添加了共同成分——渗透性高的保湿成分"维生素原B$_5$"。

主要美容成分：
ヒアルロン酸＋プロビタミンB$_5$
玻尿酸＋维生素原B$_5$。

主要美容成分：
（上）コラーゲン＋プロビタミンB$_5$　胶原蛋白＋维生素原B$_5$。
（下）プラセンタ＋プロビタミンB$_5$　胎盘素＋维生素原B$_5$。

## 肌美精　大人のニキビ対策
### 药用集中保湿&美白マスク [医药部外品]

| 厂商名称 | クラシエホームプロダクツ株式会社 |
|---|---|
| 容量／价格 | 15.5毫升×7片／¥900 |
| 质地 | 美容液 |
| 香味 | 无 |
| 主要美容成分 | 甘草酸二钾、高纯度维生素C、胶原蛋白 |
| 面膜纸素材 | 无纺布 |

　　日本市面上的面膜种类相当多，但绝大部分都着重于保湿或美白等功能，像这款专门针对成人痘问题开发的痘痘护理面膜则非常少见。其最主要的美容成分，就是具有消炎作用的甘草次酸衍生物，再搭配维生素C衍生物以发挥淡疤效果。不过成人痘大多是肌肤过于干燥引起的，所以这片面膜选择质地相对清爽的绿茶萃取物作为保湿成分。对于长痘痘又怕敷面膜造成刺激的人而言，这样的面膜是个必备好物！

### suisai ディープモイスト3Dマスク

| 厂商名称 | 株式会社カネボウ化妆品 |
|---|---|
| 容量／价格 | 27毫升×6片／¥2,500 |
| 质地 | 美容液 |
| 香味 | 无 |
| 主要美容成分 | 玻尿酸、进化型玻尿酸、蜂王浆萃取物 |
| 面膜纸素材 | 无纺布 |

　　酵素洗颜粉卖翻天的suisai保养系列，走的是玻尿酸系保湿路线，因此面膜的主要保湿成分也是由玻尿酸组成。面膜本身偏厚，且立体剪裁得像面具一样，服帖于额头及鼻翼这些面膜纸容易翘起来而无法确实敷到的部位。

## 肌美精　オールインワンマスク

| 厂商名称 | クラシエホームプロダクツ株式会社 |
| --- | --- |
| 容量 / 价格 | 42片 / ￥1,500 |
| 质地 | 美容液 |
| 香味 | 无 |
| 主要美容成分 | 玻尿酸、三重胶原蛋白 |
| 面膜纸素材 | 无纺布 |

　　独立包装面膜人气相当高的肌美精，在2015年秋季也加入大包装每日面膜的战场之中。它有个很有趣的商品名叫"ALL IN ONE面膜"，也就是说洗完脸后连保养都不用，只要敷这一片面膜就好。从成分来看，除三种不同分子量的胶原蛋白与玻尿酸之外，还有橄榄油等美容油成分可发挥润泽保湿的作用。不过因为面膜纸本身厚度不算厚，所以敷面膜的时间不能太长，在冬季时若觉得滋润效果不够，建议还是要补个保养程序。

## ジャパンギャルズ　ハローキティ　マスク

| 厂商名称 | 株式会社ジャパンギャルズ SC |
| --- | --- |
| 容量 / 价格 | 28毫升×10片 / ￥1,000 |
| 质地 | 美容液 |
| 香味 | 樱花香 / 抹茶香 |
| 面膜纸素材 | 100%纯棉 |

　　这两款与HELLO KITTY合作的保湿面膜，除玻尿酸与胶原蛋白这两项共同成分之外，最大的特色就是分别添加了"樱花萃取物"或"抹茶萃取物"等和风美容素材。其实制造商JAPAN GALS原本就是做大容量面膜出身，所以面膜制造素材本来就相当讲究。这次罕见地推出分包装面膜，一盒里面有10片，但印有HELLO KITTY图样的面膜则只有2片，其他8片是一般的白色面膜纸。

主要美容成分：
（左）润いマスクセット　玻尿酸＋胶原蛋白＋樱花萃取物
（右）抹茶マスクセット　玻尿酸＋胶原蛋白＋抹茶萃取物

## フェイスマスク　ルルルン

| 厂商名称 | 株式会社グライド・エンタープライズ |
| --- | --- |
| 容量 / 价格 | 7片 / ￥300　42片 / ￥1,500 |
| 质地 | 化妆水 |
| 香味 | 无 |
| 主要美容成分 | 玻尿酸、蜂蜜、米神经酰胺 |
| 面膜纸素材 | 超细纤维 |

　　Lululun算是很早就投入每日面膜市场的年轻品牌。这个成立于2011年的新品牌，因为低价策略在保养界中杀出一条血路。粉红色包装是Lululun的基本保湿款，过去最常让消费者诟病的"面膜纸太薄""面膜纸剪裁不佳""覆盖范围太小"等问题，在2015年秋季的改版当中，都已经有所改进。

## suisai プレミオリティ リフトモイスチャー3Dマスク

| 厂商名称 | 株式会社カネボウ化妆品 |
| --- | --- |
| 容量 / 价格 | 28毫升×4片 / ￥2,300 |
| 质地 | 美容液 |
| 香味 | 无 |
| 主要美容成分 | 玻尿酸、进化型玻尿酸、蜂王浆萃取物、胶原蛋白 |
| 面膜纸素材 | 无纺布 |

　　粉红色的suisai是专为40岁以上的轻熟龄肌开发的保湿系列。因为是设计给轻熟龄肌使用，所以偏厚的面膜纸脸颊部位的左右两侧下摆，各多了一条可往上提拉的部分。这样的设计不仅能增加面膜纸的脸部覆盖率，在沿着脸部周围线条往上拉之后，更能发挥对抗重力的提拉效果。

## フェイスマスク　青のルルルン

| 厂商名称 | 株式会社グライド・エンタープライズ |
| --- | --- |
| 容量 / 价格 | 7片 / ￥400　32片 / ￥1,500 |
| 质地 | 化妆水 |
| 香味 | 无 |
| 主要美容成分 | 玻尿酸、LIPIDURE®、蜂王乳萃取物 |
| 面膜纸素材 | 超细纤维 |

　　比起粉红色版本，蓝色Lululun面膜加强了保湿成分，除玻尿酸之外还添加了保水性相当高的成分"LIPIDURE®"。若觉得粉红色版本的保湿性不足，可以改用蓝色版本试试。

## フェイスマスク　ルルルンプレシャス RED

| 厂商名称 | 株式会社グライド・エンタープライズ |
| --- | --- |
| 容量 / 价格 | 7片 / ￥400　32片 / ￥1,500 |
| 质地 | 化妆水 |
| 香味 | 无 |
| 主要美容成分 | 米神经酰胺、米糠油、紫米糠萃取物、加水分解米萃取物 |
| 面膜纸素材 | 超细纤维 |

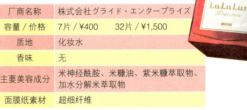

　　在平价每日面膜杀出一条血路的Lululun，其实几个系列都适合年轻肤质使用，但在2015年12月，Lululun推出强化美容成分的顶级新产品线"Lululun Precious"。红色版本是以"米"保养成分为主的保湿面膜，走的是自然派路线。除了米美容成分之外，其他像海藻萃取物、梅子萃取物及山茶花种子萃取物等自然成分，也都采用日本产自然素材制成。

**药** **美** **超**

## SANA なめらか本铺
## モイストシートマスク

| 厂商名称 | 常盤药品工业株式会社 |
|---|---|
| 容量／价格 | 32片／¥1,200 |
| 质地 | 美容液 |
| 香味 | 无 |
| 主要美容成分 | 豆乳发酵液、植物性胶原蛋白、玻尿酸、维生素C衍生物 |
| 面膜纸素材 | 嫘萦60%＋PET 40% |

　　SANA豆乳保养系列推出的保湿面膜。主打5秒钟就能快速展开面膜纸并贴于脸部，实际测试结果证明，面膜纸确实能像抽取式纸巾一样，抽出后就可简单展开。面膜纸则是少数具有伸展性的"嫘萦＋PET合织布"，可配合脸形拉展，因此服帖性相当不错。

**药** **超**

## クリアターン
## ベイビッシュうるおいマスク

| 厂商名称 | コーセーコスメポート株式会社 |
|---|---|
| 容量／价格 | 7片／¥300 |
| 质地 | 美容液 |
| 香味 | 无 |
| 主要美容成分 | LIPIDURE®、玻尿酸、海藻糖 |
| 面膜纸素材 | 日本棉 |

　　CLEAR TURE的BABIYISH系列是专为20多岁轻龄肌开发的保养入门面膜，目前共有3种类型，粉红色的保湿型着重肌肤锁水力，因此添加了近几年备受瞩目的锁水因子LIPIDURE®。从每日面膜的角度来看，面膜纸本身算厚且服帖。

**药** **超**

## クリアターン ベイビッシュ
## 高保湿ツヤマスク

| 厂商名称 | コーセーコスメポート株式会社 |
|---|---|
| 容量／价格 | 7片／¥300 |
| 质地 | 美容液 |
| 香味 | 无 |
| 主要美容成分 | 胶原蛋白、玻尿酸、蜂蜜 |
| 面膜纸素材 | 日本棉 |

　　CLEAR TURE的BABIYISH系列的另一款保湿面膜，相对于粉红色的保湿型而言，黄色光泽型则在加强保湿成分的同时，增加肌肤本身的亮泽感。

**药** **超**

## ピュアスマイル エッセンスマスク

| 厂商名称 | 株式会社サンスマイル |
|---|---|
| 容量／价格 | 1片／¥100 |
| 质地 | 美容液 |
| 主要美容成分 | 胶原蛋白、玻尿酸、神经酰胺 |
| 面膜纸素材 | 无纺布 |

　　日本药妆店中常见的Pure Smile美容液面膜是相当知名的百元面膜系列。目前据说有数十款类型，每一款面膜的共同特色，就是以胶原蛋白、玻尿酸、神经酰胺三大保湿成分为基底，再搭配各款面膜的特殊保湿、润泽成分。在这数十款类型中，马油、抹茶、山茶花、蚕丝及黄金这五款被归为"日本美容素材面膜"。从价位及产品特性来看，非常适合作为美妆伴手礼！

金／黄金　香味：精油香

**新** **药** **超**

## ピュアファイブエッセンスマスク（WCO）

| 厂商名称 | 株式会社ジャパンギャルズ SC |
|---|---|
| 容量／价格 | 28毫升×10片／¥1,000 |
| 质地 | 美容液 |
| 香味 | 无香 |
| 主要美容成分 | 三重胶原蛋白、11种氨基酸 |
| 面膜纸素材 | 再生胶原蛋白纤维＋纯棉 |

　　PURE 5 ESSENCE MASK是日本药妆店及美妆店中热卖的大容量每日面膜，在2015年秋季推出的这款新面膜，有个相当大的突破性特色，就是面膜纸是采用易溶于水，过去只被当成美容成分的胶原蛋白制成。胶原蛋白纤维在吸饱美容液之后，会产生一种相当独特的柔滑感，而像这样的面膜材质，在目前来说也是首创。当然，除面膜纸材质特别之外，在美容成分上也不马虎，除三种分子大小不同的胶原蛋白之外，还添加了11种近来备受瞩目的氨基酸保湿成分。

马油／马油　　　　椿／山茶花　　　抹茶／抹茶　　　绢／蚕丝
香味：牛奶糖香　香味：山茶花香　香味：抹茶香　香味：淡花香

# 美妆·直营·百货渠道

## 毛穴抚子　お米のマスク

| 厂商名称 | 株式会社石泽研究所 |
| --- | --- |
| 容量／价格 | 10片／¥650 |
| 质地 | 美容液 |
| 香味 | 无 |
| 主要美容成分 | 米神经酰胺、米糠油、米糠萃取物、米发酵液 |
| 面膜纸素材 | 无纺布 |

这款包装散发出浓浓日本味的面膜，是来自石泽研究所毛穴抚子系列的2015年新品。毛穴抚子系列产品主打毛孔保养，因此面膜也着重于改善"干燥毛孔"问题。在保湿素材方面也很特别，采用了日本米制成的"日本米保湿精华"。这几年日本出现了许多由食材保养成分制成的保养品，其中最具日本味的素材就非"米"莫属了。

## フェイスエッセンスマスク

| 厂商名称 | オルビス株式会社 |
| --- | --- |
| 容量／价格 | 2片／¥839　8片／¥3,000 |
| 质地 | 美容液 |
| 香味 | 无 |
| 主要美容成分 | 渗透性胶原蛋白、比菲德氏菌发酵萃取物、蜂王浆萃取物 |
| 面膜纸素材 | Lyocell柔丝透气纤维 |

以低分子胶原蛋白为基底，加上近年来备受瞩目的保湿素材——比菲德氏菌发酵萃取物，再搭配蜂王浆萃取物，整体而言是着重于食材级美容成分。具有弹性的面膜纸材质本身是相当特殊的Lyocell柔丝透气纤维。由于这种透气纤维质地柔软且透气性好，许多高级寝具都会采用。从包装取出面膜之后，可看到两块突出的半圆形，这是方便使用者立即找到支点并快速展开面膜纸的贴心设计。

## MAMA BUTTER フェイスクリームマスク

| 厂商名称 | 株式会社ビーバイイー |
| --- | --- |
| 容量／价格 | 18毫升×3片／¥920 |
| 质地 | 乳液 |
| 香味 | 薰衣草 |
| 面膜纸素材 | 植物纤维 |

**主要美容成分：**
乳木果油、杏仁核油、木莓萃取物

**主要美容成分：**
乳木果油、石榴萃取物、西番莲果汁

市面上相当少见的自然派面膜。MAMA BUTTER旗下的所有保养品都含有自然保湿成分——乳木果油。2015年秋季推出两款新面膜，分别是平衡油水与提升净透感的"蓝色纯净版PURE"及改善肌肤弹性与强化保湿成分的"红色丰润版RICH"。美容成分本身为偏浓的乳液状，来自天然植萃成分的薰衣草香味，适合拿来放松身心。

## DEW スペリア　マスクコンセントレート

| 厂商名称 | 株式会社カネボウ化妆品 |
| --- | --- |
| 容量／价格 | 27毫升×6片／¥7,000 |
| 质地 | 美容液 |
| 香味 | 无 |
| 主要美容成分 | 玻尿酸、水溶性胶原蛋白 |
| 面膜纸素材 | 无纺布 |

号称一片面膜之中的美容成分就相当于一瓶精华液的分量。面膜纸本身偏厚，而且表面如同格子松饼一样为凹凸构造，所以能更服帖于脸部，而且也能够吸附更多的美容成分。本款产品在价位上偏高，适合在重要的日子来临前做集中美容使用。

## 菊正宗　日本酒のフェイスマスク（白）
## 菊正宗　日本酒のフェイスマスク高保湿（粉）

| 厂商名称 | 菊正宗酒造株式会社 |
| --- | --- |
| 容量／价格 | 白色一般型　7片／¥450<br>粉色滋润型　7片／¥500 |
| 质地 | 美容液 |
| 香味 | 日本酒 |
| 面膜纸素材 | 无纺布 |

在日本药妆店及美妆店里拥有高人气的菊正宗日本酒保养系列，终于也推出了大家期盼已久的每日面膜。这两款的共同美容成分是富含氨基酸、去除了酒精成分的日本酒，而提升保湿效果的粉色版本则多加了锁水成分——神经酰胺。

## アスタリフト モイスチャライジングマスク

| 厂商名称 | 富士フイルム株式会社 |
|---|---|
| 容量／价格 | 35毫升×6组／¥6,000 |
| 质地 | 美容液 |
| 香味 | 大马士革玫瑰香 |
| 主要美容成分 | 纳米虾青素、胶原蛋白、蜂王浆、弹力蛋白 |
| 面膜纸素材 | PET |

主要成分为抗氧化效果高的虾青素，因此面膜及美容液本身呈现为橘红色。面膜分成上下两片，各自都有不错的伸缩性，可配合自己的脸形拉适当的形状。另一个特色，就是上下两片面膜的美容液多达35毫升，多到可拿来擦颈部与锁骨一带的肌肤。

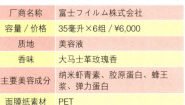

## est ディープアクティベート マスク

| 厂商名称 | 株式会社花王 |
|---|---|
| 容量／价格 | 24毫升×6组／¥10,000 |
| 质地 | 美容液 |
| 香味 | 淡花香 |
| 主要美容成分 | 褐藻萃取物、碳酸 |

花王贵妇品牌est的深层保湿面膜。这片面膜有两个不同于其他品牌的特色，第一个特色，就是面膜纸摸起来偏硬，这其实是因为面膜外层有一层特殊的"封膜"，可通过密封效果让美容成分顺利渗透至角质层。另一个特色，就是运用了花王引以为傲的碳酸泡技术，将碳酸加入美容液中，因此敷的时候会有促进脸部血液循环的温热感。因为价格不太亲民，适合重要的日子来临前做急救保养。

## HACCI シートマスク

| 厂商名称 | HACCI's JAPAN.LLC |
|---|---|
| 容量／价格 | 32毫升×6组／¥11,000 |
| 质地 | 美容液 |
| 香味 | 淡花香 |
| 主要美容成分 | 蜂蜜、蜂王浆萃取物、黄芩根萃取物、加水分解胶原蛋白 |
| 面膜纸素材 | 超细纤维 |

HACCI是日本相当知名的蜂蜜保养品牌。来自养蜂人家的蜂蜜保养品牌，面膜中的美容成分自然少不了蜂蜜及蜂王浆等天然保湿成分。由于美容素材相当具有话题性，加上品牌包装得很成功，因此深受许多贵妇及时尚女性推崇。

## エリクシール シュペリエル モイストフィックスマスク

| 厂商名称 | 株式会社资生堂 |
|---|---|
| 容量／价格 | 26毫升×6片／¥2,500 |
| 质地 | 美容液 |
| 香味 | 无 |
| 主要美容成分 | 水溶性胶原蛋白、玻尿酸、加水分解弹力蛋白 |
| 面膜纸素材 | 嫘萦 |

资生堂ELIXIR SUPERIEUR是主打"紧锁滋润功能"的保湿保养系列，也就是通过强力的保湿，让肌肤能够变得更有弹性，算是资生堂相当经典的保养系列。面膜纸本身偏厚，再搭配质地浓厚的美容液，非常适合在干燥的季节或肌肤偏干的人使用。每片单价折合人民币20多元，对百货专柜品牌而言并不算贵。

# 美白型面膜

　　美白是许多人一辈子的美容课题，除平时的基础保养外，偶尔敷个面膜来加强美白效果更是不可少的功课。目前市面上美白面膜的成分大致可分为维生素C衍生物类、传明酸、熊果素以及洋甘菊ET或4MSK等独家美白成分。这些美白成分的作用各不相同，当然价位也大不相同。一般来说，平价面膜的成分以维生素C衍生物类及熊果素为主，而传明酸及其他独家成分就比较常见于中、高价位的面膜。各位可以配合自己的预算及肤质特性，挑选最适合自己的类型。

## 药妆渠道

**药 超** [医药部外品]

### プレサ　シートマスクビタミンC

| 厂商名称 | 株式会社ウテナ |
|---|---|
| 容量／价格 | 15毫升×5片／¥700 |
| 质地 | 美容液 |
| 香味 | 无 |
| 主要美容成分 | 维生素C衍生物、加州梅酵素分解物 |
| 面膜纸素材 | 极细纤维布 |

　　PUReSA基本面膜系列中唯一的美白型面膜，主要的美白成分为维生素C衍生物，再搭配保湿成分加州梅酵素分解物，是一款敷起来偏清爽的美白面膜，比较适合在日晒后或平日保养中用来防止黑色素产生。

**药 美 超** [医药部外品]

### トランシーノ
### 药用ホワイトニングフェイシャルマスク

| 厂商名称 | 第一三共ヘルスケア株式会社 |
|---|---|
| 容量／价格 | 20毫升×4片／¥1,800 |
| 质地 | 美容液 |
| 香味 | 无 |
| 主要美容成分 | 传明酸、赛洛球（Ceracute®） |
| 面膜纸素材 | 嫘萦＋超细纤维 |

　　主要美容成分为第一三共开发的美白成分传明酸，敷起来感觉偏清爽而不厚重的集中保养型美白面膜。除了美白成分之外，还添加了复合保湿成分及可增加肌肤弹性的赛洛球。面膜纸本身最大的特色，就是用多功能超细纤维包来住嫘萦，在超细纤维服帖肌肤的同时，吸满美容成分的嫘萦则会发挥"水库"的功能集中发挥美白效果。（注：Ceracute®为日油株式会社的注册商标。）

**药 超**  [医药部外品]

### 肌美精　うるおい浸透マスク（深层美白）

| 厂商名称 | クラシエホームプロダクツ株式会社 |
|---|---|
| 容量／价格 | 20毫升×5片／¥760 |
| 质地 | 美容液 |
| 香味 | 无 |
| 主要美容成分 | 维生素C衍生物、海洋型胶原蛋白、薏仁萃取物 |
| 面膜纸素材 | 100%纯棉 |

　　肌美精基本面膜系列中的美白型面膜，美白成分是维生素C衍生物，另外还有胶原蛋白以及薏仁萃取物等保湿成分，这改善了部分美白面膜滋润度不足的问题，因此算是兼顾美白及保湿的类型。

药 超

## 肌美精　超浸透3D マスク
## エイジングケア（美白）[医薬部外品]

| 厂商名称 | クラシエホームプロダクツ株式会社 |
|---|---|
| 容量／价格 | 30毫升×4片／¥760 |
| 质地 | 美容液 |
| 香味 | 无 |
| 主要美容成分 | 高纯度维生素C衍生物、海洋型胶原蛋白、蜂王浆 |
| 面膜纸素材 | 无纺布 |

　　肌美精的超浸透3D面膜系列也推出了美白型，其主要成分是美白效果比一般维生素C要高且渗透性更好的高纯度维生素C衍生物。这款3D面膜的特性，就是中央有一条纵向缝线，让面膜立体得像一张面具一般，因此连鼻翼的部分敷起来也服帖许多。另外，这款面膜的下摆也比较长与宽，可以完整包覆整个下巴。

药 超

## 肌研　白润药用美白マスク

| 厂商名称 | ロート制薬株式会社 |
|---|---|
| 容量／价格 | 20毫升×4片／¥900 |
| 质地 | 美容液 |
| 香味 | 无 |
| 主要美容成分 | 熊果素、玻尿酸 |
| 面膜纸素材 | 无纺布 |

　　乐敦制药的肌研极润是许多日本药妆迷都知道，甚至是使用过的玻尿酸保湿保养系列，而白润则是极润的美白型姐妹系列。主要的美容成分是玻尿酸，在美白成分方面，白润所采用的是许多美白产品中都会添加的熊果素。添加熊果素的美白产品，其实非常适合在日晒后做急救用哦！

药 超

## Pure Smile
## ラグジュアリー3Dマスク

| 厂商名称 | 株式会社サンスマイル |
|---|---|
| 容量／价格 | 3片／¥800 |
| 质地 | 美容液 |
| 香味 | 无 |
| 主要美容成分 | 加水分解胎盘素萃取物、加水分解胶原蛋白 |
| 面膜纸素材 | 无纺布 |

　　这款3D面膜最特别的地方，就是通过双耳挂设计发挥"大范围覆盖"及"加强提拉力道"这两大特色。脸部靠耳朵的部分，有两个耳挂孔可固定住面膜，颈部左右两端也有耳挂，往上挂在双耳之后，就可完整包覆下巴及颈部。在美白成分方面，则是这几年在日本备受瞩目的抗衰老美白成分——胎盘素。

新 药 美 超

## 药用ホワイト
## モイスチュアマスク极最

| 厂商名称 | 株式会社サンスマイル |
|---|---|
| 容量／价格 | 1片／¥500 |
| 质地 | 乳液 |
| 香味 | 无 |
| 主要美容成分 | 传明酸、甘草酸钾 |
| 面膜纸素材 | 无纺布 |

　　Pure Smile这个面膜品牌走的是平价路线，无论是美容液面膜还是印满图样的玩心面膜，平均单价都在100～300日元。这款美白面膜不仅是Pure Smile的第一片药用美白面膜，也是首度挑战500日元关卡的中价位面膜。从成分来看，主要的美白成分是许多美妆大厂采用的传明酸，但最特别的是其主要美容成分中还包括可抗炎及预防痘痘的甘草酸钾。据说将这两种成分调和在一起需要一定的技术，因此市面上相同主成分的面膜并不多见。

药 超

## クリアターン　ホワイトマスク

| 厂商名称 | コーセーコスメポート株式会社 |
|---|---|
| 容量／价格 | 22毫升×5片／¥700 |
| 质地 | 美容液 |
| 香味 | 无 |
| 面膜纸素材 | 铜氨长丝纤维(Bemliese®) |

　　连续9年夺得药妆店面膜销售冠军的高丝蔻丝魅宝·CLEAR TURN系列。全系列目前有7种类型，其中美白面膜就有两种。除了含有8种氨基酸保湿成分之外，两款面膜的美白成分分别为维生素C及传明酸。虽然两款都主打美白，但维生素C款较着重于保湿，适合较年轻的使用者；而传明酸款较强调增加肌肤张力，比较适合轻熟龄肌肤使用。

主要美容成分：
（上）8种アミノ酸＋高纯度安定型ビタミンC　8种氨基酸＋高纯度安定型维生素C
（下）8种アミノ酸＋トラネキサム酸　8种氨基酸＋传明酸

药 美 超

## 雪肌精　シュープレムホワイトリフトマスク

| 厂商名称 | 株式会社コーセー |
|---|---|
| 容量／价格 | 1片／¥500 |
| 质地 | 乳液 |
| 香味 | 无 |
| 主要美容成分 | 传明酸、甘草酸钾 |
| 面膜纸素材 | 无纺布 |

　　这片白色雪肌精面膜的面膜纸材质具有相当好的伸缩性，因此可在服帖脸部的同时，通过"加压"效果让美容成分更容易渗透至肌肤中。除了美白成分——维生素C衍生物之外，还有雪肌精独家和汉美容成分，而香味当然就是许多人熟悉的雪肌精香味。

## フェイスマスク 白のルルルン

| 厂商名称 | 株式会社グライド・エンタープライズ |
| --- | --- |
| 容量／价格 | 7片／¥400　42片／¥1,500 |
| 质地 | 化妆水 |
| 香味 | 无 |
| 主要美容成分 | 维生素C衍生物、玻尿酸、甘草酸钾 |
| 面膜纸素材 | 超细纤维 |

　　Lululun每日面膜系列中的美白款，主要美白成分是维生素C衍生物。除此之外，还添加了甘草酸二钾等几种可抗糖化与防止肤色暗沉的美容成分，主要目的是加强肤色的清透感以提升脸部整体的明亮度。从每片只要人民币2元多的价位来看，非常适合夏季作为每日晒后护理之用。

## フェイスマスク ルルルンプレシャス WHITE

| 厂商名称 | 株式会社グライド・エンタープライズ |
| --- | --- |
| 容量／价格 | 7片／¥400<br>32片／¥1,500 |
| 质地 | 化妆水 |
| 香味 | 无 |
| 主要美容成分 | 维生素C衍生物、维生素E、维生素B$_3$、维生素原B$_5$ |
| 面膜纸素材 | 超细纤维 |

　　2015年12月加入每日面膜市场的Lululun新品。这款"Lululun Precious"金色版主打的是美白路线，除美白成分维生素C衍生物之外，还添加了可抗氧化的维生素E、能提升肌肤机能的维生素B$_3$，以及可促进新陈代谢的维生素原B$_5$，号称"用来敷的维生素"。

## クリアターン ベイビッシュ ホワイトマスク

| 厂商名称 | コーセーコスメポート株式会社 |
| --- | --- |
| 容量／价格 | 7片／¥300 |
| 质地 | 美容液 |
| 香味 | 无 |
| 主要美容成分 | 维生素C衍生物、玻尿酸、虎耳草萃取物 |
| 面膜纸素材 | 日本棉 |

　　专为20多岁轻龄肌开发的CLEAR TURE ABIYISH系列除保湿类型外，也推出了美白型面膜。这款面膜的主要美白成分是能打造肌肤清透感的维生素C衍生物。除了美白成分之外，还添加了玻尿酸等基本的保湿成分。对于30多岁或肌肤本身偏干的人而言，这款面膜的保湿度可能不太够，因此敷完后若还是觉得干干的，建议加强乳液及乳霜等后续保养程序。

# 美妆·直营·百货渠道

## アスタリフト ホワイト ブライトニングマスク

| 厂商名称 | 富士フイルム株式会社 |
| --- | --- |
| 容量／价格 | 25毫升×6片／¥6,600 |
| 质地 | 美容液 |
| 香味 | 大马士革玫瑰香 |
| 主要美容成分 | 熊果素、牡丹萃取物、纳米虾青素 |
| 面膜纸素材 | PET |

　　来自富士ASTALIFT美白保养系列的这款面膜，其最大的特征就是那来自虾青素的橘红色。除这种当家主力成分之外，其主要的美白成分是熊果素及牡丹萃取物。这款面膜最大的特征，就是在眼部以下、人中以上的范围内，面膜纸是较厚的双层构造。这主要是因为这个范围很容易形成黑斑与雀斑，因此通过双层构造来加强美白保养。另外，这款面膜在改版后多了一种号称能从内部破坏黑色素结构的"纳米AMA"，虽然价位不太亲民，但成分与技术相当讲究。

## 透明白肌 ホワイトマスクN

| 厂商名称 | 株式会社石泽研究所 |
| --- | --- |
| 容量／价格 | 10片／¥600 |
| 质地 | 美容液 |
| 香味 | 无 |
| 主要美容成分 | 植物性胎盘素、胶原蛋白、豆乳发酵液 |
| 面膜纸素材 | 无纺布 |

　　透明白肌是石泽研究所的美白保养系列，相对于泥膜中添加的传明酸，片状面膜的主要美白成分为植物性胎盘素。其他主要成分还包括胶原蛋白及豆乳发酵液等保湿成分，整体而言较偏向通过加强保湿来提升肌肤原有的清透感。就每日面膜而言，这款的面膜纸本身很扎实，而且美容液也非常清爽，很适合夏季日晒后使用。

## ファンケル ホワイトニングマスク

| 厂商名称 | 株式会社ファンケル |
|---|---|
| 容量／价格 | 21毫升×6片／¥3,000 |
| 质地 | 美容液 |
| 香味 | 无 |
| 主要美容成分 | 持续型维生素C衍生物 |
| 面膜纸素材 | 无纺布 |

FANCL这款美白面膜的主要理念，在于活化人体自我美白的能力。除独家技术打造的持续型维生素C衍生物之外，还有能够直接对肌肤表面的黑色素发挥作用的白葡萄发酵萃取物。在最近一次的改版中，还加入了能够抑制黑色素形成的"矢车菊萃取物"。

药 超 专

## エリクシール ホワイト クリアエフェクトマスク

| 厂商名称 | 株式会社资生堂 |
|---|---|
| 容量／价格 | 20毫升×6片／¥3,200 |
| 质地 | 美容液 |
| 香味 | 海洋花香 |
| 主要美容成分 | m-传明酸 |
| 面膜纸素材 | 纯棉 |

资生堂ELIXIR SUPERIEUR主要分为两个系列，一个是高保湿弹力系列，另一个就是高机能美白系列。这款主打美白与抗衰老的面膜的主要美白成分是"m-传明酸"，其实m是指传明酸抑制黑色素产生的作用，而这个成分也是资生堂旗下许多美白保养品的主要美白成分之一。

白

## ホワイトルーセント パワーブライトニング マスク

| 厂商名称 | 株式会社资生堂 |
|---|---|
| 容量／价格 | 27毫升×6片／¥7,500 |
| 质地 | 美容液 |
| 香味 | 淡花香 |
| 主要美容成分 | 4MSK、m-传明酸 |
| 面膜纸素材 | 棉、嫘萦 |

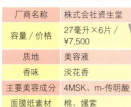

资生堂WHITE LUCENT这款面膜可以说是备受肯定的面膜，曾经获选为知名美妆口碑网站的年度冠军。这款面膜除了含有4MSK这种资生堂独家美白成分及m-传明酸等美白成分之外，面膜纸本身也相当特殊。除了具有能吸饱美容成分的三层构造之外，还有独特的负离子导入技术，可将美白成分带到角质深层。从成分与技术来看，都是相当特别的组合，也难怪价位会偏高了。

专

## エスト ホワイトニングクロスシナジー マスク

| 厂商名称 | 株式会社花王 |
|---|---|
| 容量／价格 | 28毫升×6组／¥10,000 |
| 质地 | 美容液 |
| 香味 | 淡花香 |
| 主要美容成分 | 洋甘菊ET |

花王贵妇品牌est的美白面膜。既然是花王旗下的美白面膜，自然少不了花王独家研发的美白成分——洋甘菊ET。这款面膜的剪裁很特别，下半段靠近鼻部左右端处各有一个突出的角，这个设计可以完整包覆大部分面膜都无法服帖的鼻翼，这是其他面膜所没有的贴心设计。

新 药 超 专

## HAKU メラノフォーカスEX マスク

| 厂商名称 | 株式会社资生堂 |
|---|---|
| 容量／价格 | 30毫升／¥1,500 |
| 质地 | 美容液 |
| 香味 | 无 |
| 主要美容成分 | 4MSK、白莲果HA |
| 面膜纸素材 | 棉、植物纤维、PET等 |

说到资生堂的美白保养，许多人首先联想到的一定是HAKU驱黑净白系列。这个号称集结资生堂百年美白研究精华的美白系列，除了基础保养系列外，也推出了美白面膜。其主要美白成分为4MSK这种资生堂独家成分及具有保湿作用的白莲果HA。面膜纸本身相当扎实，是能吸饱美容成分的三层结构。虽然价位不低，但在重要日子来临前拿来做特殊保养也是不错的选择。

专 白

## クレ・ド・ポー ボーテ マスクエクレルシサン
[医药部外品]

| 厂商名称 | 株式会社资生堂 |
|---|---|
| 容量／价格 | 25毫升×1组／¥1,800；6组／¥10,000 |
| 质地 | 上：美容液 下：乳液 |
| 香味 | 无 |
| 主要美容成分 | 4MSK、m-传明酸 |
| 面膜纸素材 | 棉、聚酯纤维等 |

这款来自资生堂顶级品牌肌肤之钥的美白面膜，据说是许多日本贵妇的爱用面膜。其主要的美白成分是资生堂许多美白产品都有的4MSK及m-传明酸。面膜本身的剪裁很特别，额头、太阳穴及下巴等部位都呈现波浪状，这样的剪裁其实能让这几处面膜纸容易翘起来的部位更加服帖。另外，有别于一般两片式面膜的地方，是这款面膜的上片为美容液质地，下片则是较为浓密的乳液质地。

# 抗衰老型面膜

在选择面膜时，有时会很难界定抗衰老型面膜和保湿型面膜的不同，因为抗衰老的第一步就是做好保湿。不过日本许多抗衰老型面膜除含有玻尿酸或胶原蛋白等保湿成分之外，都会添加目前公认效果最好的抚纹成分"维生素A衍生物"。抗衰老型面膜的另一个特性，就是部分商品会特别针对干燥引发细纹的问题，因此都会添加各种植物油性成分，来补充肌肤因年龄增长而流失的油分。有些人可能已经发现，近几年日本许多面膜上都印有"効能評価試験済み"这几个字。其实这项试验在日本保养品界又被称为"抗纹试验"，也就是指通过这项严格试验的商品，才能宣称自己具有"让因干燥引起之细纹变得不明显"的功能。

## 药妆渠道

### 肌研　极润αマスク

| 厂商名称 | ロート制药株式会社 |
| --- | --- |
| 容量／价格 | 20毫升×4片／¥1,000 |
| 质地 | 美容液 |
| 香味 | 无 |
| 主要美容成分 | 维生素A衍生物、3D玻尿酸、胶原蛋白 |
| 面膜纸素材 | 无纺布 |

乐敦肌研"极润α"是许多日本药妆迷口中的"红色抗衰老"系列。其最主要的抗衰老成分为许多抚纹保养品都会添加的维生素A衍生物。除此之外，还搭配了极润系列的招牌保湿成分——3D玻尿酸。面膜纸本身偏厚，对于抗衰老保养的面膜而言，价格算是相当亲民。

### 肌美精　リンクルケア3Dマスク

| 厂商名称 | クラシエホームプロダクツ株式会社 |
| --- | --- |
| 容量／价格 | 30毫升×4片／¥934 |
| 质地 | 美容液 |
| 香味 | 无 |
| 主要美容成分 | 高浓度黄金维生素A Ex、玻尿酸 |
| 面膜纸素材 | 无纺布 |

肌美精3D面膜系列中的抗衰老类型。从包装上"干燥细纹保养"这几个大字看来，就知道这是用来改善细纹问题的抗衰老面膜。主要美容成分"高浓度黄金维生素A Ex"，其实是指由维生素A衍生物、蜂王浆及黄芪萃取物所合成的特殊抗衰老成分。

（注："効能評価試験済み"）

### クリアターン　ホワイトマスク

| 厂商名称 | コーセーコスメポート株式会社 |
| --- | --- |
| 容量／价格 | 22毫升×5片／¥700 |
| 质地 | 乳液 |
| 香味 | 无 |
| 面膜纸素材 | 铜氨长丝纤维(Bemliese®) |

高丝CLEAR TURN面膜系列除保湿、美白等类型之外，还有一个抗衰老类型。这两款抗衰老面膜的共同主要成分，是富含40多种氨基酸、蛋白质、矿物质及维生素等营养素的蜂王浆。配合熟龄肌保养需求，美容成分的质地也从其他类型的清爽美容液变成质地浓稠的乳液。在挑选重点方面，若觉得肌肤活力不足可选择Q10型；若想改善肌肤弹性问题，则可以选择虾青素型。

主要美容成分：
（左）ローヤルゼリー＋Q10　蜂王浆＋Q10
（右）ローヤルゼリー＋アスタキサンチン　蜂王浆＋虾青素

新 药 美

## フンデーチャージ ハイドロ ゲルマスク クレオパトラ ラゴールド

| 厂商名称 | 株式会社KIYORA |
|---|---|
| 容量／价格 | 30克×1片／¥350；5片／¥1,500 |
| 质地 | 果冻 |
| 香味 | 玫瑰香 |
| 主要美容成分 | 24K纯金、鱼子酱萃取物、蜂胶 |
| 面膜纸素材 | 无纺布＋亲水性凝胶 |

这款面膜有个相当有趣的名字，叫"埃及艳后的黄金"。顾名思义，这是一款添加了黄金的面膜，而且号称是24K金。在敷于脸上之后，这片面膜里的美容液就会因为体温而融解并渗透。由于凝冻本身会慢慢融解，所以敷完后放到浴缸里还能做入浴剂使用，实在是一举数得的崭新面膜呀！

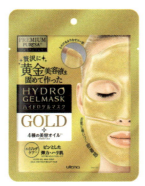

新 药 超

## プレミアムプレサ ハイドロゲルマスク ゴールド

| 厂商名称 | 株式会社ウテナ |
|---|---|
| 容量／价格 | 25克×1片／¥500 |
| 质地 | 果冻 |
| 香味 | 花香 |
| 主要美容成分 | 黄金、玻尿酸、4种美容油 |
| 面膜纸素材 | 无纺布＋亲水性凝胶 |

utena顶级面膜的果冻凝胶系列在2015年12月推出黄金抗衰老版，闪闪发亮的黄金面膜，敷起来极具视觉震撼力。黄金具有促进新陈代谢的作用，自古以来就被视为珍贵的保养素材。这款黄金面膜除了黄金及保湿成分玻尿酸之外，还加了抗衰老保养中最重要的润泽成分——保养油（摩洛哥坚果油、荷荷巴种子油、月见草油、橄榄籽油）。

药 美 超

## Malon.by TBC エステティックマスク

| 厂商名称 | エステティックTBC |
|---|---|
| 容量／价格 | 5片／¥360　30片／¥1,620 |
| 质地 | 美容液 |
| 香味 | 柑橘香 |
| 主要美容成分 | 棕榈酸维生素A、CPH |
| 面膜纸素材 | 棉 |

Malon这个品牌诞生于2015年，但它背后的母公司却是日本规模最大的美容美容中心——TBC。这款为Malon这个新品牌打前锋的面膜，走的是抗衰老保养路线。除抗衰老成分棕榈酸维生素A之外，还有TBC美容课程中常用的CPH独家美容配方。其实CPH指的是由双重胶原蛋白、胎盘素以及玻尿酸组合而成的美容成分。美容液本身为形状记忆美容液，能让面膜纸沿着脸部线条服帖。

药 美

## オバジ ダーマパワーエックス コンセントレイトマスク

| 厂商名称 | ロート制药株式会社 |
|---|---|
| 容量／价格 | 32毫升×5组／¥7,000 |
| 质地 | 乳液 |
| 香味 | 淡花香 |
| 主要美容成分 | 胶原蛋白、弹力蛋白、四胜肽-5、褐藻萃取物、红藻萃取物、加水分解大豆胜肽 |
| 面膜纸素材 | 无纺布＋亲水性凝胶 |

Obagi是乐敦制药旗下的医美保养品牌，其中Derma Power X是致力于抗衰老保养的类型。除胶原蛋白与弹力蛋白等常见的抗衰老保湿成分之外，该系列还运用制药公司的研发能力，开发出独家的四胜肽-5以及深海海藻萃取物，可谓成分相当讲究的抗衰老面膜。美容成分的质地相当浓稠，介于乳液及乳霜之间，因此在干燥的冬季使用并不容易干掉，但在闷湿的夏季使用可能会稍嫌黏腻。

药 超 50の恵 オイルinハリ肌完了マスク

| 厂商名称 | ロート制药株式会社 |
|---|---|
| 容量／价格 | 30片／¥900 |
| 质地 | 乳霜 |
| 香味 | 淡花香 |
| 主要美容成分 | 玻尿酸、胶原蛋白、胎盘素萃取物、5种美容油 |
| 面膜纸素材 | 无纺布 |

50惠是乐敦专为50岁以上熟龄肌开发的熟龄保养系列。或许是发现妈妈们忙碌没时间保养的问题，所以这款面膜号称洗完脸后敷一片就够了。这款每日面膜的主要抗衰老成分为胎盘素，而为了改善熟龄肌常见的干燥无光泽问题，还添加了角鲨烯、橄榄果油、山茶花油、玫瑰果油以及乳木果油等美容油成分。其实这种添加了美容油成分的面膜，也非常适合30多岁轻熟龄肌增添肌肤光泽使用哦！

药 超 肌研 极润3Dパーフェクトマスク

| 厂商名称 | ロート制药株式会社 |
|---|---|
| 容量／价格 | 30片／¥907 |
| 质地 | 乳霜 |
| 香味 | 无 |
| 主要美容成分 | 玻尿酸、胶原蛋白、神经酰胺、角鲨烯 |
| 面膜纸素材 | 无纺布 |

肌研极润系列的第一款大容量每日面膜。这款每日面膜集结极润主打的4种玻尿酸（3D玻尿酸、超级玻尿酸、纳米玻尿酸、玻尿酸）。号称洗脸后只要敷上一片就可完成所有保养程序的ALL IN ONE面膜，从成分来看其实偏向保湿型面膜，但因为还添加了抗衰老油性润泽成分，所以在分类上属于"可抗衰老的保湿型面膜"。

## クリアターン　肌ふっくらマスク

| 厂商名称 | 株式会社コーセー コスメ ポート |
|---|---|
| 容量／价格 | 50片／¥1,300 |
| 质地 | 美容液 |
| 香味 | 无 |
| 主要美容成分 | 维生素A衍生物、玻尿酸、胶原蛋白、虾青素 |
| 面膜纸素材 | 嫘萦＋天然纸浆 |

除了原有的多片盒装面膜之外，高丝蔻丝魅宝CLEAR TURN这几年也加入大包装每日面膜的市场。第一波推出的是抗衰老ALL IN ONE面膜，其主要的抗衰老成分是维生素A衍生物。就每日面膜而言，这款面膜纸的厚度算厚且服帖，尤其及眼周及法令纹等部位都能确实服帖。（注："效能评价试験济み"）

## クリアターン 药用美白肌ホワイトマスク

| 厂商名称 | 株式会社コーセー コスメ ポート |
|---|---|
| 容量／价格 | 50片／¥1,300 |
| 质地 | 美容液 |
| 香味 | 无 |
| 主要美容成分 | 传明酸、玻尿酸、胶原蛋白、虾青素 |
| 面膜纸素材 | 嫘萦＋天然纸浆 |

高丝蔻丝魅宝CLEAR TURN在推出保湿型抗衰老每日面膜之后，再次推出同系列的第二号成员——美白型抗衰老面膜。这款添加了美白成分传明酸的ALL IN ONE每日面膜，非常适合想同时满足抗衰老与美白需求的忙碌女性。（注："效能评价试験济み"）

## ワンデビジン 浓密保润フェイスマスク

| 厂商名称 | 株式会社pdc |
|---|---|
| 容量／价格 | 10片／¥450　45片／¥1,180 |
| 质地 | 美容液 |
| 香味 | 无 |
| 主要美容成分 | 维生素A衍生物、渗透性胶原蛋白、玻尿酸 |
| 面膜纸素材 | 100%天然棉 |

pdc的1 DE BIJIN是专为50岁以上熟龄肌开发的保养系列，因此面膜自然是以抗衰老为诉求。除抗衰老成分维生素A之外，这款面膜也添加了该系列最特别的十大保湿中药素材（高丽参、灵芝、牡丹、芍药、薏仁等），对于喜好天然汉方素材的人而言，其实是相当特别的选择。（注："效能评价试験济み"）

## ボタニカル フォース 美容エイジングケアマスク

| 厂商名称 | 株式会社ファンケル 化妆品 |
|---|---|
| 容量／价格 | 18毫升×1片／¥500 |
| 质地 | 美容液 |
| 香味 | 淡植萃香 |
| 主要美容成分 | 榛果油、玫瑰果 |
| 面膜纸素材 | 无纺布 |

"BOTANICAL FORCE"是FANCL与日本7&i共同开发的植萃保养新品牌，主要成分是富含维生素E的摩洛哥坚果油以及维生素C是柠檬20倍的玫瑰果。这款面膜的美容成分质地相当浓厚，而面膜纸本身偏薄，虽然敷起来比较服帖，但剪裁上却显得有点小。对于喜欢植萃素材保养品的人来说，算是多了一个新选择。

## SANA なめらか本铺 リンクルシートマスク

| 厂商名称 | 常盘药品工业株式会社 |
|---|---|
| 容量／价格 | 32片／¥1,400 |
| 质地 | 乳液 |
| 香味 | 无 |
| 主要美容成分 | 豆乳发酵液、维生素A衍生物、植物性胶原蛋白、神经酰胺2型 |
| 面膜纸素材 | 嫘萦60%＋PET 40% |

豆乳发酵液及胶原蛋白等基本保湿成分以及面膜纸材质与保湿型面膜款相同，但因为主要成分添加了是具有抚纹效果的维生素A衍生物，再加上保湿效果好的神经酰胺，所以分类上属于加强保湿作用的抗衰老型每日面膜。

# 美妆·直营·百货渠道

专 ベネフィーク マスク パワーリペア [医药部外品]

| 厂商名称 | 株式会社资生堂 |
|---|---|
| 容量 / 价格 | 23毫升×6片 / ¥8,000 |
| 质地 | 乳霜 |
| 香味 | 淡花香 |
| 主要美容成分 | m-传明酸、维生素A衍生物、葡萄糖、浓甘油 |
| 面膜纸素材 | 无纺布 |

　　主打温度C美容法的BENEFIQUE，在2015年初夏推出了一款号称"能为肌肤打点滴"的面膜。其实这款面膜的主要成分之一，是人体不可缺少的营养来源，同时也是点滴中常见的成分——葡萄糖。另外，成分中除m-传明酸为美白成分之外，维生素A衍生物及浓甘油都具有抚纹及润泽功能，因此整体而言算是抗衰老面膜。不过这片面膜还有一个相当特别的地方，就是美容成分是面膜类少见、质地偏浓厚的超微粒子化乳霜，非常适合肤质偏干的轻熟龄和熟龄肌使用。

专 VIEフェイスマスク

| 厂商名称 | アンファー株式会社 |
|---|---|
| 容量 / 价格 | 24毫升×5片 / ¥3,204 |
| 质地 | 美容液 |
| 香味 | 精油香 |
| 主要美容成分 | 合欢树萃取物、雷公根植物干细胞、水解胶原蛋白、玻尿酸 |
| 面膜纸素材 | 纳米超级细纤维 |

　　来自头皮、头发专家ANGFA的抗衰老面膜。向来以医疗技术为傲的ANGFA除了卖翻天的头皮护理及睫毛生长产品之外，在基础保养品的研发上也投入许多心力，仅在植物干细胞的应用方面就让人感到惊艳不已。不过这款面膜还有一个很厉害的特色，就是面膜纸是与TEIJIN合作开发的纳米超级细纤维，不仅能确实服帖于脸部，还能让美容成分更快渗透至肌肤当中。另外，面膜纸左右两侧下摆有加长设计，将这两条垂至胸口的面膜纸下摆交叉往上拉之后，就可发挥提拉脸部肌肤的效果。

新 专 オルビスユーマスク

| 厂商名称 | オルビス株式会社 |
|---|---|
| 容量 / 价格 | 4片 / ¥1,800 |
| 质地 | 美容液 |
| 香味 | 无 |
| 主要美容成分 | HSP酵母萃取物、低分子玻尿酸 |
| 面膜纸素材 | 无纺布 |

　　ORBIS在2014年发表了全新概念品牌"ORBIS=U"，而这个主打HSP热休克蛋白的抗衰老保养系列，终于也在2015年年底发布了面膜产品。面膜的美容成分质地并不算浓密，但就算是待在空调房里，敷也不会觉得不够滋润。另外，面膜纸的切口位置及下端的特殊剪裁，都能让面膜更服帖于脸部，就算是边敷边活动或做点轻松的家务，面膜的位置也不会乱跑。(数量限定)

专 ファンケルBCマスク

| 厂商名称 | 株式会社ファンケル化妆品 |
|---|---|
| 容量 / 价格 | 37毫升×6组 / ¥6,000 |
| 质地 | 乳液 |
| 香味 | 无 |
| 主要美容成分 | 渗透型水飞蓟素、HTC胶原蛋白α、加水分解玻尿酸 |

　　在FANCL几个基础保养系列中，BC是专为熟龄肌开发的顶级保养系列。除了小分子HTC胶原蛋白α之外，最引人注目的就是抗衰老成分渗透型水飞蓟素。水飞蓟素是一种来自植物的抗氧化成分，因此在抗衰老上具有相当令人期待的效果。（注："効能評価試験済み"）

# 毛孔型面膜

除了保湿型面膜、美白型面膜以及抗衰老面膜外，还有一部分面膜添加了有助于毛孔保养的成分，这一类面膜就在这里归类于毛孔型面膜。

## 药超 肌美精 うるおい浸透マスク（ひきしめ）

| 厂商名称 | クラシエホームプロダクツ株式会社 |
|---|---|
| 容量／价格 | 18毫升×4片／¥760 |
| 质地 | 美容液 |
| 香味 | 无 |
| 主要美容成分 | 温泉水、神经酰胺、氨基酸 |
| 面膜纸素材 | 炭＋无纺布 |

　　肌美精系列的毛孔护理黑面膜，其收敛毛孔的主要成分是富含矿物质的温泉水。除此之外，还有神经酰胺与氨基酸等保湿成分，简单来说就是能够同时收敛及调理毛孔的面膜。不过实际使用下来，与其说是紧缩毛孔，不如说是能让肌肤变细致，没办法让粗大毛孔完全缩小。

## 药美 リッツ 润白泡ブライトニングパック

| 厂商名称 | レバンテ株式会社 |
|---|---|
| 容量／价格 | 1片／¥460；4片／¥1,700 |
| 质地 | 凝胶 |
| 香味 | 无 |
| 主要美容成分 | 维生素C衍生物、加水分解玻尿酸、大豆胎盘素 |
| 面膜纸素材 | 纸浆 |

　　目前市面上相当少见的泡泡纸面膜。大部分的泡泡面膜，都是直接涂于脸上后再产生泡泡，但这款面膜则是预先将美容凝胶涂在面膜纸上，因此只要像平时一样敷上面膜纸，不久后面膜纸上的凝胶就会产生许多细微泡泡。这些细微泡泡不仅能带走肌肤表面的老废角质、清除毛孔脏污，产生泡泡时的细微震动还能促进脸部血液循环呢！

## 药美超 LIFTARNA コンセントレートマスク

| 厂商名称 | 株式会社pdc |
|---|---|
| 容量／价格 | 7片／¥430 32片／¥1,600 |
| 质地 | 美容液 |
| 香味 | 花香 |
| 主要美容成分 | 洋蓟叶萃取物、大豆异黄酮、胶原蛋白、维生素A、3种维生素C |
| 面膜纸素材 | 嫘萦 |

　　2015年在日本热卖的LIFTARNA黑面膜，是目前市面上少数的毛孔护理型面膜，其最主要的美容成分是能够收敛毛孔的洋蓟叶萃取物。除此之外，大豆异黄酮及维生素C也都是相当不错的保湿成分。100%嫘萦制的面膜纸本身相当柔软且具有一点弹性，所以敷起来时服帖性相当不错。因为美容成分质地相当清爽，所以非常适合在夏季每天用来调理毛孔。

## 新药美超 LIFTARNA コンセントレートマスク モイスト

| 厂商名称 | 株式会社pdc |
|---|---|
| 容量／价格 | 7片／¥480 28片／¥1,600 |
| 质地 | 乳液 |
| 香味 | 花香 |
| 主要美容成分 | 洋蓟叶萃取物、大豆异黄酮、胶原蛋白、维生素A、3种维生素C |
| 面膜纸素材 | 嫘萦 |

　　LIFTARNA黑面膜的滋润版姐妹品。基本美容成分与LIFTARNA相同，但为改善滋润度不够的问题，滋润版另外新增了Lipidure、角鲨烯以及玻尿酸等保湿润泽成分。若使用一般版本后觉得滋润度不够，可以试试这款新推出的版本。

# 玩心型面膜

## 来场疯狂的美容变身PARTY吧！
## 红遍全日本的玩心面膜大集合

敷面膜的目的是什么？当然是让自己的肤质变得更好！不过这一两年，日本的面膜界却出现了异样的变化。除了规规矩矩的白面膜，以及稍微搞点怪的黑面膜之外，日本面膜界近年来出现了一支名为"玩心面膜"的新生力军。这些玩心面膜最大的特色，就是面膜纸上印刷着彩色脸谱图样，让敷面膜的人能在变美的同时满足变身的欲望。玩心面膜虽然是以趣味性取胜，但美容成分都不马虎哦！接下来，就带大家看看日本药妆店及美妆店里有哪些有趣的玩心面膜吧！

---

**药美**

### Pure Smile　お江戸あーとますく

| 厂商名称 | 株式会社サンスマイル |
|---|---|
| 容量／价格 | 27毫升／¥300 |
| 质地 | 化妆水 |
| 香味 | 抹茶 |
| 主要美容成分 | 加水分解胶原蛋白、玻尿酸 |
| 面膜纸素材 | 无纺布 |

Pure Smile玩心面膜的首发系列。首发系列的主题为江户风情，除脸谱选择三款充满浮世绘风格的江户时代图样外，就连面膜本身的香味也是充满和风的抹茶香。

ほっぺ姫／红颊公主　　もみ麻呂／籼麻呂　　紅だゆう／红太夫

---

**药美**

### Pure Smile
### 特殊メイクアートマスク

| 厂商名称 | 株式会社サンスマイル |
|---|---|
| 容量／价格 | 27毫升／¥300 |
| 质地 | 化妆水 |
| 香味 | 觉醒气息 |
| 主要美容成分 | 加水分解胶原蛋白、玻尿酸 |
| 面膜纸素材 | 无纺布 |

玩心面膜的设计实在是没有极限，这回请来日本电视冠军的特殊化妆高手"JIRO"亲自操刀，设计出三款适合鬼月或万圣节吓人用的恐怖面膜。

囚人番号0／编号0囚犯　　被験者No13／13号实验者　　Type A型ゾンビ／A种僵尸

## Pure Smile
### 招福にっぽんあーとますく

| 厂商名称 | 株式会社サンスマイル |
|---|---|
| 容量 / 价格 | 27毫升 / ¥300 |
| 质地 | 化妆水 |
| 香味 | 山茶花 |
| 主要美容成分 | 加水分解胶原蛋白、玻尿酸 |
| 面膜纸素材 | 无纺布 |

继江户脸谱之后的日式传统风格玩心面膜。这次的主题是讨喜的招福系列，而香味则是被视为和风香气的山茶花淡香。

恋のお狐様／招缘狐仙

开运だるま／开运达摩

厄除けひょっとこ／消灾火男

---

新 药美
## Pure Smile ナイトメアアートマスク

| 厂商名称 | 株式会社サンスマイル |
|---|---|
| 容量 / 价格 | 27毫升 / ¥400 |
| 质地 | 化妆水 |
| 香味 | 莓果 |
| 主要美容成分 | 加水分解胶原蛋白、玻尿酸 |
| 面膜纸素材 | 无纺布 |

恐怖型玩心面膜的世界梦魔系列，挑选有代表性的鬼魅形象作为设计蓝图。最特别的地方是，只要用日光灯照面膜纸约1分钟，小丑脸上的星星、僵尸额上的符咒，以及糖骷髅的嘴巴都会发出夜光。

CRAZY CROEN／疯狂小丑

SUGAR SKULL／糖骷髅

---

药美
## Pure Smile わんにゃんアートマスク

Pure Smile玩心面膜中的可爱动物系列，一次推出两种猫咪及两种狗狗共四种类型。配合猫狗的可爱形象，香味采用带有甜味的奶香，对于动物控而言，是不容错过的变身面膜。

| 厂商名称 | 株式会社サンスマイル |
|---|---|
| 容量 / 价格 | 27毫升 / ¥300 |
| 质地 | 化妆水 |
| 香味 | 牛奶 |
| 主要美容成分 | 加水分解胶原蛋白、玻尿酸 |
| 面膜纸素材 | 无纺布 |

コタローくん／小太郎

ベルちゃん／贝鲁

ゴン太くん／权太

マロンちゃん／马龙

## Pure Smile ふなっしーアートマスク

| 厂商名称 | 株式会社サンスマイル |
|---|---|
| 容量 / 价格 | 27毫升 / ¥400 |
| 质地 | 化妆水 |
| 香味 | 西洋梨 |
| 主要美容成分 | 加水分解胶原蛋白、玻尿酸 |
| 面膜纸素材 | 无纺布 |

　　Pure Smile玩心面膜第一次和疯狂的船梨精合作，推出带有"梨汁"香味的面膜。敷上面膜之后，感觉就像戴着一顶船梨精头套一样，而且整片面膜都是以黄色为主，视觉上很醒目哦!

©ふなっしー

## Pure Smile ふなっしー歌舞伎アートマスク

| 厂商名称 | 株式会社サンスマイル |
|---|---|
| 容量 / 价格 | 27毫升 / ¥500 |
| 质地 | 化妆水 |
| 香味 | 浓纯梨香 |
| 主要美容成分 | 加水分解胶原蛋白、玻尿酸 |
| 面膜纸素材 | 无纺布 |

　　松竹歌舞伎本铺首度与船梨精合作，推出江户时代第一美男子"助六"的玩心面膜。整张面膜通过船梨精重现助六这个角色在歌舞伎里的扮相及服装，堪称日本味十足的玩心面膜。

©ふなっしー

## Pure Smile モテマスク

| 厂商名称 | 株式会社サンスマイル |
|---|---|
| 容量 / 价格 | 27毫升 / ¥300 |
| 质地 | 化妆水 |
| 主要美容成分 | 加水分解胶原蛋白、玻尿酸 |
| 面膜纸素材 | 无纺布 |

　　市面上相当罕见，专打男性市场的玩心面膜。虽然玩心面膜的图样多变，本身就很适合男性敷用，但像这种迷彩面膜，应该会让更多男性主动想敷面膜吧?

リラックスアロマの香り／
舒缓精油香

ホワイトムスクの香り／
白麝香

フレッシュミントの香り／
清新薄荷香

## 歌舞伎フェイスパック

| 厂商名称 | 一心堂本铺株式会社 |
|---|---|
| 容量／价格 | 2片／¥900 |
| 质地 | 美容液 |
| 香味 | 山茶花 |
| 主要美容成分 | 玻尿酸、胶原蛋白、维生素C衍生物 |
| 面膜纸素材 | 无纺布 |

一心堂玩心面膜的首发系列，与歌舞伎演员市川染五郎合作，推出红色英雄"镰仓权五郎景政"与蓝色怨灵"平知盛"两款充满日本传统文化风格的面膜。

## 友达フェイスパック

| 厂商名称 | 一心堂本铺株式会社 |
|---|---|
| 容量／价格 | 2片／¥900 |
| 质地 | 美容液 |
| 香味 | 淡花香 |
| 主要美容成分 | 玻尿酸、胶原蛋白、维生素C衍生物 |
| 面膜纸素材 | 无纺布 |

这款名为"动物好朋友"的玩心面膜，是以经典卡通《小浣熊》及《龙龙与忠狗》中的两只动物主角为主题，非常适合用来变身成为可爱的动物主角呢！

## 手冢治虫 ワールドフェイスパック

| 厂商名称 | 一心堂本铺株式会社 |
|---|---|
| 容量／价格 | 2片／¥900 |
| 质地 | 美容液 |
| 香味 | 淡花香 |
| 主要美容成分 | 玻尿酸、胶原蛋白、维生素C衍生物 |
| 面膜纸素材 | 无纺布 |

一心堂与手冢治虫团队合作，推出漫画之神笔下两大经典人物"怪医黑杰克"与"原子小金刚"的玩心面膜。对于热爱日本动漫的粉丝们而言，可以说是不可错过的玩心面膜。

## マーベルフェイスパック

| 厂商名称 | 一心堂本铺株式会社 |
|---|---|
| 容量／价格 | 2片／¥900 |
| 质地 | 美容液 |
| 香味 | 淡花香 |
| 主要美容成分 | 玻尿酸、胶原蛋白、维生素C衍生物 |
| 面膜纸素材 | 无纺布 |

玩心面膜实在没有极限，这回搭上漫威与两大英雄——"钢铁侠"与"美国队长"合作，想过英雄瘾的男性们应该都很心动吧？不知道下一回登场的漫威英雄会是谁呢？

## Dスキン メン トラディショナル フェイスマスク

| 厂商名称 | 株式会社アンファー |
|---|---|
| 容量／价格 | 2片／¥1,389 |
| 质地 | 美容液 |
| 香味 | 无香 |
| 主要美容成分 | 纳米玻尿酸、小分子胶原蛋白、蛋白聚糖 |
| 面膜纸素材 | 100%纯棉 |

日本头皮专家ANGFA在2015年推出男性医美级保养系列"D SKIN MEN"，而这款玩心面膜正是专为男性开发的"武士"风格面膜。与一般玩心面膜不同的地方，是这款面膜的原料相当讲究，除三大美容成分之外，基底的水更是采用来自日本众神故乡、可提升肌肤再生力的"出云温泉水"。

# PART 7

# 日本最新药妆
## 补货计划!

# 脸部清洁

脸部清洁是保养的第一步，也是最重要的一个阶段，所以日本药妆店里的洗卸商品种类特别多。无论是卸妆还是洁颜商品，大多延续这几年的自然系素材话题。不过从整体趋势来看，卸妆品方面的趋势关键字是"温感卸妆"。在洁颜商品方面，洁颜皂在 2015 年虽然强势，但到了 2016 年，洗颜粉似乎有卷土重来的趋势！

---

**药 超**
## キュレル
## ジェルメイク落とし

| 厂商名称 | 花王株式会社 |
|---|---|
| 容量／价格 | 130克／¥1,000 |

干燥敏感肌品牌Curél的卸妆凝露。由于是凝露型，所以质地相当顺滑好推展，可以卸除基本的底妆、彩妆及防晒。卸妆之后不会感到紧绷，但建议再搭配洗面乳加强清洁。

**新 药 超**
## MINON Amino Moist
## モイストミルキィ クレンジング

| 厂商名称 | 第一三共ヘルスケア株式会社 |
|---|---|
| 容量／价格 | 100克／¥1,500 |

质地为无味的白色乳状，但实际推展时却像凝露般轻薄好推，而且也能简简单单用水冲净。在卸除彩妆的能力方面，就算是不易脱妆型的彩妆及睫毛膏也能卸除干净。

---

**药 超**
## Pure Natural クレンジング洗顔

| 厂商名称 | 株式会社pdc |
|---|---|
| 容量／价格 | 170克／¥650 |

白天晚上都适用的洗卸合一洁颜乳。搓出来的泡泡绵密，可以在卸妆的同时完成洗脸。如果妆感不是很浓，只需要用一次即可。因为添加了海洋型胶原蛋白及玻尿酸，所以洗完不会有紧绷感。

桃の葉エキス配合
桃叶型

お茶の葉エキス配合
绿茶型

リフレッシュ 海泥配合
海泥型

---

**药 美 超**
## クレンジングリサーチ
## リニューブライトクリア
## オイルジェルクレンジング

| 厂商名称 | 株式会社スタイリングライフ・ホールディングス　BCL カンパニー |
|---|---|
| 容量／价格 | 145毫升／¥1,200 |

质地虽然是凝胶，但也添加了摩洛哥坚果油与角鲨烯等油性润泽成分。另外，凝胶当中因含有蒟蒻微粒，所以同时具有按摩效果，可去除多余角质与毛孔脏污，让脸部整体看起来更清亮一些。

**新 药 超**
## ナイーブ メイク落とし洗顔フォーム

| 厂商名称 | クラシエホームプロダクツ株式会社 |
|---|---|
| 容量／价格 | 200克／¥369 |

naive洗卸合一洁颜乳在2016年春季推出改版款，这次除了将包装改得更加清新之外，还多加了一个可吸附皮脂的清新海泥版。洗净成分仍坚持100%采用植萃成分，而发挥卸妆力的油性成分则是澳大利亚胡桃油。

**新 药 超**

## SANA ハニーシュカ クレンジングジェルN

| 厂商名称 | 常盤药品工业株式会社 |
|---|---|
| 容量／价格 | 170克／¥1,400 |

这款以玫瑰花蜜及生蜂王浆为主要美容成分的卸妆凝露在2015年改版，改版重点是新增了名为蜂王浆酸的成分，而卸妆凝露的质地也变得更加浓稠，所以可在卸除脸上脏污及彩妆的同时进行按摩。

**药 超**

## DEW ボーテ クレンジングクリーム

| 厂商名称 | 株式会社カネボウ化妆品 |
|---|---|
| 容量／价格 | 125克／¥2,500 |

质地偏浓密且柔软的卸妆乳，可以完全贴合肌纹仔细去除脏污及彩妆。因为添加了海藻保湿成分，再加上卸妆乳本身质地够浓密，所以用水冲净后肤触滋润。

**新 药 超**

## ソフティモ クレンジングフォーム (ハニーホイップ)

| 厂商名称 | コーセーコスメポート株式会社 |
|---|---|
| 容量／价格 | 200毫升／¥680 |

主要美容成分为枸杞、薰衣草、荔枝、橘子、大马士革玫瑰5种植物花蜜，是质地浓厚且泡沫绵密的卸妆泡。细微的泡沫会直接包覆脏污，因此不必过于用力搓洗即可轻松卸除彩妆。

**美 药**

## Dr.Al アクネスラボ 药用クレンジングジェル

| 厂商名称 | 株式会社アクネスラボ |
|---|---|
| 容量／价格 | 100克／¥1,800 |

由治疗痘痘的激素疗法医师开发，专为痘痘肌开发的卸妆凝露。因为油脂是痘痘的营养源之一，所以这款卸妆凝露并未采用油性成分，而是采用植萃成分及消炎成分制成。

**新 药 超**

## ビフェスタ つる落ちクレンジング

| 厂商名称 | 株式会社マンダム |
|---|---|

Bifesta继卸妆水系列之后，在2015年秋季再出奇招，一口气推出了3款蒟蒻柔珠卸妆系列。搭配吸附型玻尿酸及橘子油的蒟蒻柔珠，可以在维持肌肤滋润度的状态下，温和地去除毛孔脏污及老废角质。

クレイジェル
海泥凝胶
170克／¥1,000
蒟蒻柔珠搭配冲绳海泥的海泥凝胶型，最适合用于清除卡在毛孔中的多余皮脂，尤其是夏季更为适用。

ジェリーリキッド
水凝露
230毫升／¥1,000
经常上妆而造成毛孔堵塞的人，适合添加了蒟蒻柔珠的水凝露型来彻底清洁毛孔。另外，水凝露类型也能用于卸除睫毛膏等眼妆。

スクラブジェル
磨砂凝胶
170克／¥1,000
蒟蒻柔珠加上磨砂的类型，适合用于去角质以及去除恼人的黑头粉刺。

**美**

## MAMA BUTTER クレンジング ミルク ラベンダー

| 厂商名称 | 株式会社ビーバイイー |
|---|---|
| 容量／价格 | 130克／¥1,500 |

添加了5%乳木果油、荷荷巴油及10种有机植萃成分的洗卸合一洁颜乳。因为添加了有机薰衣草萃取成分，所以卸妆乳带有薰衣草的舒缓香氛。质地不会过于黏腻而不易冲洗，因此除了晚上卸妆用之外，白天起床后也可以拿来当洗面乳。

**药 超**

## Dot free ピールクリアジェルクレンジング

| 厂商名称 | コスメカンパニー株式会社 |
|---|---|
| 容量／价格 | 140毫升／¥1,000 |

添加了摩洛哥火山泥、白泥及海泥3种泥成分，再搭配3种软化角质成分的去角质卸妆露。由于没有添加油性成分，所以使用起来较清爽。

メデルナチュラル クレンジングジエル
リラックスアロマ

| 厂商名称 | 株式会社ビーバイイー |
|---|---|
| 容量/价格 | 150克 / ¥1,200 |

添加了日本国产米神经酰胺，整体有84%为自然植萃成分的精油系卸妆凝胶。因卸妆成分采用了亲水性成分，所以植睫毛的人也可以使用。另外，成分中含有薰衣草及橘子精油，因此使用起来有一股微甜的舒缓精油香。

美 chant a charm
モイスト クレンジング ミルク

| 厂商名称 | 株式会社ネイチャーズウェイ |
|---|---|
| 容量/价格 | 130毫升 / ¥2,500 |

chant a charm干燥肌系列的有机保湿型卸妆乳。虽然整罐卸妆乳是由有机成分构成，但能够确实卸除肌肤上的脏污及彩妆。成分当中还添加了氨基酸、北阿尔卑斯山温泉水以及自家农场栽种的植萃成分，卸妆完后的滋润度算相当不错。

美白 do organic クレンジング リキッド

| 厂商名称 | ジャパンオーガニック株式会社 |
|---|---|
| 容量/价格 | 120毫升 / ¥2,800 |

自然植萃成分比例高达99.7%，日本国产有机保养品牌do organic的卸妆液。由于卸妆液的质地如同水，可以简单地进入皮沟或毛孔清洁脏污与彩妆，而且就算手湿润也能使用。添加有机大马士革玫瑰水，所以使用时可以感受到怡人的玫瑰香氛。另外，有机卸妆商品的最大特色就是，虽然未采用石油系界面活性剂，但也能切实卸除脸上的脏污。

新 药 超
ビフエスタ
つる落ちクレンジング シート
エンリッチ

| 厂商名称 | 株式会社マンダム |
|---|---|
| 容量/价格 | 46片 / ¥550 |

Bifesta的卸妆湿纸巾原本就已经推出过清透版及保湿版，2016年则推出添加了Q10及类神经酰胺等成分的弹力版。这款卸妆湿纸巾未采用油性成分，而是利用化妆水成分将彩妆里的油性成分推出并包覆，而且能同时去除老废角质。

新 药 超
ソフテイモ
クレンジングコットン
ハニーマイルド

| 厂商名称 | コーセーコスメポート株式会社 |
|---|---|
| 容量/价格 | 80片 / ¥680 |

卸妆产品向来是其强项的softymo在2016年春季推出大容量的蜂蜜保湿型卸妆棉。有别于一般卸妆纸巾，这一款是采用100%纯棉代替无纺布等材质制成的纸巾，所以使用起来更加柔软不刮肌肤。由于未添加油性卸妆成分，因此就连植睫毛的人也可以使用。

## 温感卸妆

温感卸妆其实已经存在了一段时间，但品牌却只有两三个。最近随着越来越多品牌推出，温感卸妆产品的爱好者似乎在持续增加，相信这股热潮在不久的将来也会袭向中国，在这里先介绍几个代表性的产品。

美 ヴィーナスラボ
ホット クレンズジエリー

| 厂商名称 | アイリーコミュニケーションズ株式会社 |
|---|---|
| 容量/价格 | 200克 / ¥2,300 |

Venus Lab是女性温感美体保养品牌，但除了美体保养品之外，也推出私密处保养系列以及温感卸妆凝胶。这款带有大马士革玫瑰花香的温感凝胶号称91.6%的成分是由美容成分构成，同样也是利用温感扩张毛孔的方式进行清洁。但对于部分防水彩妆可能无法完全卸除，所以还是需要搭配专用卸妆品。

美 マナラ ホット クレンジングゲル

| 厂商名称 | 株式会社ランクアップ |
|---|---|
| 容量/价格 | 200克 / ¥3,800 |

销售数量早已突破500万个，堪称日本温感卸妆界的天后。号称91.4%的成分是由玻尿酸、胶原蛋白、神经酰胺、蜂蜜、蜂王浆萃取物及角鲨烯等润泽保湿成分组成，所以感觉像是用精华液在卸妆一般。这款温感卸妆最大的特色，就是利用温感让毛孔张开，并利用美肌成分软化角质后，再将看起来黑黑的毛孔清洁干净。用水冲净之后不会有油腻感，甚至不需要再洗一次脸了。香味则是柑橘香。

新 药 美
パフィーリッチ
ホット クレンジングフォーム

| 厂商名称 | 株式会社pdc |
|---|---|
| 容量/价格 | 170克 / ¥1,600 |

日本药妆店及美妆店里的温感卸妆产品大多是凝胶类，不过pdc却突发奇想地开发出碳酸泡类型。这款温感碳酸泡的主要卸妆原理，是搭配椰子油的卸妆作用及苹果、猕猴桃萃取物的角质软化作用。因为成分中也添加了胶原蛋白、玻尿酸及角鲨烯等保湿润泽成分，所以使用之后不会紧绷，香味则是清爽的葡萄柚香。

# 开创日本洗面乳时代的先驱——ロゼット（ROSETTE）

　　最深入一般人生活的洁颜品类型，可能就是大家所熟识的洗面乳，而洗面乳也是目前洁颜商品中最基本且种类最多的类型。不过你知道吗，日本第一款洗面乳诞生于1929年。当时的洁颜品主流仍为洁颜皂，但专研痘痘治疗的ROSETTE的创始者，以治疗痘痘的软膏为蓝图，开发出日本史上第一款洗面乳。

　　在2009年时，为庆祝ロゼット洗颜パスタ（ROSETTE洗面乳）诞生80周年，ROSETTE特地推出海泥版及白泥版两款洗面乳。由于市场反应良好，在热卖数百万个之后便陆续推出摩洛哥火山泥版本及成人痘版本，而这4个版本正是ROSETT明星泥洁颜系列中的四大天王。其实日语品名之中的"パスタ"（Paste）指的是粉状物加水后揉出来的泥状物。由于ROSETTE最早推出的洗面乳是专为痘痘肌设计的，所以洗面乳中添加有硫黄细微粉末。之后，为改善毛孔问题才以泥成分取代硫黄。

### 美 药 超
**ロゼット洗颜パスタ 海泥スムース**

| 厂商名称 | ロゼット株式会社 |
| --- | --- |
| 容量／价格 | 120克／¥600 |

【毛孔清洁型】主要成分为海泥及玫瑰果萃取物的洗面乳。富含矿物质的海泥可以吸附肌肤上多余的皮脂与脏污，向来被视为清洁毛孔的利器。另一方面，玫瑰果萃取物的类黄酮及单宁则是具有抑制皮脂及收敛作用的植萃成分。

### 美 药 超
**ロゼット洗颜パスタ ガスールブライト**

| 厂商名称 | ロゼット株式会社 |
| --- | --- |
| 容量／价格 | 120克／¥600 |

【清透明亮型】来自摩洛哥湖底的火山泥是近年来热门的美容素材，主要是因为富含矿物质的火山泥能去除那些造成肤色暗沉的老废角质。除摩洛哥火山泥之外，这款洗面乳还添加了润泽成分摩洛哥坚果油，所以洗完之后不会觉得干巴巴的。

### 美 药 超
**ロゼット洗颜パスタ 白泥リフト**

| 厂商名称 | ロゼット株式会社 |
| --- | --- |
| 容量／价格 | 120克／¥600 |

【弹力润泽型】白泥是一种质地柔软的黏土，除了可以吸附毛孔脏污之外，一般还作为收敛及亮白成分使用。这款洗面乳除白泥之外，还添加了玻尿酸、海洋型胶原蛋白及大豆卵磷脂等美肌成分。

### 美 药 超
**ロゼット洗颜パスタ アクネクリア**

| 厂商名称 | ロゼット株式会社 |
| --- | --- |
| 容量／价格 | 120克／¥600 |

【成人痘型】同时采用海泥及摩洛哥火山泥两种泥成分，借此改善毛孔堵塞问题的洗面乳。但因为干燥是成人痘的成因之一，所以还另外添加了日本传统植萃成分以及名为甘草酸硬脂酯的消炎成分。

**ソフティモ ナチュサボン フェイスウォッシュ**

| 厂商名称 | コーセーコスメポート株式会社 |
|---|---|
| 容量／价格 | 130克／¥460 |

softymo的洁颜系列"natu savon"在2015年秋季换装上市，这次换上印有可爱米妮的新衣。根据不同的肤质需求，整个系列共有5种类型可以选择，但共同特色是不采用石油类的界面活性剂，就连基础的润泽成分也是采用有机玫瑰水等植萃成分。

毛穴クリア
毛孔洁净型

すっきりクリア
清透明亮型

なめらかモイスト
滑嫩润泽型

リッチモイスト
丰润保湿型

アクネケア
痘痘照护型

©Disney

**ソフティモ ホワイト 药用洗顔フォーム**

| 厂商名称 | コーセーコスメポート株式会社 |
|---|---|
| 容量／价格 | 150克／¥380 |

softymo另一个亮白洗面乳系列。这个系列的特色是搓出来的泡泡很绵密，而且还加了透白滋润成分——薏米萃取物。另外因搭配有滋润成分，所以洗完脸之后会在肌肤上形成薄膜，保持肌肤的滋润感。

一般型　　滋润型　　毛孔洁净型

モイスチャー
滑嫩润泽型

リッチモイスチャー
丰润保湿型

スクラブin
磨砂型

オイルコントロール
清爽控油型

**ビオレ スキンケア洗顔料**

| 厂商名称 | 花王株式会社 |
|---|---|
| 容量／价格 | 130克／¥500 |

花王Bioré保养洗面乳系列在2016年春季推出改版新品，为完成保留滋润度的彻底清洁，这次仍采用花王独家的SPT洗净技术。据说质地温和得连小婴儿也能使用呢！这次的改版重点，则是强化各类型的特性，让每一种的使用感都进化再升级。

## 药 超 ロゼット ハローキティ コラーゲンウォッシュ

| 厂商名称 | ロゼット株式会社 |
|---|---|
| 容量／价格 | 120克／¥498 |

软管上印有可爱KITTY脸谱的洗面乳，是ROSETTE的当家明星商品之一。这款主打滋润洗净感的洗面乳，主要成分是海洋性胶原蛋白以及苹果萃取物，洗起来也会有一股淡淡的苹果香。

## 药 超 ロゼット ハローキティ アクネウォッシュ

| 厂商名称 | ロゼット株式会社 |
|---|---|
| 容量／价格 | 120克／¥498 |

水蓝色的KITTY洗面乳是痘痘肌专用，因此包括硫黄及甘草萃取物等日本药用成分。洗起来带有一点清凉感，可以舒缓痘痘肌常有的发热不适问题，在香味方面则是清爽的葡萄柚香。

## 新 药 超 专科 パーフェクト ホイップn

| 厂商名称 | 株式会社エフティ资生堂 |
|---|---|
| 容量／价格 | 120克／¥600 |

持续热卖的专科完美泡泡洗面乳在2016年3月改版上市。这次的改版重点在于增加泡泡的绵密度与温和的洗净感，所以添加了天然蚕丝萃取物及两种胶原蛋白。

## 药 超 セラコラ しっとり洗颜フォーム

| 厂商名称 | 株式会社明色化妆品 |
|---|---|
| 容量／价格 | 100克／¥700 |

明色化妆品的ceracolla是主打神经酰胺结合胶原蛋白的保湿加强保养品牌，旗下的洗面乳同样添加三重神经酰胺与纳米胶原蛋白，所以洗完脸之后还能保有相当程度的滋润感。

## 新 药 超 フレッシェル クリアソープN

| 厂商名称 | 株式会社カネボウ化妆品 |
|---|---|
| 容量／价格 | 130克／¥800 |

添加了摩洛哥火山泥及果酸角质软化成分的毛孔洁净型洗面乳，同时搭配胶原蛋白及玻尿酸等保湿成分。由于搓出来的泡泡较绵密，所以也可当成泡泡面膜敷上几分钟之后再冲洗。

## 药 超 Dot free ホワイト 洗颜フォーム

| 厂商名称 | コスメカンパニー株式会社 |
|---|---|
| 容量／价格 | 90克／¥570 |

除细致可清洁毛孔脏污的泡泡之外，这款洗面乳最主打的特色就是"生胶原蛋白"。其实生胶原蛋白是一种未被加热破坏，结构还维持三股螺旋状的胶原蛋白，据说这样的胶原蛋白保水力更高。除此之外，还添加了维生素C及熊果素等美容成分。

## 新 药 超 ロゼット 洗颜パスタ 米ぬかつる肌

| 厂商名称 | ロゼット株式会社 |
|---|---|
| 容量／价格 | 120克／¥600 |

ROSETTE洗面乳系列在2015年推出的新品之一，这次的客户群锁定在40岁以上有肌肤干燥与粗糙问题的熟龄族群。这款米糠洗面乳的泥成分是采用日本广岛所产的粉红色黏土，再搭配细微米糠粉末以发挥清洁与去角质效果。不过因为米糠粉末相当细微，使用时并不会有磨砂的颗粒感。

## 新 药 超 肌美精 大人のニキビ对策 药用ホワイトクリア洗颜料

医药部外品

| 厂商名称 | クラシエホームプロダクツ株式会社 |
|---|---|
| 容量／价格 | 110克／¥1,065 |

针对成人痘的保养需求，Kracie在2016年春季推出了全新的成人痘保养系列。除了抑菌消炎成分外，这款洗面乳中还添加了可以去除黑头粉刺的酒石酸，以及能够去除老废角质的柠檬萃取物。对于毛孔堵塞引起痘痘肌的人而言，可以说是一个新选择。

### 新 药 超 极润 泡洗颜

| 厂商名称 | ロート制药株式会社 |
|---|---|
| 容量 / 价格 | 160毫升 / ¥600 |

　　乐敦肌研的极润系列一直有不少爱用者。洗颜泡在2016年春季的改版中，同时推出绿色的新伙伴。白色的玻尿酸洁颜泡走的是保湿路线，除原本的玻尿酸及超级玻尿酸之外，新增了润泽成分"凡士林"；绿色的薏米洁颜泡则是专为成人痘问题开发，除玻尿酸、角鲨烯等润泽成分之外，还有甘草酸钾、薏米萃取物、鱼腥草萃取物及洋甘菊萃取物等适合痘痘肌的植萃成分。

ヒアルロン泡洗颜
玻尿酸洁颜泡

ハトムギ泡洗颜
薏米洁颜泡

泡クレンジングウォッシュ H (ヒアルロン酸)
玻尿酸洗卸合一洁颜泡

ホワイト 泡クレンジングウォッシュ
净白洗卸合一洁颜泡

### 药 超 ソフティモ 泡クレンジング ウォッシュ

| 厂商名称 | コーセーコスメポート株式会社 |
|---|---|
| 容量 / 价格 | 200毫升 / ¥760 |

　　大部分洁颜泡都只有单一的洁颜作用，但softymo这两款则是洗卸合一的洁颜泡。粉红色版本较注重使用的滋润度，所以添加了双重玻尿酸。水蓝色版本着重在肤质的清透程度，所以添加的是薏米萃取物。

### 药 超 MINON Amino Moist ジェントルウォッシュ ホイップ

| 厂商名称 | 第一三共ヘルスケア株式会社 |
|---|---|
| 容量 / 价格 | 150毫升 / ¥1,500 |

　　利用植物性氨基酸系洗净成分，搭配极为细致的泡泡，可以在不刺激与拉扯肌肤的状态下完成洗脸的动作，如此一来就能保护肌肤原有的防御力。对于干燥敏弱肌而言，洗脸的顺序也很重要，记得要先从额头及T字部等皮脂较多的部位开始洗，这样才能维持整体的皮脂平衡。

### 药 超 キュレル 泡洗颜料

| 厂商名称 | 花王株式会社 |
|---|---|
| 容量 / 价格 | 150毫升 / ¥1,200 |

　　在每天洗脸的动作中，肌肤中的锁水成分"神经酰胺"会不断流失，进而引发肌肤干燥的问题。Curél洁颜泡的重点不在于如何补充，而是从"保护不流失"的方向着手。另外还添加了消炎剂，对干燥的肤质来说，也有不错的效果。

### 新 药 超 专科 スピーディーパーフェクト ホイップモイストタッチ

| 厂商名称 | 株式会社エフティ资生堂 |
|---|---|
| 容量 / 价格 | 150毫升 / ¥450 |

　　专科系列的洁颜泡。这款洁颜泡有两种类型，瓶子右下角白框内写"モイストタッチ"（滋润型）的版本泡泡较绵密与滋润，适合普通肌到干燥肌使用。若白框内的文字为"エアリータッチ"（清爽型），则因为泡泡较轻盈好冲洗，适合普通肌到油性肌使用。

### 新 药 超 メンソレータム アクネス 药用ふわふわな泡洗颜

| 厂商名称 | ロート制药株式会社 |
|---|---|
| 容量 / 价格 | 160毫升 / ¥650 |

　　曼秀雷敦Acnes系列一直是日本药妆迷心目中的痘痘肌保养第一品牌，属于经典的Acnes洁颜泡在2016年春季改版。基本上，滋润成分维生素C衍生物以及抗炎抑菌成分都相同，但泡泡的浓密度提升34％，因此洗起来对痘痘的物理性刺激就更低了。

**新** **药** **超** ロゼットゴマージュ
ロゼットゴマージュ モイスト

| 厂商名称 | ロゼット株式会社 |
|---|---|
| 容量／价格 | 120克／¥600 |

ROSETTE的去角质凝露。蓝色版本早在1998年就推出，2015年时甚至荣获知名美妆口碑网站的去角质美妆冠军。在2016年春季改版的同时推出红色滋润型版本。洗完脸擦干水后，用这种去角质凝胶在脸上按摩会搓出屑屑，而这种屑屑正是乳酸、柠檬酸、苹果酸等角质软化成分包覆老废角质后形成的，是一款每周适合使用1～2次的角质保养用品。

基本型　　　　滋润型

**药** **超** ロゼット
ハローキティ
アップルゴマージュ

| 厂商名称 | ロゼット株式会社 |
|---|---|
| 容量／价格 | 120克／¥498 |

ROSETTE去角质凝露的HELLO KITTY版本。主要的角质软化成分为苹果酸、乳酸及甘醇酸。配合最有KITTY味的水果——苹果，美容成分用的是苹果萃取物，使用时也带有一股淡淡的苹果香。

**新** **美** もちっと 泡立ていらず

| 厂商名称 | 株式会社石泽研究所 |
|---|---|
| 容量／价格 | 180毫升／¥1,200 |

没有泡泡的洁颜凝胶。由洁净系植物成分与日本国产米萃取出来的保湿成分组成，而这些精华液成分的比例竟然高达97%。就算看不见白色的泡泡，但其实在按摩过程中，会产生许多细微的泡泡来清洁毛孔，算是相当特别的洁颜商品。

**美** マナラ
モイストウォッシュゲル

| 厂商名称 | 株式会社ランクアップ |
|---|---|
| 容量／价格 | 120毫升／¥3,200 |

号称97.5%为精华液成分的无泡泡洁颜凝胶。其最特别的地方，在于将木瓜酵素胶囊化，同时搭配洋蓟萃取物，所以能加强黑头粉刺的清洁效果。当然，美白、弹力及保湿成分也一应俱全，洗完之后并不会紧绷。

**美** 肌○ アクアモイスチャーピーリング

| 厂商名称 | 株式会社アイ・ドット・クオリティ |
|---|---|
| 容量／价格 | 150克／¥2,800 |

在众多去角质凝露中，肌○可能是近几年来最让我想推荐的一款单品。肌○的理念是"不做骗人的保养品"，为打造连敏弱肌也能使用的去角质凝露，肌○采用最单纯的素材，因此不仅敏弱肌适用，全身都可以用，而且还能天天用。这款去角质凝露中添加了玻尿酸，所以去完角质之后不会感到紧绷。

# 洗颜粉风潮再次袭来！！

新 药 超
### リフターナ クリアウォッシュパウダー

| 厂商名称 | 株式会社pdc |
|---|---|
| 容量／价格 | 0.4克×32包／¥1,400 |

在日本卖翻天的黑面膜品牌"LIFTARNA"在2016年春季推出"黑炭酵素洗颜粉"。这款洗颜粉的特征在于同时采用"蛋白质分解酵素·木瓜酵素"及"皮脂分解酵素·脂肪酶"，同时搭配可以吸附皮脂的黑炭粉，所以洗颜粉本身才会呈现黑灰色。除了胶原蛋白、玻尿酸、神经酰胺等保湿成分外，还加了黑面膜中的毛孔调理成分——洋蓟萃取物，因此，它可以说是罕见的毛孔调理型酵素洗颜粉。另外它还有一个贴心的包装设计，那就是特殊的易撕独立包装，不仅干净卫生，就算手湿湿的也能简单撕开。

药 美
### 肌极（はだきわみ）つるすべ素肌洗颜料

| 厂商名称 | 株式会社コーセー |
|---|---|
| 容量／价格 | 0.4克×32包／¥1,400 |

高丝米保养品牌"肌极"推出的酵素洗颜粉。主要的洁净成分是蛋白分解酵素，以及硅胶与月桂酰谷氨酸钠组成的皮脂清除成分。既然是肌极系列的一员，保湿成分自然是与米固醇、米糠油、米胚芽油等"米"有关的润泽成分。

药 超
### suisai ビューティクリアパウダーa

| 厂商名称 | 株式会社カネボウ化粧品 |
|---|---|
| 容量／价格 | 0.4克×32个／¥2,000 |

这几年在日本药妆店及美妆店里卖翻天的洗颜粉，相信许多人进了日本药妆店之后一定都会带上一盒。独立包装的suisai洗颜粉，主要利用蛋白质及皮脂分解酵素清洁毛孔脏污及老废角质。在保湿成分方面则包括豆乳发酵萃取物及西洋菜萃取物。

专
### オルビス パウダーウォッシュプラス

| 厂商名称 | オルビス株式会社 |
|---|---|
| 容量／价格 | 50克／¥1,200 |

Orbis的酵素洗颜粉是Orbis的长销商品，尤其是那绵密的泡泡让许多人用过之后都会成为回头客，因为只要泡沫够多够绵密，对酵素的清洁作用都有加分。除双重分解酵素之外，还含有玻尿酸、胶原蛋白及蜂王浆萃取物等保湿成分，所以深度清洁之后也不会觉得紧绷。

美
### chant a charm 药用アクネパウダーウォッシュ

| 厂商名称 | 株式会社ネイチャーズウェイ |
|---|---|
| 容量／价格 | 0.8克×34包／¥2,500 |

专为成人痘问题开发的洗颜粉。除了利用酵素洗净堵塞毛孔的皮脂及老废角质外，还添加了痘痘保养品中常见的抗炎成分"甘草酸二钾"以及鱼腥草萃取物等植萃成分。

## 雪肌精
### ホワイト パウダーウォッシュ

| 厂商名称 | 株式会社コーセー |
|---|---|
| 容量 / 价格 | 100克 / ¥3,000 |

对于接触雪肌精已经有15年的我来说，这是我最早使用过的一款洗颜粉。这瓶添加了薏米、当归根、紫苏叶和芍药等和汉植萃成分的洗颜粉，并不算是酵素洗颜粉，所以天天使用也没有问题。这款洗颜粉的特征是粉质相当轻细，但搓出来的泡泡却相当浓密。

## ファンケル
### 洗顔パウダーⅡ しっとり

| 厂商名称 | 株式会社ファンケル |
|---|---|
| 容量 / 价格 | 50克 / ¥1,200 |

芳珂洗颜粉号称每11秒就卖出一瓶，与同品牌的卸妆油并称FANCL两大台柱。这款洗颜粉主要的洁净对象为黑头粉刺及皮脂。除了蓝色瓶口的滋润型之外，还有白色瓶口的清爽型，可以依照季节与肌肤状态选择。另外芳珂洗颜粉不定时会推出限量彩绘罐，这也是吸引粉丝收集的动力。

## MINON Amino Moist
### クリアウォッシュ パウダー

| 厂商名称 | 第一三共ヘルスケア株式会社 |
|---|---|
| 容量 / 价格 | 35克 / ¥1,500 |

采用植物性氨基酸类洗净成分，专为敏弱肌开发的酵素洗颜粉。许多敏弱肌者都有口鼻周围干燥或双颊摸起来感觉粗糙的问题，这时就需要这种温和但洗净力足够的酵素洗颜粉帮忙了。

## 毛穴抚子 /
### 重曹スクラブ洗顔

| 厂商名称 | 株式会社石泽研究所 |
|---|---|
| 容量 / 价格 | 100克 / ¥1,200 |

小苏打粉结合氨基酸类洗净成分的洗颜粉。小苏打粉在接触水之后，结晶边缘的棱角部分就会快速溶解，如此一来就可以温和地去除脸部的老废角质与脏污。除了橘色的男女兼用版之外，还有蓝色罐装，它是额外添加了蛋白质分解酵素与蓝色磨砂柔珠的男性适用版。绿色的抹茶限定版则在每年的夏季会短期推出一阵子。

男女兼用版　　　　　　　男性适用版　　　　　　　抹茶限定版

# 脸部保养

care 保养

　　许多人较为重视基础的肌肤保养，比起彩妆来说，大部分人买保养品的比例还是高一些。除了PART 5介绍过的保湿保养品之外，在这个单元中将介绍2015年秋冬到2016年春夏的保养品，以及过去未介绍过的"漏网之鱼"！

## 新 药 超 肌ラボ 极水

| 厂商名称 | ロート制药株式会社 |
| --- | --- |
| 容量／价格 | 400毫升／¥640 |

　　肌研极润的姐妹系列"极水"，是主打质地清爽的无香料、无油矿物氨基酸化妆水。在推出无香味的基本款之后大受欢迎，因此后来一连推出添加了大马士革玫瑰水的玫瑰化妆水，以及添加了薏米萃取物及濑户内海柠檬汁萃取物的薏米维生素C化妆水两个新版本。

ローズ化粧水
玫瑰化妆水

ハトムギVC化粧水
薏米维生素C化妆水

## 药 超 ピュア ナチュラル

| 厂商名称 | 株式会社pdc |
| --- | --- |

　　主要美容成分为海洋性胶原蛋白、玻尿酸及蜂王浆萃取物的保湿保养系列。这两款有个很有趣的特色，就是化妆水中添加了乳液，而乳霜中添加了精华液。简单地说，就是把四个保养步骤简化成了两个步骤。另外，Pure Natural会不定期推出史努比包装限定版，所以史努比迷们可以多加留意哦！

クリームエッセンスモイスト
精华乳霜
100克／¥800

エッセンスローションUV
精华化妆水
210毫升／¥800

## 新 药 超 シンプルバランス

| 厂商名称 | 株式会社ウテナ |
| --- | --- |

　　主打成分温和且能快速完成基础保养的SIMPLE BLANCE在2016年春季全面改版，这次的改版重点，就是将玻尿酸保湿系列及胶原蛋白弹力润泽系列中的酒精成分去掉，让使用感变得更加温和。同时，每个系列都加入能够提升保养渗透力及润泽度的荷荷巴油。每个系列都有化妆水及凝露两种类型，但无论哪一种都是化妆水、精华液、乳霜三合一的多效保养品，因此只需选一种自己喜欢的使用就好。如果觉得只用一瓶滋润感不足，也可以搭配着一起使用。

保湿シリーズ
保湿系列

うるおいローション
保湿化妆水
220毫升／¥800

うるおいジェル
保湿凝胶
100克／¥1,000

ハリつやシリーズ
弹力润泽系列

ハリつやローション
弹力润泽化妆水
220毫升／¥800

ハリつやジェル
弹力润泽凝胶
100克／¥1,000

キャプション:
スキンコンディショナー ローズ
玫瑰化妆水

スキンコンディショナー
薏米化妆水

### 药 超 マジアボタニカ

| 厂商名称 | 株式会社ウテナ |
|---|---|
| 容量／价格 | 500毫升／¥750 |

　　以植萃成分为主的保湿系化妆水。这两款同样都是以薏米萃取物为主，绿色版本多加6种调理肤质状态的植萃成分，使用起来比较清爽。粉红色版本则是以薏米萃取物搭配玫瑰萃取物，使用起来滋润度较绿色版本高一些。

### 药 超 肌美精 导入化妆水

| 厂商名称 | クラシエホームプロダクツ株式会社 |
|---|---|
| 容量／价格 | 150毫升／¥1,200 |

　　看似一般的化妆水，但其实是专为多效凝露保养品使用者开发的导入化妆水。主要是利用复合果酸软化角质，帮助保养品更容易渗透至角质层中。除了导入之外，化妆水本身也添加了玻尿酸、胶原蛋白及蜂王浆，因此基本的滋润度算是足够。

### 新 美 TUNEMAKERS 原液保湿シリーズ

| 厂商名称 | レノア・ジャパン株式会社 |
|---|---|

　　TUNEMAKERS是日本美妆店中相当特别的保养品牌，因为这个品牌的主打特色是"原液"。其实原液就是各种保养品中的美容成分原料，因为纯度高，许多美容专家都会将各种不同的原液加在自己的保养品中，或是自行调和各种原液，打造出专属于自己的保养品。除了纯原液之外，TUNEMAKERS也利用独家比例，为原液美容爱好者打造出原液保养系列，这对原液保养的入门使用者来说是相当不错的选择。

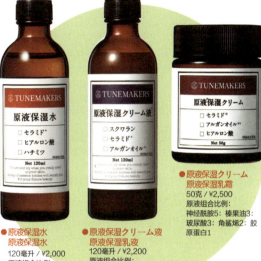

●原液保湿水
原液保湿水
120毫升／¥2,000
原液组合比例：
神经酰胺5：玻尿酸3.5：
蜂蜜2：胶原蛋白1：蜂王浆萃取物1

●原液保湿クリーム液
原液保湿乳液
120毫升／¥2,200
原液组合比例：
角鲨烯5：神经酰胺3：
榛果油2：胶原蛋白1：
玻尿酸1：蜂蜜1

●原液保湿クリーム
原液保湿乳霜
50克／¥2,500
原液组合比例：
神经酰胺5：榛果油3：
玻尿酸3：角鲨烯2：胶原蛋白1

### 美 ラフラ リペアバーム

| 厂商名称 | レノア・ジャパン株式会社 |
|---|---|
| 容量／价格 | 50克／¥4,500 |

　　RAFRA美容油的姐妹品，质地相当软的固态美容膏。简单地说，就是由浓缩橄榄油、橘油、玫瑰果油、葡萄籽油等油保养成分制成。不同于液态美容油，这款膏状的美容油适合在化妆水之后再使用。

### 美 ラフラ リペアオイルエッセンス

| 厂商名称 | レノア・ジャパン株式会社 |
|---|---|
| 容量／价格 | 40毫升／¥3,800 |

　　包括角鲨烯、榛果油、玫瑰果油等润泽成分在内，所有成分都是来自植萃的RAFRA美容油。对于容易干燥的肤质来说，除了补充保湿美容成分之外，油成分的润泽效果也很重要。像这样的美容油型精华液，最佳的使用时机就是洗完脸之后的第一个保养步骤。

### 新 美 do organic トリートメント オイル スムージング

| 厂商名称 | ジャパンオーガニック株式会社 |
|---|---|
| 容量／价格 | 18毫升／¥4,500 |

　　日本国产有机保养品牌do organic在2016年春季推出的新品，100%来自植萃成分的美容油。除日本国产米胚芽油与甘蔗角鲨烯之外，比较特别的油成分是富含ω-6的有机月见草油及含有γ-次亚油酸的琉璃苣种子油。建议在上化妆水之前，先用3～4滴按摩全脸，之后再进行其他的保养程序。

**新药超专 ソフィーナ リフトプロフェッショナルハリ美容液**

| 厂商名称 | 花王株式会社 |
|---|---|
| 容量／价格 | 40克／¥5,500 |

花王SOFINA在2015年秋季推出的紧致精华液。主要的美容作用，是来自于独家润泽弹润成分，而这种成分则是由生姜萃取物、马栗树萃取物、褐藻萃取物、脯氨酸以及六胜肽组成。通过深层滋润的方式，发挥润泽肌肤的功能。在香味方面，则是由茉莉花、佛手柑、生姜调和而成的舒缓花香。

**药专超 グレイスソフィーナ**

| 厂商名称 | 花王株式会社 |
|---|---|

GRACE SOFINA是专为50岁熟龄肌开发的保养品牌，其中绿色包装的版本是美白保养系列。这个系列采用高渗透技术，再搭配神经酰胺持续保护技术，让肌肤中的水分不易向外流失。在美白成分方面，则是花王独家开发的洋甘菊ET，使用时有一股淡淡的花香味。

朝の美白乳液
日用美白乳液
32克／¥3,500
（SPF50+／PA+++）

薬用美白化粧水
美白化妆水
140毫升／¥3,300

夜の美白乳液
夜用美白乳液
40克／¥3,500

**新药超 50の恵 シミ対策 美白 养润液**

| 厂商名称 | ロート制药株式会社 |
|---|---|
| 容量／价格 | 230毫升／¥1,510 |

专为熟龄肌开发的保养品牌"50惠"的美白养润液最近改版，包装从原本的白蓝配色变成沉稳的深紫色。除美白成分熊果素之外，其实最重要的就是熟龄肌保养最重视的润泽保湿成分，而这些成分则包括维生素A油、维生素A、双重玻尿酸及三重胶原蛋白。

**新药超 シンプルバランス 美白シリーズ**

| 厂商名称 | 株式会社ウテナ |
|---|---|

SIMPLE BALANCE除玻尿酸保湿系列及胶原蛋白弹力润泽系列之外，还有这个胎盘素美白系列。许多人都知道胎盘素是抗衰老成分，但在日本其实也是美白成分，所以有些美白产品的主要美容成分就是胎盘素。除胎盘素之外，还有三重玻尿酸以及薏米萃取物等美容成分。

美白ローション
美白化妆水
220毫升／¥800

美白ジェル
美白凝胶
100克／¥1,200

**新药超 ダイレクト ホワイトEX**

| 厂商名称 | 株式会社pdc |
|---|---|

pdc推出的新美白系列，主要美白成分是这几年相当流行的传明酸。除此之外，因为日晒后的肌肤发炎反应也是造成肤色变黑的原因之一，所以该系列还含有保养日晒后肌肤所用的甘草酸二钾。美白精华液建议在洗完脸之后的第一个步骤作为导入液使用，之后再用自己平时用的化妆水及乳液，最后再用美白乳霜进行加强保养。

美白美容液
美白精华液
50毫升／¥1,500

美白クリーム
美白乳霜
25克／¥1,200

## 新 药 超
### トランシーノ 药用ホワイトニング

**厂商名称** 第一三共ヘルスケア株式会社

第一三共是40多年前发明传明酸的制药公司，而TRANSINO美白系列则是这家制药公司推出的传明酸保养品。市场表现向来不错的TRANSINO2016年春季改版上市，同时推出新成员——美白乳液，让整个系列的品项更齐全。随着这次改版，包装及容器也都有所改变，例如所有容器的盖子，都从原来的白色变成亮眼的宝蓝色。

リペア美白クリーム
夜用晚霜
35克／¥4,000

ローション
化妆水
175毫升／¥3,600

クリアミルク
乳液
120毫升／¥3,600

エッセンスEX
精华液
50毫升／¥6,300

## 新 专
### オルビスユー ホワイト

**厂商名称** オルビス株式会社

ORBIS=U继保湿及抗衰老系列之后，紧接着在2016年春季推出了美白系列。依照肌肤的生理特性，ORBIS=U WHITE把保养工作简化成洗颜、化妆水、保湿液三个步骤。该系列的概念很有趣且先进，因为研发团队认为肌肤内的酵素活性若是降低，就会造成"黑色素肥大化"。因此便将美白机制锁定在活化肌肤内的酵素上，如此一来就能让黑色素不会肥大化，连带着肤况也会改善，因此可以说是兼具抗衰老及美白作用的新款。

ローション
化妆水
180毫升／¥3,000

デイモイスチャー
日用保湿液
(SPF30／PA+++)
30克／¥3,000

ナイトモイスチャー
夜用保湿液
30毫升／¥3,200

## 新 药 超
### 白润
### プレミアムW美白美容液

**厂商名称** ロード制药株式会社
**容量／价格** 40毫升／¥1,500

肌研的白润系列在2016年推出新的美白精华液。白润美容液的美白成分是熊果素加直接型维生素C衍生物。除了美白成分之外，保湿成分其实也不马虎，除了系列主打的玻尿酸之外，还有水溶性胶原蛋白及活性保湿因子Lipidure®等保湿成分。

## 新 药 超
### ルミーチエ 美白オイルエッセンス

**厂商名称** 株式会社ウテナ
**容量／价格** 30毫升／1,200

油保养系列Lumice推出少见的美白保养油。这瓶美白保养油的基底是荷荷巴油与甘蔗角鲨烯，而美白成分则是渗透力比水溶性维生素C高3倍且持续时间更长的油溶性维生素C。这种以油溶性维生素C为美白成分的保养油，在日本的开架市场上可以说是第一瓶。

## 新 药 超
### 白润 冷感美白シャーベット

**厂商名称** ロート制药株式会社
**容量／价格** 30克／¥1,800

乐敦白润在今年春夏的新品真不少，其中这项"凉感美白冰沙"最特别。专为日晒后肌肤发热问题开发的这种商品，使用起来会有一股清凉的收敛感。美白成分则是相当热门的传明酸。冰冰凉凉的使用感，很适合夏天经常晒太阳的人使用。

**新 药 超**
## 药用シミエースAX [医药部外品]

| 厂商名称 | クラシエホームプロダクツ株式会社 |
|---|---|
| 容量／价格 | 30克／¥1,300 |

　　针对局部黑斑问题开发的乳霜。这款乳霜最大的特色，在于同时融合了3种维生素，分别是美白成分维生素C、促进血液循环成分维生素E，以及调节肤质的成分维生素A。另外，针对日晒后肌肤发炎引起的黑色素形成问题，也添加了抗炎成分甘草酸钾。

**新 药 超**
## 肌美精
## 大人のニキビ対策 [医药部外品]

| 厂商名称 | クラシエホームプロダクツ株式会社 |
|---|---|

　　有别于一般成人痘保养品，Kracie新推出的成人痘保养系列将重点锁定在保湿及美白等保养需求上，因此除了抑菌消炎成分之外，还特别重视胶原蛋白及高纯度维生素C等保养成分。除此之外，化妆水及乳霜中也都有角质柔化成分，以帮助美容成分顺利地渗透至肌肤角质层。

ローション
化妆水
150毫升
¥2,200

モイスチャライザー
保湿液
60毫升
¥2,200

**美**
## chant a charm 药用アクネ

| 厂商名称 | 株式会社ネイチャーズウェイ |
|---|---|

　　自然派保养品牌chant a charm推出的成人痘保养系列。坚持采用植萃成分的保养品在开发成人痘保养品时，首要看重的就是保湿抗炎成分。该系列的抗炎成分是相当主流的甘草酸钾，而植萃保湿成分则包括黄芩及西洋蓍草等草本萃取物。对于喜欢自然派保养品，同时又有成人痘问题的人来说，是个不错的选择。

**新 药 超**
## 黑糖精
## 朝のオールインワンジェル

| 厂商名称 | コーセーコスメポート株式会社 |
|---|---|
| 容量／价格 | 90克／¥1,480 |

　　采用日本国产黑糖发酵萃取物作为保湿成分的黑糖精系列，在2016年年初推出夏季适用的七效日用凝露。这款防晒系数为SPF50+／PA++++的形状记忆凝露带有淡淡的花香味，很适合白天出门前忙得没时间保养的人。

スポッツジェル
局部凝露
15毫升
¥2,500

**新 药 超**
## 肌ラボ 极润
## UVホワイトゲル

| 厂商名称 | ロート制药株式会社 |
|---|---|
| 容量／价格 | 90克／¥1,695 |

　　极润的六效合一凝露在2016年春季改版。这次的改版只有包装更新，保湿成分仍是玻尿酸、纳米玻尿酸及维生素C衍生物。拥有SPF50+／PA++++的高防晒系数，让白天忙着上班的人可以简单完成保养与防晒的基本保养步骤。

**美 药**
## Dr.AI アクネスラボ
## 药用スポッツクリーム

| 厂商名称 | 株式会社アクネスラボ |
|---|---|
| 容量／价格 | 10克／¥1,800 |

　　添加了抑菌与抗炎成分的成人痘局部保养乳霜。除了这些日本药用成分外，还添加了维生素E、薏米萃取物及虎耳草萃取物等滋润保湿成分。像这样的局部用乳霜，通常建议在睡前厚敷一层。

### 新 药 超 ピュア ナチュラル スピードホワイトゲル

| 厂商名称 | 株式会社pdc |
|---|---|
| 容量/价格 | 100克/¥1,500 |

一瓶有10种用途的美白形状记忆凝露。除美白成分传明酸之外，还有三种玻尿酸及三种胶原蛋白等多种保湿成分。除此之外，还有抚纹及毛孔护理成分，是相当适合夏季使用的多效保养凝露。

### 药 超 肌美精 パーフェクトゲルオールインワン
[医药部外品]

| 厂商名称 | クラシエホームプロダクツ株式会社 |
|---|---|
| 容量/价格 | 100克/¥1,600 |

不只是一瓶可抵化妆水、乳液、精华液、乳霜、冻膜的多效凝露，还是能一次满足美白、保湿、弹力、毛孔、提拉等保养需求的多功能保养品。同系列还有一瓶导入化妆水，建议搭配使用，以提升渗透力。

### 新 药 超 ピュア ナチュラル スピードモイストゲル

| 厂商名称 | 株式会社pdc |
|---|---|
| 容量/价格 | 100克/¥1,500 |

同样拥有10种保养用途，为美白形状记忆凝露的姐妹品。相对蓝色版本的美白主打功能，红色版本的特征在于添加了抚纹成分维生素A衍生物及滋润成分蜂王浆萃取物，比较适合较干燥的季节或肤质偏干者使用。

### 药 美 专 蓝と紫根の首元パック

| 厂商名称 | 株式会社シェモア |
|---|---|
| 容量/价格 | 150克/¥2,362 |

颈纹很容易暴露年龄且不雅观，除了平时勤抹颈纹霜之外，日本药妆店也有这种用紫草根与蓝草等植萃成分制成的颈膜。紫草根及蓝草是近年来备受关注的抗衰老草本素材，只要将颈膜凝胶涂在想改善的部位，等待15分钟左右再撕掉，就可完成颈纹特殊保养。其实同系列还有眼下纹、抬头纹及法令纹等专用版本，有兴趣的朋友可以试试哦!

### 药 超 セラコラ パーフェクトゲル

| 厂商名称 | 株式会社明色化妆品 |
|---|---|
| 容量/价格 | 90克/¥1,000 |

主张干燥敏弱肌也能使用的弱酸性六效凝露。主要美容成分为3种神经酰胺及3种胶原蛋白，是一款侧重于保湿性及肌肤弹力的多效保养品。凝露的质地是目前相当流行的形状记忆凝露。

### 美 新 肌○ アクアモイスチャーゲル

| 厂商名称 | 株式会社アイ・ドット・クオリティ |
|---|---|
| 容量/价格 | 150克/¥3,600 |

坚持只做诚实的保养品品牌，与众多育儿妈妈反复讨论而改版的肌○多效凝露。最早的保湿成分除了第三及第六型神经酰胺之外，其实还有一种相当有趣的成分，那就是素有平民燕窝之称的"银耳"。据说银耳萃取物的保湿力比玻尿酸高1.6倍，难怪中国人自古以来就将银耳奉为美容圣品。在改版时为加强保湿功能，新增了第二型神经酰胺。由于主打超低刺激配方，所以妈妈及小朋友都能使用。

### 新 药 超 美 Malon. by TBC エステティックオールインワンジェル

| 厂商名称 | エステティックTBC |
|---|---|
| 容量/价格 | 150克/¥1,371 |

专为年轻女性开发，可贴合肌肤并形成薄膜的多效凝露。来自日本第一美容美体沙龙的这款多效凝露，采用的美容成分自然是沙龙人气课程中所用的双重玻尿酸、双重胶原蛋白、维生素A衍生物及胎盘素萃取物等保湿抗衰老美白成分。另一个特别的地方，是采用了不会因为反复用手挖而弄脏内容物的压嘴设计。

# 底妆蜜粉

base 底妆

许多人出门前会上个 BB 霜、CC 霜，或上个蜜粉让自己的肤质看起来更细致一些。这个单元就带大家来看看日本的底妆、蜜粉新品，以及尚未介绍过的好东西。

---

### キュレル BBクリーム

| 厂商名称 | 花王株式会社 |
|---|---|
| 容量 / 价格 | 35克 / ¥1,800 |

未添加酒精及紫外线吸收剂，质地轻薄，就连敏弱肌也能使用的BB霜。身为Curel的一员，卖点之一自然就是加强了神经酰胺的锁水效果，同时发挥了BB霜应有的遮瑕修饰力。（SPF28 / PA++）

自然な肌色
自然色

明るい肌色
明亮色

### SANA 毛穴パテ职人
### BBクリーム ポアタイトリフト

| 厂商名称 | 常盘药品工业株式会社 |
|---|---|
| 容量 / 价格 | 30克 / ¥1,200 |

有些人就算擦了BB霜，还是没办法完美遮盖住粗大毛孔，而这一款便是针对毛孔粗大问题开发的BB霜。特殊的3D服帖技术，可以让BB霜更完整地覆盖毛孔，还能吸附多余皮脂，防止脱妆。（SPF50+ / PA++++）

---

### KATE ミネラルマスクBB

| 厂商名称 | 株式会社カネボウ化妆品 |
|---|---|
| 容量 / 价格 | 30克 / ¥1,500 |

KATE的矿物BB霜因为质地自然轻透，且保湿效果也不错，所以一直以来都有相当多的忠实粉丝。2015年夏季进行了改版，推出了新包装版本。（SPF30 / PA++）

OC-B
柔肤色

OC-C
自然色

OC-D
健康色

### マナラ BBリキッドバー

| 厂商名称 | 株式会社ランクアップ |
|---|---|
| 容量 / 价格 | 7克 / ¥3,400 |

开卖一个月就热销1万条的不沾手BB条。许多条状BB霜用起来都会干干的，但这一款却出奇地好推展，属于敏弱肌的我用了之后也不会觉得脸痒。（SPF35 / PA+++）

### KATE
### スノースキンCCベース

| 厂商名称 | 株式会社カネボウ化妆品 |
|---|---|
| 容量 / 价格 | 25克 / ¥1,200 |

KATE这款CC霜算是很服帖，能搭配彩妆打造混血风格，CC霜本身是略为偏白的粉色调。防止肌肤干燥的美容成分为水溶性胶原蛋白。（SPF35 / PA++）

## ヌーディクチュール
## ミネラルCCクリーム

| 厂商名称 | コーセーコスメポート株式会社 |
| --- | --- |
| 容量 / 价格 | 30克 / ¥1,200 |

由于Nudy Couture的使用感佳，同时只用温水就能够卸除，所以在CC霜市场上的表现不俗。2016年春季，该系列改版上市，改版重点在于提升保湿度及持妆度，号称使用8小时也不容易脱妆。（SPF40 / PA++）

01明るい肌色
01柔肤色

02自然な肌色
02自然色

## グレイス ワン
## CCクリームUV

| 厂商名称 | コーセーコスメポート株式会社 |
| --- | --- |
| 容量 / 价格 | 50克 / ¥1,200 |

GRACE ONE属于熟龄保养系列，而这一款则是专为熟龄肌开发的CC霜，因此较强化修饰斑点与暗沉部位问题，同时也因重视保湿效果，所以仅保湿成分就有9项之多。（SPF50+ / PA++++）

00明るい肌色
00柔肤色

01自然な肌色
01自然色

## コガオウ
## ウォータリーフィットCCジェル

| 厂商名称 | 株式会社ウテナ |
| --- | --- |
| 容量 / 价格 | 30克 / ¥1,200 |

质地极为清爽的CC凝露。除了润色与遮瑕兼顾之外，特殊的3D复原型凝露质地号称能让肌肤紧致，打造出所谓的小脸视觉感。整条有81％为美容成分，还可兼作基础保养品。（SPF32 / PA+++）

ライトオークル
柔肤色

ナチュラルオークル
自然色

## SUGAO
## AirFit 毫升クリーム

| 厂商名称 | ロート制药株式会社 |
| --- | --- |
| 容量 / 价格 | 25克 / ¥1,380 |

强调前所未有之轻透感的乐敦SUGAO CC霜是这两年日本药妆店中表现相当亮眼的系列。这回顺滑型与滋润型进行改版，除了改善持妆效果之外，还添加了色调变化粉末（Tone Change Powder），让肤色看起来更透亮。（SPF23 / PA+++）

ピュアナチュラル
明亮色

ピュアオークル
自然色

ピュアナチュラル
明亮色

ピュアオークル
自然色

## リルレナ ファンデボリューマー

| 厂商名称 | 株式会社pdc |
|---|---|
| 容量／价格 | 25克／¥1,600 |

只要多一个小步骤，就能让肤质看起来更好。最近很流行光泽肌妆感，但只用亮粉系加强的话，看起来又不够自然，所以pdc就开发出这款以摩洛哥坚果油结合保湿成分的亮妆精华液。无论是上妆前当妆前乳还是完妆后加强局部都可以。（SPF11／PA+）

## SANA 毛穴パテ职人 化妆下地 ポアフラットヴェール

| 厂商名称 | 常盤药品工业株式会社 |
|---|---|
| 容量／价格 | 20克／¥1,000 |

采用3D服帖技术，形状可随毛孔改变的弹性硅胶细粉在覆盖住表面之后，就可完美修饰粗大毛孔的饰底乳。除保湿成分及皮脂吸收成分之外，还搭配了收敛成分让毛孔"听话"一点。（SPF18／PA++）

## キュレル パウダーファンデーション

| 厂商名称 | 花王株式会社 |
|---|---|
| 容量／价格 | 5克／¥2,300 |

专为敏弱肌开发，粉底的质地为细粉状，使用时将粉扑往弹性网压下就可蘸起细粉。因为质地很轻细，所以上妆时也不必用力擦拭。另外，质地虽然轻细，但遮瑕力表现却相当不错。（SPF23／PA++）

自然な肌色 自然色

明るい肌色 明亮色

## SANA エクセル モイスチュアベースUV N

| 厂商名称 | 常盤药品工业株式会社 |
|---|---|
| 容量／价格 | 40克／¥1,800 |

质地好推的饰底凝露，主打特色就是强化保湿功能。除了保水力高于玻尿酸的活性保湿因子LIPIDURE®可在肌肤表面形成保水薄膜之外，还有特殊的渗透型pre-college。（SPF27／PA++）

## オバジC トーンチェンジベース

| 厂商名称 | ロート制药株式会社 |
|---|---|
| 容量／价格 | 25克／¥3,000 |

Obagi是乐敦的顶级维生素C保养品牌，这款饰底乳除了含有同系列的保湿成分之外，最重要的是添加了乐敦独家开发的色调变化粉末（Tone Change Powder）。这种粉末不仅能够阻断紫外线，还能将紫外线转换成红光，使气色看起来更好。

## ドリームマジック ミネラルファンデーション

| 厂商名称 | 株式会社コージー本 |
|---|---|
| 容量／价格 | 10克／¥1,700 |

假睫毛专家KOJI本铺于2016年春季推出，敏感肌也适用的矿物粉饼。粉饼本身100%的成分都来自高纯度矿物，所以在吸附油脂之后也不会变色。粉扑本身的面积相当大，所以上粉速度能加快很多，同时也能上得更均匀。（SPF35／PA+++）

ライトオークル／明亮色

ナチュラルオークル／自然色

ダークオークル／健康色

**药超 キュレル 透明感パウダー**

| 厂商名称 | 花王株式会社 |
|---|---|
| 容量／价格 | 4克／¥2,100 |

质地相当轻薄，没有酒精及紫外线吸收剂的蜜粉。对于想上底妆的敏弱肌者而言，很适合搭配同系列的Curel粉饼使用。

**新药美 ピディット プリズムブライター**

| 厂商名称 | 株式会社pdc |
|---|---|
| 容量／价格 | 9克／¥1,600 |

在完成基础脸妆之后，只需轻轻一拍就可通过补色效果来提升整体清透感的四色蜜粉。建议用在T字部、眼尾的眼周C字部以及下巴，这样就可以打造出更具立体感的轻透妆感。

**美 クラブエアリータッチパウダー**

| 厂商名称 | 株式会社クラブコスメチックス |
|---|---|
| 容量／价格 | 21克／¥1,500 |

主打不需粉饼就可自然遮瑕的蜜粉。轻轻一涂就可遮盖痘疤的蜜粉同时拥有吸附皮脂的作用，所以使用后不易泛油光。目前有任何肤色都适用的自然色及亮白肤色适用的珠光色两种类型。（SPF20／PA++）

ナチュラルベージュ 自然色

ライトパールベージュ 珠光色

**美 SANA 毛穴パテ职人 BBミネラルパウダー**

| 厂商名称 | 常盤药品工业株式会社 |
|---|---|
| 容量／价格 | ¥1,300 |

主打毛孔遮瑕的BB矿物蜜粉，同样采用弹性硅胶细粉作为基底，外层再裹上11种矿物细粉。另外还有保湿成分、皮脂吸收成分以及收敛成分，同时发挥保湿及抑油的作用。（SPF35／PA+++）

**药美专 ピディット クリアスムースパウダー**

| 厂商名称 | 株式会社pdc |
|---|---|
| 容量／价格 | 27克／¥1,600 |

主张遮瑕不是层层堆积，而是要简单完成，也就是抛弃粉饼、CC霜及遮瑕膏，只需用一盒蜜粉的"减法遮瑕"理念。同时搭配具有柔焦、顺滑、滋润作用的三种细粉，因此才能完成薄透但高遮瑕的妆感。（SPF22／PA+++）

**美 SANA エクセル クリア ルーセント パウダー NA**

| 厂商名称 | 常盤药品工业株式会社 |
|---|---|
| 容量／价格 | ¥2,100 |

粉质本身相当细致，用起来有一种内保湿外干爽的轻透服帖感。当然，蜜粉中也添加了该系列主打的保湿成分LIPIDURE®，所以使用起来滋润度也很足。

**药美超 オバジC クリアフェイスパウダー**

| 厂商名称 | ロート制药株式会社 |
|---|---|
| 容量／价格 | 10克／¥3,500 |

来自乐敦Obagi维生素C保养系列，添加了维生素C衍生物，可同时完成彩妆与保养两个步骤的清透蜜粉。蜜粉质地相当轻透，可搭配同系列的粉底液，一起打造清透光泽肌妆感。

クリアタイプ 清透妆感

ベビーピンクタイプ 婴儿粉嫩

**新药美超 SUGAO・シフォン感パウダー**

| 厂商名称 | ロート制药株式会社 |
|---|---|
| 容量／价格 | 6克／¥1,380 |

SUGAO除了CC霜之外，2016年推出用来定妆修饰的雪纺蜜粉。2016年流行自然血色妆感，而不再一味追求死白。使用后触感如雪纺纱般顺滑清爽，这款自然修饰蜜粉之中，特别添加了独家的色调变化粉末(Tone Change Powder)，让吸收紫外线后的粉末呈现自然的红润。

# 防晒系列
## SUNCUT®防晒系列

SUNCUT® 系列来自日本高丝蔻丝魅宝，是日本药妆店中常见的防晒系列。SUNCUT® 系列在日本的人气相当高，尤其是喷雾型防晒更是连续四年拿下销售第一的殊荣。2016 年春季，SUNCUT® 在推出改版新品的同时，各品项还平行推出迪士尼嫩Q 版本包装，这对于迪士尼的粉丝而言，可以说是非买不可的夏季美妆品！（注：部分品项分一般容量及大容量版本，迪士尼限定款只有一般容量而无大容量版本）

**新药美超**

**サンカット® 日やけ止め透明スプレー**

| 厂商名称 | コーセーコスメポート株式会社 |
|---|---|
| 容量／价格 | 50克／¥665 |
| 防晒系数 | SPF50+/PA++++ |

SUNCUT®防晒喷雾2016年改版上市有两大重点，第一个是使用时不泛白，旧版本虽然也号称不泛白，但喷射距离太近时还是会出现泛白情况，因此针对这一点加强改善后的新版本，就算近距离喷射也不会泛白；第二个改版重点是爽身粉末成分增量，所以使用起来感觉更加轻透不黏腻。其实SUNCUT®的香氛版本有另外一个特征，就是喷雾本身即像香水一般，具有前、中、后调般的层次感。

ピュアシャボン
纯净皂香型

アクアリィフローラル
海洋花香型

フルーティフローラル
果调花香型

无香料　无香型

无香型米奇版

无香型米妮版

©Disney

## 新药美超 サンカット® 日やけ止めジェル 50

| 厂商名称 | コーセーコスメポート株式会社 |
|---|---|
| 容量／价格 | 100克／¥839  160克／¥1,080 |
| 防晒系数 | SPF50+/PA++++ |

防晒凝露
脸·身体

SPF50基本型

　　SUNCUT®系列中，使用感最为清爽的防晒凝露。除防晒成分之外，凝露中还添加了玻尿酸及10种植萃润泽成分，因此很适合作为妆前打底兼保养用的饰底乳（化妆下地）使用。水蓝色版本添加了爽身粉末，所以使用起来相对清爽许多，而金黄色包装则是2016年新推出的防水版本。虽然是防水型，却能够用一般的洗面乳或沐浴用品轻松卸除。

SPF50基本型米妮版

SPF50防水型小美人鱼版

SPF50防水型

## 新药美超

### サンカット® 日やけ止めジェル 35

| 厂商名称 | コーセーコスメポート株式会社 |
|---|---|
| 容量／价格 | 100克／¥690 |
| 防晒系数 | SPF35+/PA+++ |

　　SUNCUT®防晒凝露的低防晒系数版。虽然该系列的高系数防晒凝露质地已经比较清爽，但这款低系数版本的质地更加轻薄。对一般坐办公室的人来说，因为在外面走动晒太阳的时间不长，所以SPF35左右的防晒品已经够用了。

防晒凝露
脸·身体

SPF35低系数型　　　　　SPF35低系数型小熊维尼版

## 新药美超

### サンカット® 日やけ止めエッセンス

| 厂商名称 | コーセーコスメポート株式会社 |
|---|---|
| 容量／价格 | 80克／¥839 |
| 防晒系数 | SPF50+/PA++++ |

　　SUNCUT®的防晒精华。这款防晒精华的质地虽较清爽，但比起同系列的防晒凝露，因为添加了温泉水、柑橘花水以及保湿剂DPG，所以使用起来会比较滋润。

防晒精华
脸·身体

基本型　　　　　　　　小熊维尼版

©Disney

Sun block
防晒

在过去的保养习惯中，大家总是把防晒列为夏季保养重点，但防晒其实是一年四季都必须持续的重要保养工作。根据不同的使用需求及使用质地要求，从最早的防晒乳到这几年流行的防晒喷雾以及可同时发挥保养功能的防晒凝露、防晒精华，市面上已出现许多不同种类的防晒品。接下来为大家说明这些防晒品的特色，希望你也能聪明地选择防晒品哦！

### 日焼け止めスプレー／防晒喷雾

防晒喷雾是近几年兴起的新类型，一般来说较适合喷在手臂、双腿等大面积部位，另外，头发及头皮等容易忽略防晒的部位也很适合使用喷雾型产品。再者，夏季经常穿凉鞋及夹脚拖鞋，因此也可以喷在脚背上，防止脚背留下日晒的烙印。

### 日焼け止めジェル／防晒凝露

在所有防晒品中，基底为水的防晒凝露是质地相当清爽的类型。由于质地清爽，所以能够很容易地在肌肤上推展开，而且只要一般的洗面乳就可卸除。一般来说，防晒凝露也能在上妆前作为妆前乳使用。

### 日焼け止めローションジェル／防晒水凝露

使用感基本上和防晒凝露接近，只是质地更为水感与清爽，因此在所有防晒品中算是使用感最为轻薄的类型。一般而言，防晒水凝露适合随时补防晒，或在运动完擦干汗水后使用。

### 日焼け止めエッセンス／防晒精华

防晒精华的质地比防晒凝露滋润，但又不如防晒乳厚重。这类防晒品之所以被称为"精华"，是因为其通常都会添加护肤或保湿成分，所以使用起来有保养兼防晒的感觉，因此使用防晒凝露时若觉得滋润度不足，就可改用防晒精华试试哦！

### 日焼け止めミルク／防晒乳

防晒乳的油感相对较高，许多号称防泼水或超防水的防晒品都属于这个类别。一般而言，这类质地较为厚重的防晒品都要配合卸妆品才能清洁干净。

---

新 药 超 专

### アネッサ　パーフェクトUV

| 厂商名称 | 株式会社资生堂 |
|---|---|
| 防晒系数 | SPF50+/PA++++ |

大受日本药妆迷喜爱的安耐晒在2016年春季推出改版新品，其中金色版本的主打特色是防水耐汗，适合到海边或游泳时使用。虽然主打超防水，但在肌肤上推展开后的触感却很清爽，而且用一般洁颜品就可简单卸除。

左 パーフェクトUV スプレー
アクアブースター
60克／¥1,800

中 パーフェクト フェイシャルUV
40克／¥2,400

右 パーフェクトUV アクアブースター
25毫升／¥1,500　60毫升／¥3,000

防晒喷雾
脸·身体·头发

防晒精华
脸

防晒乳
脸·身体

## 安耐晒
## 金·银色版
## 共同特色

安耐晒金色版主打超防水，银色版主打滋润亮白，两个系列都添加了可调理日晒后肌肤状态的保湿成分"当归萃取物"，以及添加了可将汗味转为香味的香氛转换成分。

---

### ビオレ さらさらUV パーフェクトスプレー

| 厂商名称 | 花王株式会社 |
|---|---|
| 容量／价格 | 50克／¥650 |
| 防晒系数 | SPF50+/PA++++ |

花王Biore的防晒喷雾在2016年也改版换装上市。为强调喷雾的速干清爽特色，在外包装上强调"速干"两字。虽然是防水设计，但一般洁颜品就可以简单卸除，且因为质地轻薄，也能妆前打底用。喷雾本身带有淡淡的柑橘香，并且添加了保湿成分"洋甘菊萃取物"。

防晒喷雾
脸·身体·头发

---

### アネッサ エッセンスUV

| 厂商名称 | 株式会社资生堂 |
|---|---|
| 防晒系数 | SPF50+/PA++++ |

银色安耐晒在2016年春季也推出了改版新品，相对于主打超防水的金色版，银色版的主打特色在于利用玻尿酸及甘油提升滋润度，因此使用起来质地偏滋润，但同样都能用一般的洁颜品卸除。该系列的另一个特色在于其脸部专用的防晒精华中添加了具有亮白作用的"m-传明酸"。

**左** エッセンスUV スプレー
60克／¥1,800

**中** 药用美白エッセンスフェイシャルUV
40克／¥2,400

**右** エッセンスUV アクアブースター
25毫升／¥1,500　60毫升／¥3,000

防晒喷雾
脸·身体·头发

防晒精华
脸

防晒乳
脸·身体

---

### スキンアクア スーパーモイスチャー

| 厂商名称 | ロート制药株式会社 |
|---|---|
| 防晒系数 | SPF50+/PA++++ |

乐敦旗下的防晒品牌SKIN AQUA大致可分为三个系列，其中昵称为金色系列的主打特色为"高防晒×轻透感"。该系列运用乐敦的最新技术，使用时更均匀且紧密于肌肤，提高防晒效果同时拥有清爽水感质地。除此之外，还添加了玻尿酸、超级玻尿酸、加水分解胶原蛋白以及氨基酸等美容成分，因此也能妆前打底使用。

防晒凝露
脸·身体

↑ ジェル
110克／¥1,000

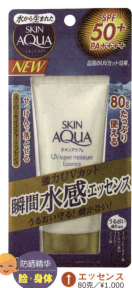

防晒精华
脸·身体

↑ エッセンス
80克／¥1,000

##  新 药 美 超 ビオレ さらさらUV アクアリッチ ｜ 厂商名称 ｜ 花王株式会社

花王Biore AQUA Rich的主打特色，是"令人感动的轻透感"。其中最广为人知的莫过于水蓝色包装的防晒精华，因为它数次获选为美妆口碑网站的第一名，甚至在2014年时成为殿堂级防晒品。除了轻透水感之外，AQUA Rich全系列都添加了由玻尿酸与蜂王浆萃取物组成的独家保湿复合成分，使用起来也有一股淡淡的花香味。

### 爽快ジェルローション

| 防晒系数 | SPF33+/ PA+++ |
| --- | --- |
| 容量/价格 | 90毫升/¥760 |

2016年新品，全系列中质地最清爽的，适合极度不喜欢防晒黏腻感的人。

### ウォータリージェル

| 防晒系数 | SPF50+/ PA++++ |
| --- | --- |
| 容量/价格 | 90毫升/¥760 |

高系数的防晒凝露，但质地却相当薄透，涂在脸上也不会有讨厌的厚重感。

### ウォータリーエッセンス

| 防晒系数 | SPF50+/ PA++++ |
| --- | --- |
| 容量/价格 | 50克/¥760 |

AQUA Rich系列中登入美妆最高殿堂的明星商品。

### BBエッセンス

| 防晒系数 | SPF50+/ PA++++ |
| --- | --- |
| 容量/价格 | 33克/¥760 |

兼具BB霜效果的防晒精华，可让肤色变亮一个色调，适合妆前打底用。

### 美白エッセンス

| 防晒系数 | SPF50+/ PA++++ |
| --- | --- |
| 容量/价格 | 33克/¥760 |

添加了花王的独美白成分——"洋甘ET"，是强化美白保的防晒精华。

---

##  新 药 美 超 スキンアクア モイスチャー

| 厂商名称 | ロート制药株式会社 |
| --- | --- |

乐敦SKIN AQUA的Moisture系列主打特色是"像水一般的轻透"，同时也和金色系列一样添加了玻尿酸、超级玻尿酸、加水分解胶原蛋白以及氨基酸等美容成分。白色瓶装的低防晒系数版本用一般洁颜品就可以卸除；而水蓝色的高防晒系数版本因为具有耐水、耐汗效果，比较适合运动等户外活动时使用。

### ジェル

| 防晒系数 | SPF35/ PA+++ |
| --- | --- |
| 容量/价格 | 110克/¥900 |

### ミルク

| 防晒系数 | SPF50+/ PA++++ |
| --- | --- |
| 容量/价格 | 40毫升/¥900 |

---

##  新 药 美 超 ニベア SUNプロテクト

| 厂商名称 | ニベア花王株式会社 |
| --- | --- |

妮维雅不仅有护肤霜，还防晒品。强调使用感就像化妆水清爽的防晒凝露共有两个版本，一个是日常生活中使用的低防晒版，另一个则是适合在户外活动使用的高防晒系数版。无论是哪个版本，都添加了玻尿酸及黄柏萃物等保湿成分。

### 左 ウォータージェル

| 防晒系数 | SPF35/PA++++ |
| --- | --- |
| 容量/价格 | 80克/¥665 |

### 右 スーパーウォータージェル

| 防晒系数 | SPF50+/PA++++ |
| --- | --- |
| 容量/价格 | 80克/¥839 |

---

## 新 药 美 超 ニベア SUNプロテクトプラス UVミルキィエッセンス

| 厂商名称 | ニベア花王株式会社 |
| --- | --- |
| 容量/价格 | 50克/¥740 |
| 防晒系数 | SPF50+/PA++++ |

质地清爽且容易推开的防晒精华。涂在肌肤上服帖性很好，不易因为汗水而脱落，但卸除时只需使用一般的洁颜品就可以。为补足烈日下流失的水分，还另外添加了高保水型玻尿酸与黄柏萃取物。

## 药 超 近江兄弟社
## メンターム サンベアーズ

| 厂商名称 | 株式会社近江兄弟社 |
|---|---|
| 容量 / 价格 | 30克 / ¥400 |
| 防晒系数 | SPF50+/PA++++ |

防晒乳
脸·身体

近江兄弟Sun Bears的防水防晒乳。这两款的共同特色是耐水性及防晒系数高，适合户外活动时使用，同时还添加了黄芩萃取物及甘草酸等植萃保湿成分。红色包装为基本款，带有淡淡的葡萄柚香味；蓝色包装是凉感版本，香味则是柑橘薄荷香。

↑ ストロングスーパープラスN
高防晒型

↑ ストロングクールプラスN
高防晒凉感型

防晒乳
脸·身体

## 药 超 近江兄弟社 メンターム
## サンベアーズ センシティブS

| 厂商名称 | 株式会社近江兄弟社 |
|---|---|
| 容量 / 价格 | 30毫升 / ¥500 |
| 防晒系数 | SPF32/PA++ |

将紫外线吸收剂包覆在细微胶囊中，专为敏感肌开发的防晒乳。由于添加了甘草萃取物及维生素C衍生物等保湿成分，因此也可以当成妆前饰底乳使用。另外，防晒乳本身带有淡淡的葡萄柚香味。

## 新 药 美 超
## スキンアクア サラフィットUV

| 厂商名称 | ロート制药株式会社 |
|---|---|
| 防晒系数 | SPF50+/PA++++ |

SARAFIT也是乐敦防晒品牌SKIN AQUQ旗下的一个系列，其主打特色就是"流汗也不黏腻"。防晒喷雾及防晒精华基本都具有耐汗效果，但对于在户外活动的人而言，主打超防水的乳液型会更适合。

防晒喷雾
脸·身体·头发

防晒喷雾
脸·身体·头发

防晒精华
脸·身体

防晒精华
脸·身体

防晒乳
脸·身体

さらさらスプレー
无香料

| 气味 | 无香型 |
|---|---|
| 容量 / 价格 | 50克 / ¥800 |

さらさらスプレー
アクアフローラルの香り

| 气味 | 海洋花香型 |
|---|---|
| 容量 / 价格 | 50克 / ¥800 |

さらさらエッセンス
无香料

| 气味 | 无香型 |
|---|---|
| 容量 / 价格 | 80克 / ¥800 |

さらさらエッセンス
アクアフローラルの香り

| 气味 | 海洋花香型 |
|---|---|
| 容量 / 价格 | 80克 / ¥800 |

さらさらミルク

| 气味 | 无 |
|---|---|
| 容量 / 价格 | 40毫升 / ¥800 |

## 美 ピュアシャワー

| 厂商名称 | 株式会社フィッツコーポレーション |
|---|---|

Pure Shower是日本香水专家FITS推出的防晒品牌。添加了玻尿酸、胶原蛋白、8种氨基酸、乳木果油以及鳄梨油等保湿润泽成分，堪称保养级的防晒品。另外，无论是喷雾型还是凝露型都添加了茶树、香茅及尤加利等蚊虫讨厌的草本成分，所以很适合外出野餐或露营时使用。

### UVカット スプレー

| 防晒系数 | SPF50+/PA++++ |
|---|---|
| 容量／价格 | 60克／¥1,400 |

### UVカットジェル

| 防晒系数 | SPF30/PA+++ |
|---|---|
| 容量／价格 | 50克／¥850 250克／¥1,700 |

### 新 药 超 アリィー
### エクストラUVジェル
### （ミネラルモイスト ネオ）

| 厂商名称 | 株式会社カネボウ化妆品 |
|---|---|
| 容量／价格 | 40克／¥1,400 90克／¥2,800 |
| 防晒系数 | SPF50+/PA++++ |

ALLIE在2015年春季推出的高系数矿物防晒凝露。因为采用了SKIN FIT强力防水技术，所以耐水耐汗性相当高，很适合在户外运动时使用。美容成分也不马虎，除基本的玻尿酸之外，还有由水溶性胶原蛋白、蜂王浆萃取物及薏苡仁种子萃取物组成的独家美肌精华成分。

---

## 新 药 超 メンタームザサン

| 厂商名称 | 株式会社近江兄弟社 |
|---|---|
| 防晒系数 | SPF50+/PA++++ |

近江兄弟的the SUN防晒系列共有凝露型、精华型及防晒乳型三种形态，全系列都可用一般洁颜产品或沐浴用品卸除。另外，整个系列都添加了7种植萃保湿成分，但使用起来并没有特殊的香味。在2016年时，凝露型新增了绿色瓶装的凉感版本，使用起来会有一股舒服的清凉感。

↑ UVジェル
100克／¥800

↑ UVジェルクール
100克／¥800

↑ UVエッセンス
80克／¥800

↑ UVウォータリーミルク
35克／¥700

**ミノン アミノモイスト ブライトアップベースUV**

| 厂商名称 | 第一三共ヘルスケア株式会社 |
|---|---|
| 容量／价格 | 25克／¥1,600 |
| 防晒系数 | SPF47/PA+++ |

MINON Amino Moist是专为干燥敏感肌开发的保养品品牌，其主要成分是维持肌肤滋润所需的氨基酸。由于是专为干燥敏感肌开发，这款防晒饰底乳没有添加紫外线吸收剂，所以较温和不易刺激肌肤。

**防晒饰底乳**

---

**紫外线预报**

| 厂商名称 | 株式会社石泽研究所 |
|---|---|
| 防晒系数 | SPF50+/PA++++ |

石泽研究所的紫外线预报在2016年春季推出改版新品。这次的改版重点有三个，第一是使用感变得更干爽；第二是喷在皮肤上不会泛白；第三则是将紫外线阻断成分包覆在细微胶囊中，借以减少对肌肤的刺激。小体积的粉红色版具有持妆效果，就算上了妆也可以直接喷。另一方面，150克大瓶装的绿色版本，则是耐水性高的身体专用防晒喷雾，用一般的洁颜品就可卸除。（夏季限定）

**防晒喷雾**
**脸·身体·头发**

**防晒喷雾**
**脸**

↑ **メイクを守るUVスプレー**
60克／¥1,500

↑ **透明UVスプレー**
150克／¥1,850

---

# 亲子共用型防晒

在过去的观念中，只有不想被晒黑的大人们才会擦防晒品。事实上，经常在户外玩乐的孩童也很需要防晒。许多防晒品牌针对孩童敏感的肤质，开发出孩童也适用的亲子型防晒品，这对于许多妈妈而言是相当好的选择。

**ビオレ さらさらUV**

**防晒乳**
**脸·身体**

| 厂商名称 | 花王株式会社 |
|---|---|

花王Biore旗下的防晒品中，有两款是专为孩童肤质开发的亲子共用防晒。这两款的质地都是清爽的乳液型。添加了向日葵与洋甘菊萃取物等保湿成分的SPF30低系数版本适合日常外出时使用，而添加了凡士林作为润泽成分的SPF50高系数版本则适合到海边或游泳玩水时使用。

**左 マイルドケアミルク SPF30**

| 防晒系数 | SPF30/PA++ |
|---|---|
| 容量／价格 | 120毫升／¥650 |

**右 のびのびキッズミルク**

| 防晒系数 | SPF50+/PA++++ |
|---|---|
| 容量／价格 | 90克／¥760 |

---

**近江兄弟社メンターム サンベアーズ マイルドジェル**

**防晒凝露**
**脸·身体**

| 厂商名称 | 株式会社近江兄弟社 |
|---|---|
| 容量／价格 | 30克／¥500 |
| 防晒系数 | SPF35/PA+++ |

添加了保湿成分芦荟萃取物的亲子共用防晒凝露，是近江兄弟Sun Bears防晒系列在2016年春季推出的新品。这款质地轻薄的防晒凝胶还有一个特色，那就是添加了尤加利油以及薄荷油等蚊虫讨厌的精油成分，因此更适合在外跑动玩乐的孩童使用。

---

**紫外线预报**

**防晒凝露**
**脸·身体**

| 厂商名称 | 株式会社石泽研究所 |
|---|---|

紫外线预报的亲子共用型防晒凝露在2016年不仅改版，还推出了新朋友。黄色压嘴版是整个系列中人气最旺的品项，甚至荣获了美妆口碑网站的冠军。水蓝色压嘴版外包装上的插画变成爸爸带着小女孩，和黄色版的妈妈带小男孩有点不同。是的，没错！许多男性都不喜欢防晒品的黏腻感，而水蓝色压嘴版正是男性也能接受的清爽型。无论是哪一款，凝露本身都带有柑橘精油香，也都添加了熊果素、胶原蛋白及玻尿酸等保养成分。（夏季限定）

**左 UVジェルN**

| 防晒系数 | SPF30／PA+++ |
|---|---|
| 容量／价格 | 250克／¥1,600 |

**右 UVさらさらジェル**

| 防晒系数 | SPF30／PA+++ |
|---|---|
| 容量／价格 | 250克／¥1,600 |

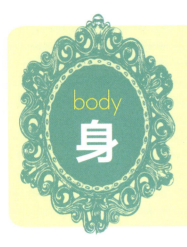

# 身体清洁

**身**
body

身体清洁用品的主要目的，不外乎是洗净汗水、皮脂等身体上的脏污，但随着时代的进步，沐浴用品的功能不再只是"洗干净"了。温和不刺激、洗后不紧绷等诉求早就是基本条件，现今沐浴用品更是进化到追求极致的香氛感，添加了美肌保湿成分的保养概念型沐浴商品也越来越多了呢!

---

**新 药**
### ケアセラ 泡の高保湿ボディウォッシュ

| 厂商名称 | ロート制药株式会社 |
| --- | --- |
| 容量 / 价格 | 450毫升 / ¥907 |

添加了7种天然型神经酰胺，专为干燥肌开发的沐浴泡。CareCera最大的卖点，就是能够选择性地洗净身体，也就是只洗净脏污但保留肌肤上的保湿因子，再加上泡泡本身相当绵密，洗澡的过程中并不会对身体肌肤产生过度拉扯与摩擦。最早推出的是淡花香版本，之后又推出了香味更怡人的玫瑰香版本。

**新 药**
### ケアセラ ベビー 泡の高保湿ボディウォッシュ

| 厂商名称 | ロート制药株式会社 |
| --- | --- |
| 容量 / 价格 | 450毫升 / ¥907 |

专为干燥敏感肌开发的CareCera在2016年春季推出了橘黄色的新版本，这个新版本可不是新香味，而是专为肌肤更为柔嫩的婴幼儿及孩童开发的神经酰胺型保湿沐浴泡。不过和绿色版本不同的地方，在于橘黄色的CareCera BABY为无香型。

---

**新 药 超**
### ナイーブ 泡で出てくるボディソープ

| 厂商名称 | クラシエホームプロダクツ株式会社 |
| --- | --- |
| 容量 / 价格 | 500毫升 / ¥462 |

标榜洗净成分100%来自植物的naive是日本老牌的身体洁净品牌，旗下的沐浴乳更是许多人都曾经用过或正在使用的。经典桃子香沐浴乳在2015年推出沐浴泡版本，只要轻轻一压就可以挤出绵密的沐浴泡，其实也很适合用来训练小朋友自己洗澡呢!

**药 超**
### ソフティモ ホワイト ボディソープ

| 厂商名称 | コーセーコスメポート株式会社 |
| --- | --- |
| 容量 / 价格 | 600毫升 / ¥665 |

说到softymo，大家应该都会联想到卸妆品，但其实该品牌也推出了美肌沐浴乳。为什么说它是美肌沐浴乳呢? 因为该系列的沐浴乳中除洗净成分之外，还添加了胶原蛋白或玻尿酸等美肌成分。

---

**新 药 超**
### サボンドブーケ エッセンス ボディウォッシュ

| 厂商名称 | コーセーコスメポート株式会社 |
| --- | --- |
| 容量 / 价格 | 500毫升 / ¥800 |

SAVON DE BOUQUET是宣称未添加石油类洗净成分的沐浴乳品牌，其最大的特色是沐浴乳本身的质地相当浓厚顺滑，而且也很容易搓出泡泡来。2015年秋季推出的红色瓶装新品，号称40%是由精华液成分组成，简单地说就是保养型的沐浴乳。在香味方面则是带点酸甜莓果味的花香类型。

ヒアルロン酸　　　コラーゲン　　　パウダーイン
花香玻尿酸型　　果香胶原蛋白型　薄荷果香爽身粉型

## 新药超 ニベア クリームケアボデイウォッシュ

| 厂商名称 | ニベア花王株式会社 |
|---|---|
| 容量 / 价格 | 480毫升 / ¥545 |

　　妮维雅乳霜是许多人从小用到大的保湿乳霜，这几年在日本更是广受喜爱，甚至还推出沐浴乳。妮维雅沐浴乳最大的特色，就是添加了妮维雅特殊的保湿成分（羊脂醇＋甘油），因此洗完之后并不会感到干涩，而且泡泡也相当顺滑及浓密呢！

ヨーロピアンホワイト
ソープの香り
欧风纯净皂香型

フレンチガーデンローズの香り
法国庭园玫瑰香型

パリスリッチパルファンの香り
巴黎奢华香水香型

## 药超 シーブリーズ　ボデイシャンプークール＆デオドラント

| 厂商名称 | 株式会社エフティ资生堂 |
|---|---|
| 容量 / 价格 | 600毫升 / ¥600 |

　　SEA BREEZE是资生堂在2000年收购的止汗爽身品牌，这款水蓝色包装的沐浴乳洗起来带有些许清凉感，香味则是相当清新的海洋皂香系。因为添加了抗菌成分，所以在分类上属于可以抑制异味的止汗商品。

## 药超 シーブリーズ　スーパークールボデイシャンプー

| 厂商名称 | 株式会社エフティ资生堂 |
|---|---|
| 容量 / 价格 | 600毫升 / ¥600 |

　　这款透明宝蓝色的沐浴乳是SEA BREEZE水蓝色沐浴乳的姐妹品，相对于水蓝色版本的止汗抑臭特色，这一款的特色在于强烈的薄荷清凉感，因此相当适合在炎热的夏季使用。

## 新药超 专科 パーフェクトバブル フォーボデイ

| 厂商名称 | 株式会社エフティ资生堂 |
|---|---|
| 容量 / 价格 | 500毫升 / ¥600 |

　　原本是脸部清洁与保养的专科系列，在2015年推出身体清洁与保养用品，其中沐浴乳有两种类型。这款沐浴乳最大的特色，就是利用了专科独家的"气味净化因子"将汗水及皮脂异味转换成香味，再加上沐浴乳本身的香味很好闻，很适合平时活动量大或容易流汗的人使用。

フローラルプラス
纯净花香

スウィートフローラル
甜蜜花香

エレガントフローラル
优雅花香

オリエンタルバニラ
东方香草

アクアリゾート
海洋清香

## 新药超 ビオレu アロマトリートメント ボデイウォッシュ

| 厂商名称 | 花王株式会社 |
|---|---|
| 容量 / 价格 | 480毫升 / ¥600 |

　　专为重视保养的女性开发，主打护肤功能的美肌沐浴乳。除花王独家的SPT洁净技术之外，还添加了天然氨基酸美容液，在用清水冲去泡泡之后，沐浴成分会在肌肤表面形成一道美肌成分保护膜，所以出浴之后不需再抹身体乳。

## 新 药超美 アハロバター ボディソープ

| 厂商名称 | ステラシード株式会社 |
|---|---|
| 容量／价格 | 500毫升／¥750 |

包装走手绘森林动物风的Ahalo Butter沐浴乳，主打特色是满足想同时拥有滋润与香氛的年轻女性沐浴需求，因此除了主打的生胶原蛋白之外，还添加了20多种植萃油性润泽成分。从成分来看，堪称油保养等级的沐浴乳了。

ハニーミルクの香り
超滋润型・蜂蜜牛奶香

スウィートローズの香り
角质照护型・香甜玫瑰香

## 新 药 モイスト・ダイアン ボディソープ

| 厂商名称 | 株式会社ストーリア |
|---|---|
| 容量／价格 | 500毫升／¥933 |

Moist Diane的精华液型沐浴乳，主打特色为保湿、去角质及香氛。从美肌成分来看苹果干细胞萃取物是沐浴乳中非常少见的成分。且因添加了去角质酵素，所以可以在洗净身体脏污的同时洗去老废角质。在香味方面，从外包装就可以感受得到，是相当迷人的香水等级。

ティアフラローラルの香り
粉嫩花香

ホワイトフラローラルの香り
白花香

## 新 药超 モイスト・ダイアン オイルインボディソープ

| 厂商名称 | 株式会社ストーリア |
|---|---|
| 容量／价格 | 500毫升／¥645 |

近几年日本的沐浴乳已经不再只是追求洁净身体，更进一步要求保养功能，因此像这种添加了油保养成分的沐浴乳便陆续问世。Moist Diane沐浴乳中所添加的植萃油保养成分多达14种，洗起来非常滋润，而且香味也能持续一段时间。

シトラスブーケの香り
柑橘花香

シャルドネの香り
白葡萄香

## 新 药超 ナイーブ ボディソープ

| 厂商名称 | クラシエ ホームプロダクツ株式会社 |
|---|---|
| 容量／价格 | 530毫升／¥369 |

说到naive这个老牌的日本沐浴乳，许多人就算没用过也都看到过。在2016年春季改版上市时，回归沐浴乳的本质，将重点放在"清爽洗净"上，但洗完之后却又不会感到肌肤干燥。强调洗净成分100%来自植物，算是全家老少都能使用的类型。

桃の叶エキス配合
桃叶萃取物型

アロエエキス配合
芦荟萃取物型

リフレッシュ 海泥配合
海泥清爽型

## ジューシイクレンズ

| 厂商名称 | 株式会社ウテナ |
|---|---|
| 容量／价格 | 300克／¥1,200 |

　　这个外包装看起来像果汁的东西，其实是美腿磨砂膏。包装之所以做得像果汁，是因为其主要美容成分是由蔬果制成。这些蔬果美肌成分不是利用萃取方式，而是利用低温慢磨制法，保留蔬果汁中的营养成分及美肌成分，接着再混合盐粒及摩洛哥坚果油制成。自然派保养品爱好者应该会很喜欢这款腿部磨砂膏。

← SWEET MIX滋润紧实型
香味：桃子香
美肌蔬果成分：草莓、荔枝、无花果、西红柿

→ BERRY
弹润型
香味：莓果香
美肌蔬果成分：
石榴、葡萄、百香果、紫苏

→ MILK
柔肌型
香味：椰子香草香
美肌蔬果成分：
椰子油、蜂蜜、生姜、鳄梨

← CITRUS
亮泽型
香味：热带葡萄柚香
美肌蔬果成分：
葡萄柚、胡萝卜、酸橘、柠檬

← GREEN
清透型
香味：新鲜莱姆香
美肌蔬果成分：
小黄瓜、香芹、哈密瓜、莱姆

## 药用サニーナ
### スプレー 医药部外品

| 厂商名称 | 花王株式会社 |
|---|---|
| 容量／价格 | 90毫升／¥570 |

　　这款臀部药用清洁喷雾"Sanina"是花王众多产品中长销了30多年的明星商品，许多人可能都在药妆店见过它，却不知道它的功能是什么。其实这款添加了消炎剂与保护润泽成分——角鲨烯的喷雾，是一款从婴儿到成人都适合使用的产品。只要喷在卫生纸上面轻轻擦拭，就可以轻松清洁臀部。另外，用卫生纸擦臀部时若感到刺痛，也可以搭配这款喷雾一同使用。

## ビオレプライムボディ
## オイルインボディスクラブ

| 厂商名称 | 花王株式会社 |
|---|---|
| 容量／价格 | 120克／¥1,000 |

　　Biore PRIME BODY是专为成熟女性设计的轻奢沐浴系列，不仅重视沐浴后的滋润感，更着重于打造高雅的香氛。这款身体去角质膏承袭了沐浴乳的所有特质，添加了荷荷巴油、薰衣草油及月见草油等植萃油性成分。磨砂成分本身是细致的颗粒，使用起来并不会有刮痛感。

## アクア シャボン スパコレクション ボディスクラブ

| 厂商名称 | 株式会社ウエニ贸易 |
|---|---|
| 容量／价格 | 300克／¥1,600 |

　　AQUA SAVON是日本知名的皂香香氛品牌，而"Spa Collection"则是它旗下的高级保养系列。由于走的是居家SPA保养风，因此在保养成分上也是SPA级般的讲究。这款身体去角质磨砂膏采用了15种植萃保养、润泽成分，磨砂膏本身则是由可以柔化肌肤的糖粒以及可去角质的盐粒调和而成。

ブルメリアスパの香り
缅栀花SPA香

ローズスパの香り
玫瑰花SPA香

ゆずスパの香り
柚子SPA香

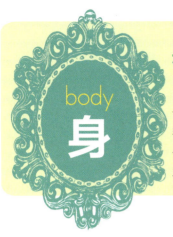

# 身体保养

日本药妆店、美妆店里的身体保养用品可谓五花八门，除一般的身体乳液之外，还有用于打造身体曲线的按摩凝胶与按摩霜。这些身体保养商品除原有的作用之外，许多还特别重视香氛效果，因此在选择上便多了许多乐趣！

---

**药 超**
## ケアセラ 高保湿ボディ乳液

| 厂商名称 | ロート制药株式会社 |
|---|---|
| 容量／价格 | 200毫升／¥907 |

专为干燥肌开发的身体乳。主要保湿成分是天然型复合神经酰胺，质地是偏清爽的乳液状，所以非常容易在肌肤上推开。乳液本身带有一点淡玫香，这一点与大部分干燥肌保养用的无香型身体乳不太一样。

---

**美 药 超**
## モイスト・ダイアン ボディミルク

| 厂商名称 | 株式会社ストーリア |
|---|---|
| 容量／价格 | 250毫升／¥933 |

Moist Diane身体保养系列除沐浴乳之外还有身体乳。这两款身体乳是以清爽不黏腻为前提开发的，因此使用起来没有厚重感。在成分方面可谓精华液等级，因为除玻尿酸、胶原蛋白之外，还有大豆异黄酮、神经酰胺、乳木果油及荷荷巴油等保湿润泽成分。

ティアフラローラルの香り
粉嫩花香

ホワイトフラローラルの香り
白花香

---

**药 超**
## SALA モイスチャーボディミルク

| 厂商名称 | 株式会社カネボウ化妆品 |
|---|---|
| 容量／价格 | 200毫升／¥700 |

粉红色的SALA身体乳和白色版本一样，香氛基底都是由90多种天然成分组成，不过这一款的香氛偏重于玫瑰花香，而且功能定位上也偏向于保湿。

---

**新 药 超**
## 专科 ボディーオイルエッセンス

| 厂商名称 | 株式会社エフティ资生堂 |
|---|---|
| 容量／价格 | 200毫升／¥740 |

资生堂专科在开发身体保养商品之后，除沐浴乳之外也推出了两款油保养身体乳液。除甘油、凡士林及双重玻尿酸等基本保湿润泽成分之外，还添加了荷荷巴油、橄榄油以及玫瑰果油等植萃油脂成分。在资生堂独家的"保湿微粒萃取技术"下，质地虽然滋润却不会有油性成分的黏腻感。

シトラスブーケの香り
柑橘花香

シャルドネの香り
白葡萄香

---

**药 超**
## SALA ホワイトニングボディミルク

| 厂商名称 | 株式会社カネボウ化妆品 |
|---|---|
| 容量／价格 | 150毫升／¥1,000 |

由90多种天然成分组成的香氛是SALA最大的卖点，除发乳及沐浴用品之外，这款添加了胶原蛋白与玻尿酸的身体乳也采用了相同的香氛成分。另外，身体乳中还添加了维生素C美白成分，再加上质地像精华液般清爽，非常适合在夏天使用。

---

**美 药 超**
## モイスト・ダイアン オイルインボディミルク

| 厂商名称 | 株式会社ストーリア |
|---|---|
| 容量／价格 | 250毫升／¥900 |

Moist Diane身体乳的保湿升级版本。相对于使用感较为清爽的版本而言，因为这两款的主要保湿润泽植物油性成分多达14种，所以适合肌肤较干燥者或气候干燥的冬季使用。

无香型

花香型

### キュレル ジェルローション

| 厂商名称 | 花王株式会社 |
|---|---|
| 容量 / 价格 | 220毫升 / ¥1,300 |

　　Curél在过去曾经推出过身体乳，但质地较为浓稠，因而适合冬季使用。2016年春季推出的全新身体保养新品则是清爽的凝露化妆水，因此非常适合解决夏季因汗水引起的汗疹等敏感肌问题，当然也很适合肌肤更为柔嫩的婴幼儿使用哦！

### do organic ボディ エマルジョン

| 厂商名称 | ジャパンオーガニック株式会社 |
|---|---|
| 容量 / 价格 | 180毫升 / ¥3,200 |

　　日本少数国产有机保养品牌推出的身体乳，其最大的特色就是添加了日本国产谷物萃取的保湿成分。除此之外还添加了大马士革玫瑰等13种植萃精油，所以身体乳本身带有玫瑰基调的香味。从质地来说，偏滋润一些。

### マンダム ディアフローラ オイルインボディクリーム

| 厂商名称 | 株式会社マンダム |
|---|---|
| 容量 / 价格 | 180克 / ¥850 |

　　迪士尼的公主们再次联手代言身体乳，这三款身体乳的主要润泽成分是乳木果油，再搭配玫瑰、木兰花及洋甘菊精油等保湿成分，因此在分类上属于油保养类的身体乳霜，在香氛方面则是以花香调为主。

グレイスフルブーケ
优雅玫瑰香

ドリーミーホワイト
清新木兰香

フルーティフローラル
温和洋甘菊

### ピュアシャワー ハンド＆スキンミルク

| 厂商名称 | 株式会社フィッツコーポレーション |
|---|---|
| 容量 / 价格 | 240克 / ¥1,400 |

　　利用玻尿酸、胶原蛋白、弹力蛋白、乳木果油、橄榄油及摩洛哥坚果油等保湿润泽美容成分打造的全身用身体乳。主打特色是质地清爽且渗透性高，也能作为护手霜使用，小朋友干燥的脸颊也适用。

### ローズオブヘブン ボディミルク

| 厂商名称 | コーセーコスメポート株式会社 |
|---|---|
| 容量 / 价格 | 210毫升 / ¥1,200 |

　　主打保湿成分为玫瑰花水及玫瑰花蜜的身体乳，非常适合喜欢玫瑰香氛的人使用。除了玫瑰相关成分之外，还添加了玫瑰果油及橄榄油等润泽成分。虽然是身体乳，但香味却有柑橘前调、玫瑰中调、麝香后调之分。

### レールデュ サボン リッチボディミルク

| 厂商名称 | 株式会社フィッツコーポレーション |
|---|---|
| 容量 / 价格 | 200毫升 / ¥1,400 |

　　看得出来这三瓶身体乳的瓶身是仿造什么设计的吗？是的，没错！主打皂香身体保养的"L'air De SAVON"身体乳的瓶身，其实就做得像一块上面刻有字的香皂。在保湿成分方面，则采用了羟乙基尿素及瑞士阿尔卑斯山冰河水。质地相当清爽不黏腻，但最吸引我的地方还是那逼近香水等级但又充满纯净感的轻香水香味。

フィーリングブリーズ
柑橘沐浴香

イノセントタイム
玫瑰皂香

センシュアルタッチ
海洋花香

## プレシャスガーデン ボディミルク

| 厂商名称 | コーセーコスメポート株式会社 |
|---|---|
| 容量／价格 | 220克／¥600 |

Precious Garden是以有机认证成分打造的身体乳，整个系列大致可分为花香型及果香型两种类型。除有机洋甘菊萃取物、蜂蜜及甘油等保湿成分之外，每种类型都有专属的花果萃取成分，因此在香味上也有所不同。就条状身体乳而言，220克算是大包装了，很划算哦!

ロマンティックローズの香り
浪漫玫瑰香

リラクシングフラワーの香り
薰衣草清香

ハニーピーチの香り
香甜蜜桃香

ジューシィシトラスの香り
水感柑橘香

---

美
## MAMA BUTTER ボディローション ラベンダー

| 厂商名称 | 株式会社ビーバイイー |
|---|---|
| 容量／价格 | 140克／¥1,400 |

主打自然温和风格的MAMA BUTTER在2015年推出了薰衣草香氛型的身体乳。除品牌精神中心的乳木果油之外，淡雅的香味是来自天然的薰衣草油。乳木果油的比例大约是12%，使用起来比较清爽，却有不错的保湿润泽感。

---

美
## メデルナチュラル マルチ保湿クリーム

| 厂商名称 | 株式会社ビーバイイー |
|---|---|
| 容量／价格 | 30克／¥925 |

medel natural是主打"米神经酰胺"的保养系列，这款multi cream不仅身体，就连脸部、嘴唇、头发也都可以使用。带有洋甘菊香味的橘黄色保湿乳除米神经酰胺以及米油之外，还添加了洋甘菊、薰衣草、柑橘及天竺菊精油，是一款重视润泽感的身体乳。

---

药超
## ローズオブヘブン スキンクリーム

| 厂商名称 | コーセーコスメポート株式会社 |
|---|---|
| 容量／价格 | 80克／¥800 |

来自Rose of Heaven的全身护乳，主打特色是100%自然素材。既品牌名称中有Rose这个词，那么玫瑰取物及玫瑰水等水润成分自然不可少，另一个卖点，就是还添加了5种花果的蜂蜜成分。在油脂润泽成分方面，除乳木果油外，还有护肤乳中少见的芝麻萃取油，使用起来有股淡淡的玫瑰香味。

---

新美
## シア＆ナチュレ モイストソフトバーム

| 厂商名称 | 株式会社シースタイル |
|---|---|
| 容量／价格 | 100克／¥1,300 |

主打亲子可共用，由乳木果油、摩洛哥坚果发酵液、神经酰胺及玻尿酸组成的全身用护肤罐。一般护肤罐的内容物都会稍硬一些，但这款的质地却接近乳液般轻透。在香氛方面，选用的是让人闻了会放松的薰衣草及香茅精油。

---

新 药 超 美
## ケアセラ 高保湿スキンバーム

| 厂商名称 | ロート制药株式会社 |
|---|---|
| 容量／价格 | 40克／¥910 |

CareCera除身体乳之外，也推出了全身都可使用的护肤霜。这个护肤罐除了含有主要成分"天然型复合神经酰胺"之外，最重要的成分是能简单在肌肤上推开的超柔凡士林。这种超柔凡士林可以在肌肤表层形成一道防止水分蒸发的薄膜，除脸部及身体之外，还可以用来滋润手指及双唇呢!

---

新 药 超 美
## アーユルビオ ボディ

| 厂商名称 | ボーテ・ド・モード株式会社 |
|---|---|

Ayurbio BODY是主打"暴汗体验"的热感身体保养系列。这两种身体按摩品的共同热感成分是唐辛子萃取物、黑姜、香草醇丁醚、生姜根油，以及近年来温感沐浴品常添加的"锗"。热感保养概念主要在于提升肤温，让保养成分吸收得更好，所以，想单纯享受按摩保养的，可选择额外添加了黑胡椒成分的按摩油，若想顺便去角质者，就可以选择磨砂凝胶来个双管齐下。无论是哪一种都带有姜汁柑橘香，而且建议先将肌肤打湿才会有较明显的热感效果。

ホット＆モイスト ボディオイル
热感润泽按摩油
150毫升／¥1,480

ホット＆スクラブ マッサージジェル
热感磨砂凝胶
200克／¥1,200

## 药 超 アロマリゾート　ボディミルク

| 厂商名称 | クラシエホームプロダクツ株式会社 |
|---|---|
| 容量／价格 | 220克／¥570 |

　　AROMA RESORT是主打让人感到放松的精油香氛身体保养系列，除身体乳之外还有护手霜。身体乳的保湿成分除荷荷巴油及巴西莓果油之外，还有由多达10种蔬果萃取成分组成的"蔬果mix"独家美肌成分。简单来说，是一款自然素材的身体乳。

ハッピースウィートピーチの香り
香甜蜜桃香

マリアージュミモザ＆ペアの香り
含羞草西洋梨香

ドリーミーブルームローズの香り
梦幻玫瑰香

クラシックフローラルの香り
经典花香

ハニーミルクの香り
蜂蜜牛奶

スウィートローズの香り
甜蜜玫瑰

## 新 药 超 美 アハロバター　ボディクリーム

| 厂商名称 | ステラシード株式会社 |
|---|---|
| 容量／价格 | 150克／¥900 |

　　包装上有手绘风格小鹿、浣熊及兔子图样的Ahalo Butter身体乳霜，由多种天然植物萃取精华液成分组成。除系列主打的保湿成分——生胶原蛋白之外，还添加了14种植物油脂润泽成分，所以使用起来会觉得质地比较浓厚，适用于干冷的季节。该系列还有一个特色，那就是来自植萃成分、具有层次感的香氛。

## 新 药 メンソレータム　ワキレ ホワイト

| 厂商名称 | ロート制薬株式会社 |
|---|---|
| 容量／价格 | 20克／¥1,200 |

　　不少女性会在家用剃刀自己处理腋下毛发，但处理不当会导致腋下肌肤发炎并发黑。乐敦制药在2016年春季推出的腋下专用乳膏，添加了高渗透型维生素C衍生物及角质柔化成分。除此之外，还搭配一些能提升肌肤清透感的植萃保湿成分，这对许多女性而言，可谓是夏前的必备单品呢！

## 新 药 マンダム エステデオ ホワイト クレンジングジェル

| 厂商名称 | 株式会社マンダム |
|---|---|
| 容量／价格 | 90克／¥800 |

　　许多年轻女性到了夏天都会换上凉爽的无袖上衣，但这时最尴尬的就是腋下肤色偏黑。为改善这样的问题，mandom在2016年春季推出了这款"腋下清洁凝胶"。只要将含有海泥、维生素C衍生物、芦荟萃取物及乳木果油等美肌成分的凝胶涂在腋下按摩10秒并用水冲净即可完成腋下肌肤保养。

## 美 バンビウォーター

| 厂商名称 | 株式会社ラングレー |
|---|---|

　　Banbi Water是从日本网络购物红到美妆店的热感按摩系列，根据不同的使用需求，分为水凝露、乳液型及凝冻型。这一系列的温热感比较强烈，所以建议使用时先从少量开始尝试，而且使用后务必清洗双手，否则双手不小心碰到眼睛或嘴唇等黏膜部位后，会产生强烈的温热刺激感哦！

バンビジェリー
Banbi Jelly 凝露版
200克／¥2,000
添加了神经酰胺，强化保湿成分与有机植萃成分的保养型版本。比起其他几个版本，温热感相对温和许多，适合皮肤对温热感较敏感的人使用。

バンビウォータープラス
Banbi Water基本版
200克／¥1,800
质地像水一般的清爽，使用后并不会有黏腻感，也不需要再用水冲净。

バンビウォータープラス
Banbi Water加强版
200克／¥2,800
质地和基本版一样，但紧致成分高了3倍，而且还添加了护肤用金粉，整体感觉高级许多。

バンビミルク
Banbi Milk滋润版
200克／¥1,800
添加了乳木果油的加强滋润版本，适合在干燥的季节或睡前使用。

# アイリーコミュニケーションズ株式会社
# VenusLab

**美 スヴェルトボディジェル**

| 厂商名称 | アイリーコミュニケーションズ株式会社 |
|---|---|
| 容量 / 价格 | 200克 / ¥2,980 |

VL的SVELTE身体凝胶曾经荣获日本美妆口碑网站身体乳部门的第一名。主要美肌成分为小分子玻尿酸、三种胶原蛋白及三种维生素C，看起来一般的保湿身体凝胶，使用起来却有一股温热感，因此在日本美妆店中被归类为塑形身体凝胶。因为质地为凝胶，所以在肌肤上推展开之后并不会残留黏腻感。

**美 美白ボディジェル**

| 厂商名称 | アイリーコミュニケーションズ株式会社 |
|---|---|
| 容量 / 价格 | 200克 / ¥2,980 |

VL的SVELTE身体凝胶的亮白版本。美容成分、质地以及使用时的温热感基本都跟SVELTE身体凝胶相同，但最大的不同之处在于添加了在日本被视为美白成分的胎盘素，因此在分类上属于亮白塑形身体凝胶，很适合在夏天保养外露的双腿。

**美 ジャムウクリアナノソープ**

| 厂商名称 | アイリーコミュニケーションズ株式会社 |
|---|---|
| 容量 / 价格 | 100克 / ¥1,400 |

VL私密处洁净皂的保养成分加强版。同样以印尼传统药草——佳木（JAMU）为主要成分，再额外添加了燕窝、胶原蛋白及弹力蛋白等12种美肌成分，所以相对适合重视私密处保养的女性使用。若私密处或腋下容易产生异味，则可以用泡泡敷上3分钟后再冲洗干净。

**美 药用ハーブナノソープ**

| 厂商名称 | アイリーコミュニケーションズ株式会社 |
|---|---|
| 容量 / 价格 | 100克 / ¥1,600 |

近年日本女性美妆市场上，吹起一股私密处清洁保养风，私密处清洁用品宛如雨后春笋般地陆续问世。VL所推出的私密处洁净皂采用印尼传统药草——佳木（JAMU）作为主要成分，再搭配抑菌、消臭成分及天然精油，因此除了清洁功能之外，还注重于洗净后维持洁净的效果。

**美 スパークリングリフトジェル**

| 厂商名称 | アイリーコミュニケーションズ株式会社 |
|---|---|
| 容量 / 价格 | 150克 / ¥2,480 |

SVELTE身体凝胶的碳酸泡版本，但不是单纯将剂型更改为碳酸泡，而是添加了Q10及胎盘素来强化抗衰老诉求。另外，成分中还有摩洛哥坚果油及玫瑰果油等润泽成分，更适合干燥无光的肌肤使用，尤其是容易干燥的小腿。

**美 药用ハーブデオドラントミスト**

| 厂商名称 | アイリーコミュニケーションズ株式会社 |
|---|---|
| 容量 / 价格 | 40毫升 / ¥1,600 |

VL私密处洁净皂的喷雾型姐妹品，适合随身携带于外出时使用。喷雾型的特色在于强化抑臭效果，号称持续时间可长达一天。其实这款带有玫瑰花香的喷雾除了私密处之外，也能使用在腋下等容易形成异味的部位。

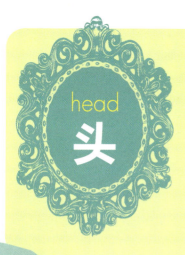

head
头

# 头部清洁保养

远在公元 8 世纪的平安时代，日本人就认为头发是女人的生命，而一头乌黑亮丽的秀发，更是让女性成为美女的重要条件。在这样的历史文化背景下，日本洗润护发产品的选择多到令人眼花缭乱。从 2015 ～ 2016 年的产品趋势来看，"无硅灵"已成为基本条件，而油保养素材及和风植萃素材则成为新的主流。

洗润发

**新药**

## アジエンス MEGURI

**厂商名称** 花王株式会社

花王ASIENCE以东方美容理念为出发点，于2015年秋季推出新系列"MEGURI"。这个系列的主打特色是"舍弃不要的东西，补足需要的物质"，以洗净、放松、补充三个步骤来完成保养秀发的工作。

← ラベンダー＆レモングラスの香り／薰衣草＆香茅香

← ベルガモット＆ネロリの香り／佛手柑＆橙花香

← ゼラニウム＆ミントの香り／天竺葵＆薄荷香

### Step 1

深层洁净：利用琥珀酸将堆积于发丝内部的钙质洗净，借此改善发丝僵硬的问题。

➡ インナークレンジング
シャンプー／洗发精
300毫升／¥1,000

### Step 2

深层解放：利用柔软化琥珀酸让发丝内部放松，以维持健康状态。将护发冻均匀涂在所有发丝之后，不必用水冲净，直接涂上护发膜。

⬇ 浓密ジュレ／浓密护发冻
200克／¥1,000

### Step 3

深层修护：毛发修护成分"乳酸"搭配浓密的乳霜质地，完整包覆所有发丝。

⬇ インナーサプライ
ヘアパック／深层护发膜
220克／¥1,000

← 弹力×ツヤやか／弹力光泽型

← うるおい×なめらか／滋润顺滑型

# 米美糀
（めびか）

　　随着时代不断的进步，各种美发商品不断问世，但在追求日本传统之美时，开发团队发现米才是与东方之美息息相关的关键点，因此采用米糠发酵萃取物作为主要美发成分，开发出"米美糀"这个极具东方色彩的洗润发品牌。不只是成分特别，其实品名及包装设计也都散发出浓浓的日本味。大部分洗润发产品名称都是以横书的英文为主，但该系列则采用直书的汉字为品牌名称，因此米美糀在众多洗润发产品中显得格外特别。

モイスト
シャンプー
洗发精
500毫升／¥900

モイスト
コンディショナー
润发乳
500毫升／¥900

モイスト
ヘアマスク
护发膜
220克／¥900

**新药超美 米美糀**

**厂商名称** ボーテ・ド・モード
株式会社

　　这几年日本保养品界吹起一股"米保养风"，而这股风潮现在也吹到洗润发产品。采用日本名米"秋田小町"萃取出的8种米萃取成分，是米美糀最大的特色。除米萃取成分之外，山茶花、樱花、牡丹、百合、芍药等9种传统药草萃取美发成分，也是该系列最大的卖点。由于主打"和风"主题，因此香氛也采用了具有日式风格的樱花香。

# Ayurbio

Ayurbio 是个倡导通过独创"发瑜伽"来让头发与头皮变健康的洗润发品牌。所谓的"发瑜伽"，其实就是瑜伽呼吸法搭配头皮按摩的洗发理念。这个品牌有两大系列，红色包装为修复型系列，而黄色包装则是油保养系列。

## アーユルビオ

**厂商名称** | ボーテ・ド・モード株式会社

Ayurbio 红色款是专为受损发丝推出的修复型洗润系列。说到该系列最大的特色，就是采用了苹果干细胞在内的15种红色花果植萃成分以及16种氨基酸，而这些正是能深入发丝深处，为受损的发丝提供养分的成分。在起泡成分方面，则是采用无患子。

**シャンプーD**
洗发精
520毫升／¥900

**トリートメントD**
润发乳
520毫升／¥900

**ヘアマスクD**
护发膜
220克／¥900

**シャンプー**
洗发精
520毫升／¥900

**トリートメント**
润发乳
520毫升／¥900

**ヘアマスク**
护发膜
220克／¥900

## アーユルビオ ゴールド

**厂商名称** | ボーテ・ド・モード株式会社

Ayurbio GOLD的主要特色成分除摩洛哥坚果干细胞萃取物以及16种氨基酸之外，还有摩洛哥坚果油、芝麻油、杏仁油等21种黄色植萃成分。从这些成分来看，不难发现这是一款油保养洗润发产品。

## ジュレーム リラックス

厂商名称 コーセーコスメポート
株式会社

高丝寇丝魅宝氨基酸无硅灵洗润发品牌"Je l'aime"在2016年春季推出全新的"RELAX"系列。该系列最大的特色，就是根据发质问题推出两个"改变"发质的类型。另外，除植物保湿成分及玻尿酸、天然氨基酸衍生物等润泽修复成分之外，"Je l'aime"特色之一的香氛则是采用具有层次感的花果香调。

### ソフト＆モイスト 柔顺滋润型
适合发丝内部缺乏滋润，导致头发较硬与粗的人使用。

- シャンプー / 洗发精
  500毫升／¥900
- トリートメント / 润发乳
  500毫升／¥900
- ディープトリートメント ヘアマスク / 深层修护发膜
  230克／¥900

### スリーク＆モイスト 顺滑滋润型
适合发丝内部干痒，导致头发较软与细的人使用。

- シャンプー / 洗发精
  500毫升／¥900
- トリートメント / 润发乳
  500毫升／¥900
- ディープトリートメント ヘアマスク / 深层修护发膜
  230克／¥900

## オレオドール

厂商名称 コーセーコスメポート
株式会社

OLEO D'OR是主打油保养的洗润发品牌，共分为粉色修复型、橘色头皮照护型以及黄色滋润型三种类型。无论是哪一种类型的基底，都是由无硅灵的氨基酸洗净成分组成。在油保养成分方面，除重要的榛果油之外，还有5种富含ω-3.6.9的植萃油脂成分，很适合发质因吹整或烫染而变得毛躁的人使用。

### ダメージリペア 修复型

ボタニカル
オイルリペア
シャンプー / 洗发精
500毫升／¥900

ボタニカル
オイルリペア
トリートメント / 润发乳
500毫升／¥900

ボタニカル
オイルリペア
ヘアパック / 护发膜
500毫升／¥900

### スカルプケア 头皮保养型

ボタニカル
オイルシャンプー
洗发精
500毫升／¥900

ボタニカル
オイルトリートメント
护发乳
500毫升／¥900

### モイスチュア 滋润型

ボタニカル
オイルシャンプー
洗发精
500毫升／¥900

ボタニカル
オイルトリートメント
护发乳
500毫升／¥900

## 新药超美专 マシェリ モイスチュア

**厂商名称** 株式会社エフティ资生堂

包装宛如香水瓶，香氛又走清甜花果香调的MA CHERIE在2016年春季改版上市。与过去利用油分在发丝表面反射光线、过度强调光泽的使用感相比，改版后的MA CHERIE走的是强调由内至外散发柔和光泽。新成分中的浓密珍珠凝冻成分，则能够打造触感顺滑的亮泽发。

シャンプー 洗发精
450毫升／￥920

コンディショナー 润发乳
450毫升／￥920

トリートメント 护发乳
180克／￥920

## 药超 いち髪 ふんわりボリュームケア

**厂商名称** クラシエホームプロダクツ株式会社

ICHIKAMI是主打和风素材的洗润发品牌，香味则是充满和风味的石榴樱花香。粉色与桃红色瓶身是专为女性发丝偏细问题开发的新系列。通过和风素材的修复力补强发丝，同时增加头发的光泽感与蓬松度，适合头发光泽度不够且头发容易扁塌的人使用。

シャンプー 洗发精
530毫升／￥760

コンディショナー 润发乳
530毫升／￥760

トリートメント 护发乳
200克／￥760

## 药超专 TSUBAKI

**厂商名称** 株式会社エフティ资生堂

对于日本药妆迷而言，资生堂TSUBAKI可谓无人不知的洗润发品牌，而这个品牌就在2016年迎来十周年。在十年的品牌历史中，TSUBAKI共创造出红色滋润、白色修复、紫色增量三个系列，而这三个系列的共同特征，是可以让毛发及头皮变得柔软及润泽的"椿麴S"，以及那闻起来高雅且令人觉得放松的花香味。

### エクストラモイスト 滋润型

添加了持续型玻尿酸，强化滋润头皮与发丝的效果。在香氛方面是来自山茶花蜜果的清甜香味。

### ダメージケア 修复型

添加了珍珠蛋白与精氨酸等毛发修复成分，可帮助受损的发丝从内强化修复。在香氛方面是较为清新的花草香。

### ボリュームタッチ 丰盈型

添加了弹力光泽配方——牛磺酸与聚季铵盐-11，让发丝不易断裂且具弹性。在香氛方面是花果甜香。

シャンプー／洗发精
500毫升／￥762

コンディショナー／润发乳
500毫升／￥762

トリートメント／护发乳
180克／￥762

シャンプー
500毫升／￥762

コンディショナー／润发乳
500毫升／￥762

トリートメント／护发乳
180克／￥762

シャンプー／洗发精
500毫升／￥762

コンディショナー／润发乳
500毫升／￥762

トリートメント／护发乳
180克／￥762

## ディアボーテ ボリューム＆リペア

| 厂商名称 | クラシエホームプロダクツ株式会社 |
|---|---|

Kracie专为30多岁轻熟龄开发的向日葵洗润发品牌，绿黄包装是适合发丝扁塌及受损的版本。除有机葵花油、有机葵花芽萃取物、葵花籽萃取物及向日葵萃取物组成的独家保油保水和修复损伤成分之外，还有能够增加发丝弹力与强度的向日葵茎叶萃取物。香氛方面，则是偏清爽的淡茉香。

オイルインシャンプー
向日葵洗发精
500毫升／¥900

オイルインコンディショナー
向日葵润发乳
500克／¥900

オイルイントリートメント
向日葵护发乳
200克／¥900

## ディアボーテ リッチ＆リペア

| 厂商名称 | クラシエホームプロダクツ株式会社 |
|---|---|

Kracie专为30多岁轻熟龄开发的向日葵洗润发品牌，黄色包装是适合发丝干燥及受损的版本。独家保油保水与修复损伤成分是由有机葵花油、有机葵花芽萃取物、葵花籽萃取物及向日葵萃取物组成。该系列的香味是偏向淡雅的花香味。

オイルインシャンプー
向日葵洗发精
500毫升／¥900

オイルインコンディショナー
向日葵润发乳
500克／¥900

オイルイントリートメント
向日葵护发乳
200克／¥900

## スカルプD　ボーテ

| 厂商名称 | アンファー株式会社 |
|---|---|
| 容量／价格 | 350毫升／¥3,162 |

日本头皮健康专家ANGFA集结十多年的研究成果，于2014年推出的"SCALP-D BEAUTE"进化版。这个系列针对女性头发随年龄增长而变细及掉落等问题开发，添加富含大豆异黄酮、氨基酸及抗氧化成分后打造而成。另外还有5种强化修复成分，可以在洗发的同时在发丝外形成薄膜，如此一来发丝就会立起而不扁塌，发量的视觉感也会增加。在香味方面则是使用精油调和出优雅脱俗的玫瑰花香味。

药用シャンプー／洗发精

药用トリートメントパック／润发乳

## スカルプD　ボーテリッチモイスト

| 厂商名称 | アンファー株式会社 |
|---|---|
| 容量／价格 | 350毫升／¥3,162 |

相对于改善发量及掉发问题的"SCALP-D BEAUTE"，这款"SCALP-D BEAUTE Rich Moist"系列的改善目标锁定在头皮头发的干燥以及发丝受损无光泽等问题上。从成分来看，独家的黑豆发酵液比例高达40%，再加上30%的美容成分，等于整瓶有70%都是有效成分。在香味方面，这一系列选择的是白花香系的香味。

シャンプー／洗发精

トリートメント／润发乳

## DメディカルbyスカルプD 药用スカルプシャンプー

| 厂商名称 | アンファー株式会社 |
|---|---|
| 容量／价格 | 250毫升／¥2,300 |

若SCALP D是让头皮环境变健康的洗发系列，那么2016年新推出的"D MEDICAL"系列，就是专为出问题的头皮开发的。这个新系列将问题头皮分为"头皮屑／头皮痒"及"敏感头皮"两种类型，再根据各类型的需求采用不同的成分。无论是哪一种类型，都采用独家的"次世代氨基酸型洗净剂"。这个洗净剂的最大特色，就是选择性地只带走头皮脏污，而保留头皮所需的滋润成分。

ダンドラフ＆イッチ／头皮屑头皮痒专用

センシティブスキン／敏感头皮专用

## モイスト・ダイアン

| 厂商名称 | 株式会社ストーリア |
|---|---|

Moist Diane除了身体保养产品之外，强调油保养的洗润发品牌也相当有名。整个Moist Diane洗润发品牌分为"白色光泽""黑色修复""金色滋润""红色丰盈"四个系列。无论是哪个系列，最基本的概念都是"用油洗油"，利用摩洛哥坚果油、猴面包树果籽油等6种植萃油成分来清洁并滋润头皮与头发。虽然说是油保养洗润发，但洗完之后头发并不会显得黏腻。

### エクストラシャイン
### 白色光泽保养版

利用葫芦巴籽、长角豆及土豆淀粉等植物成分组成的纤维网修复发丝，再搭配可自行反射光芒的胶体白金，让发丝散发出自然的光泽感。

シャンプー
洗发精
400毫升／¥838

トリートメント
润发乳
400毫升／¥838

浓密ツヤヘアマスク
护发膜
200克／¥907

### エクストラモイスト
### 金色滋润保养版

添加了许多润泽及修复成分，适合想同时完成滋润、增加光泽感及修复受损发丝的人使用。

シャンプー
洗发精
500毫升／¥838

トリートメント
润发乳
500毫升／¥838

ヘアマスク
护发膜
200克／¥907

### ボリューム＆スカルプ
### 红色丰盈保养版

除有滋润头皮的成分之外，还能增加头发蓬松度，借此增加发量的视觉感。

シャンプー
洗发精
500毫升／¥838

トリートメント
润发乳
500毫升／¥838

### エクストラダメージリペア
### 黑色修复保养版

利用分子小的纳米角蛋白深入毛发，同时让分子大的生角蛋白集中修护发丝表面，发挥内外同时修复的作用。另外还添加了可提高保水性的仙人掌种子油与3种玻尿酸，借此提高发丝的滋润度。

シャンプー
洗发精
500毫升／¥838

浓密修补ヘアマスク
护发膜
200克／¥907

トリートメント
润发乳
500毫升／¥838

**药** **美**

# oilimオイリム

**厂商名称 msh株式会社**

oilim是用橄榄油、摩洛哥坚果油、核桃油以及椰子油等各种植萃油脂成分制作的油保养洗润发品牌，为呼应整个品牌的精神，连瓶身看起来也像橄榄油瓶一般，是个相当有特色的包装设计。在香氛方面则是采用植萃果香调。

- ● シャンプー / 洗发精
  500毫升／¥1,800
- ● トリートメント / 润发乳
  500克／¥1,800
- ● ヘアマスク / 护发膜
  230克／¥1,800

**美** メデルナチュラル

**厂商名称 株式会社ビーバイイー**

medel natural洗润发系列主打98％为自然素材成分，除萃取自白米的"神经酰胺"之外，还有洋甘菊、桃叶、丝瓜以及山茶花等植萃保湿成分。除此之外，还添加了橘子与薰衣草等5种植萃精油，所以使用起来更为滋润且带有放松身心的精油香氛。

● シャンプー リラックスアロマ / 洗发精

● トリートメント リラックスアロマ / 润发乳

420毫升／¥907　　420毫升／¥907

**新** **药** **超**

キュレル 头皮保湿ローション

**厂商名称 花王株式会社**
**容量 / 价格 120毫升／¥1,300**

花王干燥敏感肌品牌"Curél"除了脸部保养系列之外，其实也推出了洗润发系列，而这一款则是该系列于2015年秋季推出的新品。从品名不难发现这是一款头皮专用的保湿化妆水，主要功能是用来滋润并打造健康的头皮。使用后并不需要再次冲洗。

**新** **药** **超**

メリット
泡で出てくるシャンプー キッズ

**厂商名称 花王株式会社**
**容量 / 价格 300毫升／¥600**

花王洗润发老牌merit本来就擅长打造全家共用的产品，2015年秋季推出了专属于小朋友的洗发泡。只要轻轻一压就能挤出浓密的泡泡，很适合用来训练不太会用洗发精搓泡泡的小朋友学习自己洗头发。既然是小朋友专用，当然是无泪的温和配方。

美
## リンレン　レメディアル

| 厂商名称 | 株式会社ビーバイイー |
| --- | --- |

诞生于2009年的凛恋，是坚持采用日本国产植萃成分的洗润发品牌。成分中所有来自植物的洁净与美发成分，皆提取自日本各地的农作物。不仅如此，凛恋还将部分营业收入投入造林活动，目的在于增加林地面积，延续日本的自然之美。根据不同的头发、头皮保养需求，目前分为三个系列。

### 薔薇と椿 / 玫瑰与山茶花的光泽滋润版
采用岛根县玫瑰萃取物——玫瑰水，以及长崎县山茶花萃取物与伊豆诸岛山茶花油等10种日本国产植萃成分制成，适合打造具有滋润感与光泽感的秀发。

### 柚子と生姜 / 柚子与生姜的强韧弹力版
采用高知县柚子果皮油、德岛县柚子萃取物及高知县生姜油等10种日本国产植萃成分，适合打造健康的头皮以及强韧具有弹性的发丝。

### ミントと柠檬 / 薄荷与柠檬的头皮清新版
凛恋于2016年春季推出的新系列，采用北海道薄荷及爱媛县柠檬等8种日本国产植萃成分，使用起来有一股清凉感，用来打造健康的头皮环境。

● シャンプー / 洗发精
520毫升／¥1,850
● トリートメント / 润发乳
520毫升／¥1,850

● シャンプー / 洗发精
520毫升／¥1,850
● トリートメント / 润发乳
520毫升／¥1,850

● シャンプー / 洗发精
520毫升／¥1,850
● トリートメント / 润发乳
520毫升／¥1,850

药
## プロカリテ

| 厂商名称 | 株式会社ウテナ |
| --- | --- |

在一片油保养及自然植萃素材洗润发产品中，"PROQUALITE"算是相当特别的类型，因为它是专为自然卷或总是不听话而爱乱翘的头发所开发。除顺发成分之外，还有加水分解蚕丝以及加水分解胶原蛋白，让头发不会过于毛躁。

● ストレートメイクシャンプーラージ / 洗发精
600毫升／¥1,200
● ストレートメイクコンディショナーラージ / 润发乳
600毫升／¥1,200
● ストレートメイクパックラージ / 护发膜
440克／¥1,200

护发品

药 超

## アジエンス 髪の美容オイル

| 厂商名称 | 花王株式会社 |
|---|---|
| 容量／价格 | 100毫升／¥1,200 |

　　来自ASIENCE的东方美容理念护发油。在涂上头发的瞬间，护发油会快速渗透至发丝中，而这种不黏腻的护发效果维持一整天也没问题。

护发油成分：羊毛脂肪酸、摩洛哥坚果油、山茶花油

药 超

## エッセンシャル CCオイル

| 厂商名称 | 花王株式会社 |
|---|---|
| 容量／价格 | 60毫升／¥760 |

　　号称一瓶可解决干燥、热吹整、造型剂、静电、断发等问题的护发油。由于质地不会过于厚重，所以白天出门前也可以使用。

护发油成分：羊毛脂肪酸

药 超

## ディアボーテ プレミアムトリートメントオイル

| 厂商名称 | クラシエホームプロダクツ株式会社 |
|---|---|
| 容量／价格 | 60毫升／¥1,200 |

　　Kracie在2016年春季推出的葵花洗润发品牌旗下，也推出了添加了有机葵花植萃油脂成分制作，可抵御紫外线与湿气的护发油。

护发油成分：葵花籽油

新 药 超 美 专

## マシェリ ヘアオイルEX

| 厂商名称 | 株式会社エフティ資生堂 |
|---|---|
| 容量／价格 | 60毫升／¥920 |

　　主打苹果香可爱风格的MA CHERIE护发油除了可抗热吹整、静电、紫外线等外来伤害之外，特殊的"烟雾异味阻断香料"还可以阻断黏附在头发上的二手烟或食物的味道。

护发油成分：橄榄油

新 药 超 专

## TSUBAKI オイルパーフェクション

| 厂商名称 | 株式会社エフティ資生堂 |
|---|---|
| 容量／价格 | 50毫升／¥1,500 |

　　只要一瓶就可完成修复、保湿、光泽、抗热吹整、抗UV、自然定型、防止乱翘七大秀发问题的护发油。身为TSUBAKI旗下的护发产品，当然也添加了椿麴发酵萃取物。

护发油成分：山茶花油

新 药 超 美

## アーユルビオ ゴールド ヘアオイル

| 厂商名称 | ボーテ・ド・モード株式会社 |
|---|---|
| 容量／价格 | 95毫升／¥1,200 |

　　干发、湿发都可使用的护发油。除了主要的有机摩洛哥坚果油之外，还添加了21种植萃油成分，可快速集中修复受损的发丝。

护发油成分：摩洛哥坚果油、山茶花油、玫瑰油等21种

药 超

## いち髪 和草オイル

| 厂商名称 | クラシエホームプロダクツ株式会社 |
|---|---|
| 容量／价格 | 50毫升／¥665 |

　　少数主打和风特色的护发油，护发油本身是樱花香，成分也是日本的传统植萃成分。

护发油成分：白米角鲨烯、胡桃油、山茶花油

## モイスト・ダイアン トリートメントヘアオイル

| 厂商名称 | 株式会社ストーリア |
|---|---|
| 容量／价格 | 100毫升／¥1,850 |

Moist Diane护发油与洗护系列一样，根据不同的保养需求分为"白色光泽""黑色修复""金色滋润"三种类型，每个类型采用的油成分也都不同。

护发油成分：百香果油、藜麦油

エクストラシャイン／白色光泽保养版

护发油成分：地中海芥菜油、胭脂树果油

エクストラダメージリペア／黑色修复保养版

集中ダメージ補修

护发油成分／金色滋润保养版：摩洛哥坚果油、猴面包树油

リッチ／金色滋润保养版

---

## ゆず油 无添加オイルミスト

| 厂商名称 | 株式会社ウテナ |
|---|---|
| 容量／价格 | 180毫升／¥1,000 |

柚子无添加护发油的喷雾型姐妹品，使用前必须先摇匀水层与油层。占整体约15%的油层成分与护发油相同，水层的成分则是柚子水及柚子神经酰胺。

护发油成分：柚子种子油、柚子果皮油

## ゆず油 无添加ヘアオイル

| 厂商名称 | 株式会社ウテナ |
|---|---|
| 容量／价格 | 60毫升／¥1,000 |

原料取自日本国产柚子的无添加护发油。除了用来保养头发之外，出门前整理头发时也能用，甚至也能用来做护发油或头皮按摩精油。

护发油成分：柚子种子油、柚子果皮油

## メデルナチュラル ヘアオイル リラックスアロマ

| 厂商名称 | 株式会社ビーバイイー |
|---|---|
| 容量／价格 | 30毫升／¥1194 |

主打100%成分为自然成分的medel natural护发油。除护发油成分之外，还添加了整个系列最重要的保湿成分——萃取自日本国产米的"米神经酰胺"。

护发油成分：山茶花油、橘子油、薰衣草油、橄榄油、米糠油等9种

---

## ルシードエル オイルトリートメント #EXヘアオイル リッチモイスチャー

| 厂商名称 | 株式会社マンダム |
|---|---|
| 容量／价格 | 60毫升／¥1,200 |

LUCIDO L推出的护发油的主要成分虽然是常见的摩洛哥坚果油，却是采用超高压处理制成。相较于一般护发油，超高压处理制成的护发油较容易推展且能更快渗透至发丝，所以能够一根根地确实包覆头发。

护发油成分：超高压处理摩洛哥坚果油

## アハロバター リッチモイスト リペアヘアオイル

| 厂商名称 | ステラシード株式会社 |
|---|---|
| 容量／价格 | 95毫升／¥1,200 |

号称能打造"天使光环"的Ahalo护发油，采用来自夏威夷的植物油成分作为护发主原料，可用来修复因为紫外线或热吹整而受损的头发。

护发油成分：可可油、荷荷巴油、乳木果油、山茶花油等21种

# 第一三共ヘルスケア株式会社
# Clean Dental®

### 药超 クリーンデンタル

| 厂商名称 | 第一三共ヘルスケア株式会社 | |
|---|---|---|
| 容量 / 价格 | 50克 / ¥920 | 100克 / ¥1,680 |

　　早在30年前，第一三共Healthcare就已经推出这款名为"Clean Dental"的预防牙周病的专用牙膏系列。号称在制药公司的坚持下，添加了10种以上药用成分的"Clean Dental"，最大特色就是同时添了加"IPMP""CPC"及"LSS"三种功能不同的口腔杀菌剂。另外，许多功能性牙膏用起来都会有一般怪怪的味道，或是刷完之后有不舒服的干涩感，但这款牙膏用起来并没有这些问题。

トータルケア 基本型　　　　口臭ケア 口臭照护型　　　しみないケア 敏感性牙齿照护型

### 新药 クリーンデンタルN 涂る齿槽脓漏药

| 厂商名称 | 第一三共ヘルスケア株式会社 | |
|---|---|---|
| 容量 / 价格 | 8克 / ¥700 | 16克 / ¥1,100 |

　　一般刷牙只能发挥预防的效果，但若是有牙周病相关症状，就需要搭配使用这种添加了抑菌、抗炎、修复及促进血液循环成分的药膏。这款药膏的味道与牙膏的基本款相同，因为附着性不错，所以涂在牙龈上也不易因为唾液不断分泌而一下子就被冲掉。

## 牙周病是什么？

　　牙周病是因为牙周组织被牙周病菌感染，进而引发牙龈肿胀与出血，最后使得牙齿失去底盘而脱落，因此牙周病早已取代蛀牙，成为现代人缺牙的主因。有医学研究指出，牙周病甚至可能引发糖尿病、心血管疾病及免疫功能下降等健康问题。牙周病最可怕的地方在于初期没有自觉症状，所以许多人都不知道自己罹患牙周病。正因为如此，日本许多人很早就开始选择可以预防牙周病的洁牙商品。

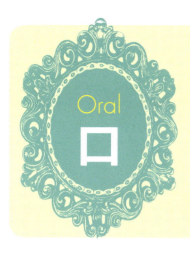

# 口腔卫生

　　清洁口腔是日常的基本习惯之一，喜欢日本口腔清洁用品的人可能已经发现，这几年日本的口腔清洁商品已经从原本单纯诉求洁净的清洁型，慢慢衍生出强调亮白或牙龈护理等诉求的功能型商品。这几年来，格外受重视的口腔清洁用品，应该就是牙周护理商品了。

## 药 クリアクリーン

| 厂商名称 | 花王株式会社 |
|---|---|
| 容量／价格 | 130克／¥200 |

　　Clear Clean是花王口腔卫生的明星品牌，其最大的特色就是牙膏中有细微颗粒。这些细微颗粒在刷牙的过程中会不断崩解成更小的颗粒，所以能够在刷牙的同时深入牙缝深处发挥清洁作用。

清凉薄荷　　　　超凉薄荷　　　　清新橘香

## 新 药 ピュオーラ

| 厂商名称 | 花王株式会社 |
|---|---|
| 容量／价格 | 115克／¥400 |

　　Pure Oarl是我个人相当喜欢的口腔清洁品牌，它在2015年10月时再次进行改版。该系列最大的特色，就是利用赤藓醇分解口腔中会产生黏腻感的细菌，所以刷完之后口腔内会觉得格外清爽呢！

## 药 ディープクリーン
## ひきしめ盐ハミガキ

| 厂商名称 | 花王株式会社 |
|---|---|
| 容量／价格 | 100克／¥900 |

　　Deep Clean是花王专为牙周问题开发的功能性牙膏系列，而这一款牙膏则添加了能够收敛牙龈的盐。虽然牙膏里面的盐颗粒不算小，但因为制作成了圆形颗粒，所以并不会刮伤牙龈及口腔内部。虽然说牙膏里面加了盐，但咸味却没有想象中强烈，而且还有一股清凉的绿茶香。

清凉薄荷　　　　劲凉薄荷　　　　清新草本

**厂商名称** 株式会社ストーリア

　　在日本药妆店中，TO BE WHITE在价位上明显比其他同类商品高2～3倍，但销售成绩却仍然亮眼。从品名来看，不难发现这是以亮白牙齿为诉求的牙膏，其主要亮白成分是一种名为"皂土"（Bentonite）的火山灰胶状黏土。

基本型
100克／¥900

敏感性牙齿专用型
100克／¥900

亮白加强型
60克／¥1,400

新药美
齿磨抚子
重曹つるつるハミガキ

| 厂商名称 | 株式会社石泽研究所 |
|---|---|
| 容量／价格 | 140克／1,200 |

　　这管牙膏包装贴纸上的西瓜皮妹妹是不是很眼熟呢？是的，其实这是小苏打洗颜粉"毛穴抚子"的姐妹品"齿磨抚子"牙膏。沿袭毛穴抚子的清洁特性，这管牙膏的主打特色，就是利用小苏打的清洁力来改善因为喝茶或喝咖啡引起的黄板牙问题。

新药
システマ ハグキプラス

**厂商名称** ライオン株式会社

　　日本狮王在牙膏产品上的开发能力也很强，旗下名为"SYSTEMA"的品牌属于牙周病预防系列。从成分来看，除一般牙周病预防牙膏中常见的修复及杀菌成分之外，其最特别的成分是具有抑制发炎作用的"传明酸"。

组织修复型
90克／¥665

敏感性牙齿专用型
95克／¥665

牙齿亮白型
95克／¥665

新药美
TO BE WHITE
デンタルビューティー
エッセンス

| 厂商名称 | 株式会社ストーリア |
|---|---|
| 容量／价格 | 7毫升／¥1,800 |

　　这罐长得像安瓶的口腔清洁用品，是TO BE WHITE系列的牙齿亮白精华液。市面上有许多同类型的美齿商品，这款的亮白主要成分不是化学合成的药剂，而是采用金银花萃取物。在使用方法上，采用最方便的使用方式，就是刷牙时滴一滴在平时习惯用的牙膏中。

## クリアクリーン デンタルリンス

| 厂商名称 | 花王株式会社 |
|---|---|
| 容量 / 价格 | 600毫升 / ¥400 |

花王Clear Clean除牙膏之外也出了一系列的漱口水，每一种都有不同的特性。这一款是整个系列中的基本款，其主打特色是不含酒精、低刺激性，所以全家大小都可以一起使用（香味：清新薄荷）。

药

## デントヘルス 薬用デンタルリンス

| 厂商名称 | ライオン株式会社 |
|---|---|
| 容量 / 价格 | 250毫升 / ¥760 |

Denthealth是来自日本狮王的牙龈护理品牌，除牙膏之外也有强化牙龈护理的专用漱口水。由于属于牙龈护理专用类型，所以使用起来刺激性较低。

药

## クリアクリーン ホワイトニング デンタルリンス アップルミント

| 厂商名称 | 花王株式会社 |
|---|---|
| 容量 / 价格 | 600毫升 / ¥500 |

花王Clear Clean系列的亮白型漱口水。主要原理是利用苹果酸的清洁力，来改善喝茶或咖啡造成的牙齿黄渍问题。（香味：清凉苹果）

药

## システマ ハグキプラスデンタルリンス

| 厂商名称 | ライオン株式会社 |
|---|---|
| 容量 / 价格 | 450毫升 / ¥760 |

这是一款除常见杀菌成分之外，还添加组织修复成分及抗炎成分——传明酸的漱口水。由于漱口水本身未添加酒精，因此适合对牙龈或口腔刺激忍受度较低者使用。

药

## クリアクリーンプラス デンタルリンス ライトミント

| 厂商名称 | 花王株式会社 |
|---|---|
| 容量 / 价格 | 600毫升 / ¥500 |

基本功能与水蓝色包装的基本款相同，主要成分是口腔清洁商品中常见的杀菌剂"BTC"，却多加了酒精以强化洁净效果。由于酒精的刺激性较强，小朋友及较敏感者还是建议使用无酒精的基本款。

药

## クリニカKid's デンタルリンス

| 厂商名称 | ライオン株式会社 |
|---|---|
| 容量 / 价格 | 250毫升 / ¥380 |

专为小朋友开发的漱口水，含有常见的杀菌成分CPC。考虑到小朋友对于刺激的耐受力较低，所以漱口水本身并未添加酒精，而且还有三种香味可以选择呢！

 新 药

## クリアクリーン ダイレクトウォッシュ

| 厂商名称 | 花王株式会社 |
|---|---|
| 容量 / 价格 | 380毫升 / ¥450 |

一般漱口水都是倒在瓶盖里再使用，但这一瓶却是单手就能打开瓶盖，并能直接将漱口水挤入口中，在手忙脚乱的早上还挺方便的呢。漱口水本身含有酒精，使用起来也有一股清凉感。

葡萄味　　　　桃子味　　　　草莓味

ラクレッシュ
L8020乳酸菌 洗口液
マウスウォッシュ

| 厂商名称 | ジェクス株式会社 |
|---|---|
| 容量 / 价格 | 300毫升 / ¥738 |

添加了L8020乳酸菌的漱口水。这款带有苹果香味的漱口水本身不含酒精成分，使用起来刺激性较低，只有薄荷带来的清凉感，因此连小朋友都可以使用，甚至是怀孕期间味觉特别敏感的孕妇也都可以使用。另外，牙不容易刷干净的高龄人士或卧床不方便活动的患者也都很适合使用。

チュチュベビー
L8020乳酸菌 マウスウォッシュ

| 厂商名称 | ジェクス株式会社 |
|---|---|
| 容量 / 价格 | 300毫升 / ¥738 |

L8020乳酸菌漱口水的孕妇品牌包装，因为不含药物成分，所以在怀孕期间也能使用。

# 什么是 L8020乳酸菌?

乳酸菌是人类最熟悉的益生菌，在许多发酵食品中都看得见，乳酸菌的种类也多得数不清。名为"L8020"的乳酸菌，是由日本广岛大学牙医科的二川浩树教授在不易蛀牙的人口中发现的。据说L8020乳酸菌能抑制蛀牙菌及牙周病菌生长，使口腔形成一个较不易蛀牙的环境，进而降低使用者的蛀牙罹患率。其实"L8020"中的L是乳酸菌英文名的第一个字母，而8020则来自日本推行的牙齿健康活动——80岁时要保留20颗以上的健康牙齿。毕竟只有健康的牙齿才有健康的人生!

# チュチュベビー（ChuChuBaby）

许多家中有小婴儿的爸爸妈妈，应该都对这个ChuChuBaby很熟悉。大家口中昵称的"啾啾企鹅"，其实是日本相当知名的奶瓶、奶嘴制造商。据说，日本市面上的奶瓶中，ChuChuBaby是少数由日本制造的哦。除了奶瓶周边之外，其实啾啾企鹅也推出了许多小朋友专用的药妆杂货与口腔健康商品，有兴趣的爸爸妈妈下次到日本可别错过了!

チュチュベビー
L8020乳酸菌入り タブレット

| 厂商名称 | ジェクス株式会社 |
|---|---|
| 容量 / 价格 | 90粒 / ¥554 |

虽然看起来像是给小朋友吃的，但其实是全家都可以吃的"L8020乳酸菌"糖果。只要像吃零食般食用，就可利用L8020乳酸菌来抑制口腔中的细菌及异味。

ヨーグルト
酸奶口味

レモン
柠檬口味

チュチュベビー
L8020乳酸菌入り 颗粒

| 厂商名称 | ジェクス株式会社 |
|---|---|
| 容量 / 价格 | 30克 / ¥647 |

"L8020乳酸菌"糖果的粉末版本，可以加在小婴儿的离乳食品或小点心中。

イチゴ
草莓口味

ブドウ
葡萄口味

### 药 クリーンデンタル 歯ブラシ

| | |
|---|---|
| 厂商名称 | 第一三共ヘルスケア株式会社 |
| 容量／价格 | ¥380 |

刷毛本身为长刷毛与短刷毛相间的构造，较长的超级细毛只有0.02毫米，能够深入牙缝之间；而较短的刷毛则是能在温和按摩牙龈的情况下把牙齿刷干净，因此适合牙龈比较敏感的人使用。

### 药 クリアクリーン 球と极细

| | |
|---|---|
| 厂商名称 | 花王株式会社 |
| 容量／价格 | ¥200 |

这款强化洁净牙垢的牙刷有个很特别的构造，就是刷毛本身是由极细刷毛与圆头刷毛组成。极细刷毛主要负责清洁牙缝，圆头刷毛则能贴合牙齿表面的凹凸部位进行清洁。

### 药 クリアクリーン 间に届く2段毛

| | |
|---|---|
| 厂商名称 | 花王株式会社 |
| 容量／价格 | ¥200 |

乍看虽像一般的长短刷毛合一的牙刷，但刷毛设计却相当讲究！可深入牙缝的长刷毛其实是螺丝状，这种构造号称能加强清洁力。白色的短毛部分，从侧面来看是呈W状，这种造型据说能更贴合牙齿。

### 药 ピュオーラ ハブラシ コンパクト

| | |
|---|---|
| 厂商名称 | 花王株式会社 |
| 容量／价格 | ¥200 |

Pure Oral系列的特色就是清除口腔内的黏腻感，所以同系列的牙刷设计就把重点放在洁净牙缝及牙齿与牙龈的接合处。刷毛呈波浪状的排列，是为了让牙刷贴合呈弧状分布的齿列。

### 药 美 デンタルプロコスメ コンパクト

| | |
|---|---|
| 厂商名称 | デンタルプロ株式会社 |
| 容量／价格 | ¥300 |

这款牙刷堪称多功能牙刷，除必备的超细刷毛之外，还有许多亮白牙刷配备的橡胶刷头与橡胶刷毛。不过这款牙刷最突破性的特征，在于刷头背面的"半圆形突起物"。这个突起物可在刷牙的同时，按摩口腔内侧的肌肉，因此号称可以边刷牙边发挥提拉作用，没时间用手按摩的人，或许可以考虑通过刷牙的方式顺便为脸颊按摩。

### 药 ディープクリーンハブラシ ぎっしりプレミアム

| | |
|---|---|
| 厂商名称 | 花王株式会社 |
| 容量／价格 | ¥300 |

从外观来看，这款牙刷的刷头明显较宽，刷毛数量也明显较多。这种采用了大量极细刷毛的设计，主要是为了让刷毛在刷牙时包覆牙齿，并同时按摩牙龈。

### 药 イオン歯ブラシ キスユー

| | |
|---|---|
| 厂商名称 | フクバデンタル株式会社 |
| 容量／价格 | ¥450~470 |

KISS YOU其实是相当特别的负离子牙刷。牙刷本身产生的负离子能将原本吸住牙齿和污垢上带有正电的唾液抢走，借此发挥清洁牙垢的作用。在使用时要注意，手指要贴在刷柄上的金属片上，这样牙刷才能正常释放出负离子。

## 牙刷包装上的日语标识

在挑选牙刷时，有人会格外重视刷毛的排列方式与材质，相信大部分人都是从刷毛软硬程度或刷头大小方面来做选择。在这里，就来告诉各位日本牙刷上刷毛及刷头的日语标识。

| 刷毛 | やわらかめ（柔らかめ）⇒软刷毛<br>ふつう（普通）⇒一般刷毛<br>かため（硬め）⇒硬刷毛 |
|---|---|
| 刷头 | コンパクト⇒小刷头<br>レギュラー⇒一般刷头<br>ワイルド⇒大刷头 |

# 手部保养

**hand 手**

　　双手是全身最常活动，且暴露在外时间最长的部位之一。除了干冷的冬季之外，对于许多家庭主妇或工作上需要经常接触水的人而言，护手霜更为重要。现今的护手霜不只是滋润，而且还因应众多保养需求而出现了许多美肌或香氛版本。

---

## 药美 ユースキンhána ハンドクリーム

| | |
|---|---|
| 厂商名称 | ユースキン制药株式会社 |
| 容量／价格 | 50克／¥700 |

　　许多人都用过那罐橘色瓶盖、历史长达60年的日本护手霜——Yuskin悠斯晶。如此经典的老牌护手霜运用60年的护手霜制作技术，以"花"为主题，并搭配维生素E及B₆打造出3款新的高保湿护手霜。无论是否用过悠斯晶，这个花系列都是很值得一试的护手霜哦！

● カモミール（无香料）
洋甘菊（无香型）

● ジャパニーズ ローズ
日本玫瑰香

● ラベンダー
薰衣草香

---

## 新 药超

### コエンリッチ ナイトリニューハンドクリーム

| | |
|---|---|
| 厂商名称 | コーセーコスメポート株式会社 |
| 容量／价格 | 80克／¥570 |

　　CoenRich在2015年秋季推出的超浓厚护手霜。除全系列共同的辅酶Q10及传明酸之外，这款护手霜最大的特色在于含有维生素成分的橘黄色胶囊。为强化润泽效果还添加了摩洛哥坚果油，质地在全系列中最浓厚，适合在睡觉时当作晚安护手膜。花果香调。

---

清甜白花香
ハンドクリーム モイストジェル／清爽型凝露

ハンドクリーム／滋润型护手霜
无香

ハンドクリーム ディープモイスチュア／超滋润型护手霜
无香

## 药超 コエンリッチ 药用ホワイトニング

| | |
|---|---|
| 厂商名称 | コーセーコスメポート株式会社 |
| 容量／价格 | 80克／¥570 |

　　CoenRich是主打抗衰老美白的护手霜品牌。包装上那大大的"Q10"字样，直接告诉我们抗衰老成分正是辅酶Q10。在美白成分方面，则是可抑制黑色素形成的传明酸。除此之外，还添加了保湿成分——渗透型玻尿酸。

### コエンリッチ プレシャス 药用ホワイトニング ハンドケアクリーム

| | |
|---|---|
| 厂商名称 | コーセーコスメポート株式会社 |
| 容量／价格 | 60克／¥760 |

　　CoenRich针对手部干裂以及手部黑斑等问题开发的浓厚质地护手霜。除美白成分"传明酸"及抗炎成分"甘草酸钾"之外，还有抗衰老成分"辅酶Q10"及"虾青素"，算是整个系列中最豪华的版本。无香。

## プレシャスガーデン ハンドクリーム

| 厂商名称 | コーセーコスメポート株式会社 |
|---|---|
| 容量/价格 | 70克/￥290 |

主张采用有机植萃成分的 Precious Garden在2015年秋季也推出了护手霜。除有机乳木果油、有机荷荷巴油、蜂蜜及甘油等共同润泽成分之外，每种类型都有专属的花果植萃成分，而这些植萃成分都是各种类型的香氛来源。

→ フェアリーベリーの香り/梦幻莓果香

→ ロマンチックローズの香り/浪漫玫瑰香

→ リラクシングフラワーの香り/舒缓薰衣草

→ ハニーピーチの香り/蜂蜜桃子香

## ローズオブヘブン

| 厂商名称 | コーセーコスメポート株式会社 |
|---|---|
| 容量/价格 | 60克/￥600 |

Rose of Heaven护手霜分为粉红色的一般型及淡黄色的滋润型，除大马士革玫瑰蜂蜜及玫瑰水等滋润成分之外，其主要成分及香味都不太一样。

● ハンドクリーム/一般型
美容成分：添加了薰衣草萃取物、荷荷巴油等有机植萃成分。质地较为清爽，带有淡雅的白花香。

● モイスト ハンドクリーム/滋润型
美容成分：添加了有机雪绒花萃取物、乳木果油等有机植萃成分。质地较为滋润，带有微甜的白玫瑰香。

## アロマリゾート ハンドクリーム

| 厂商名称 | クラシエホームプロダクツ株式会社 |
|---|---|
| 容量/价格 | 70克/￥380 |

AROMA RESORT护手霜成分与身体乳类似，除荷荷巴油、杏仁油及巴西莓果油之外，还有小黄瓜、鳄梨、西红柿、橘子汁、猕猴桃汁等10种蔬果萃取成分组成的"蔬果mix"独家美肌成分。

● ドリーミーブルームローズの香り
梦幻玫瑰香

● ハッピースウィートピーチの香り
香甜蜜桃香

● ファンタスティックベリーの香り
幻想莓果香

## メデルナチュラル ハンドクリーム カモミールブレンドアロマ

| 厂商名称 | 株式会社ビーバイイー |
|---|---|
| 容量/价格 | 40克/￥740 |

号称99％的成分都来自自然素材的护手霜。除整个系列最主要的保湿成分"米神经酰胺"之外，还添加了润泽成分"米油"以及来自甘蔗的类角鲨烯油性成分。在香氛方面，则是以洋甘菊精油为基底，搭配薰衣草、柑橘、天竺葵精油调和，因此带有淡淡的洋甘菊花香味。

## 近江兄弟社メンターム
## シアココハンドクリーム

| 厂商名称 | 株式会社近江兄弟社 |
|---|---|
| 容量／价格 | 75克／¥500 |

擅长制造护唇膏的近江兄弟其实也推出了许多皮肤用药，在使用制药技术的情况下，近江兄弟社也推出了护手产品。这款具有精油香氛效果的护手霜，其主要润泽成分为乳木果油、椰子油、橄榄油、尿素，是一款可兼作指缘油使用的护手霜。

● シトラスハーブ
柑橘草本香

● ジャスミン
茉莉花香

● ローズ
玫瑰花香

## メンソレータム　薬用ハンドベール

| 厂商名称 | ロート制薬株式会社 |
|---|---|

曼秀雷敦的"药用护手霜"系列。之所以称为"药用"，是因为这四种护手霜中各自添加了日本药事法规中的有效成分。

● うるおいさらっとジェル／清爽凝露型
70克／¥474
有效成分：甘草酸钾、维生素E衍生物

● しっとりなめらかクリーム／滋润乳霜型
70克／¥474
有效成分：甘草酸钾、维生素E衍生物、尿素

● 手荒れキメ整うクリーム／干燥润泽型
70克／¥554
有效成分：维生素A油、维生素A

● 美白UVカットクリーム／亮白防晒型
70克／¥554
有效成分：甘草酸钾、维生素E衍生物、胎素萃取物（SPF22）

## ケラチナミンコーワ
## アロマモイストクリーム

| 厂商名称 | 兴和株式会社 |
|---|---|
| 容量／价格 | 30克／¥800 |

KERATINAMIN是兴和的皮肤用药，这款皮肤药主要是利用尿素来改善肌肤干燥粗糙的问题。在加入由资历近40年的调香师调和的独家香氛之后，兴和推出此系列含有10%尿素成分的香氛护手霜。相较于一般以植萃油性成分制成的护手霜，该系列的质地没有什么黏腻感。

● ジューシー・シトロン
鲜采柑橘香

● ハーブ＆フルーツティー
草本鲜果香

● リラクシング・ラベンダー
舒缓薰衣草

● ホワイト・フローラル・ブーケ
白花束清香

グレース・ローズ　优雅玫瑰香

## メンソレータム ハンドベール

| 厂商名称 | ロート制药株式会社 |
|---|---|
| 容量／价格 | 70克／¥554 |

曼秀雷敦护手霜系列中唯一非药用型的一款。包装上的"浓厚"两个大字，直接告诉我们这是同系列护手霜中质地最浓密的一款。主要润泽成分为乳木果油及可可油，适合一年到头双手极为干燥的人使用。

---

新 美 **アクア シャボン　ハンド クリーム**

| 厂商名称 | 株式会社ウエニ贸易 |
|---|---|
| 容量／价格 | 65克／¥800 |

AQUA SAVON是走清新皂香路线的身体保养、香氛品牌，而它旗下的护手霜系列则是沿袭5款高人气香味打造。AQUA SAVON护手霜的润泽成分来自保水力比一般胶原蛋白还高2倍的生胶原蛋白、肌肤渗透力高的北阿尔卑斯山雪水，以及能够捕捉空气中水分的聚麸胺酸。就使用感来说，质地相当轻薄好推展，所以并不会感到黏腻。

大好きなせっけんの香り
清新皂香

シャンプー フローラルの香り
鲜花沐浴香

ウォータリー シャンプーの香り
水感沐浴香

ホワイトコットンの香り
雪白棉花香

エメラルドソープの香り
宝绿皂香

---

美 **ママバター ハンドクリーム ラベンダー**

| 厂商名称 | 株式会社ビーバイイー |
|---|---|
| 容量／价格 | 40克／¥970 |

MAMA BUTTER是以乳木果油为主要原料的自然派保养品牌。这款护手霜除浓度20%的乳木果油之外，还有薰衣草油。

---

白 专 **エスト ホワイトニング ハンド クリーム**

| 厂商名称 | 花王株式会社 |
|---|---|
| 容量／价格 | 50克／¥2,200 |

花王贵妇牌est的保湿美白护手霜。美白成分采用花王独家研发的"洋甘菊ET"，同时搭配柚子萃取物、褐藻萃取物、甘油组成的保湿成分。使用起来不黏腻，但双手摸起来有顺滑感，而且还带有淡淡的花香味。

---

新 美 **アクア シャボン スパコレクション ハンド＆ネイルクリーム**

| 厂商名称 | 株式会社ウエニ贸易 |
|---|---|
| 容量／价格 | 55克／¥1,200 |

结合皂香清新感与SPA美容油成分的护手霜。添加了乳木果油、薰衣草萃取物、迷迭香萃取物、摩洛哥坚果油等15种植萃成分，因为油性润泽效果好，所以也能作为指缘油使用。该系列目前分为采用日本国产柚子油的柚香型及添加澳大利亚产玫瑰油的玫瑰香型两种类型。

 ローズスパの香り
玫瑰SPA

 ゆずスパの香り
柚香SPA

---

新 药 超 **メンソレータム 薬用ハンドベール プレミアムリッチバリア**

| 厂商名称 | ロート制药株式会社 |
|---|---|
| 容量／价格 | 70克／¥670 |

曼秀雷敦的"药用护手霜"系列在2015年秋季推出的新品，最大的特色是能长时间服帖于双手并发挥防水效果。在有效成分方面，则包括抗炎成分"甘草酸钾"、辅助代谢的成分"B族维生素"、促进血液循环的成分"维生素E"及抑菌成分，是一款适合双手极度干燥或干裂者使用的护手霜。

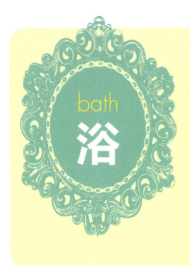

# 入浴剂

日本泡澡文化盛行，许多人回到家都会在浴室里泡个澡。在这个独特的文化之下，日本的药妆店及美妆店便出现许多不同的泡澡粉、泡澡锭以及泡澡液。目前日本市面上的泡澡用品大致可分为四类，分别是帮助身体放松的消除疲劳型、添加了美容成分的保湿型、能提升代谢的体重管理型，以及主打精油成分的身心舒缓型。每个人都可依照自己的需求，挑选出最适合自己的入浴剂。

新 药 超

## きき汤 アロマリズム

| 厂商名称 | 株式会社バスクリン |
|---|---|
| 容量／价格 | 360克／¥933 |

对于许多人而言，巴斯克林（BATHCLIN）是再熟悉不过的泡澡剂品牌。那个带有柚子香的泡澡粉，相信是许多人童年里不可或缺的沐浴好伙伴。除了泡澡粉之外，巴斯克林也推出碳酸泡入浴剂。这个精油系列，是请专业调香师以各种天然素材调和橄榄油后制成，除加强了润泽效果之外，更具有放松身心的精油疗愈效果。

| リラクシングネロリの香り 清爽马鞭草 | クリアリングヴァーベナの香り 舒缓橙花香 | コンフォーティングオレンジの香り 舒畅柑橘香 | ドリーミングローズの香り 梦幻玫瑰香 | リフレッシングジュニパーの香り 清新杜松香 |
|---|---|---|---|---|
| 汤色：透明绿 | 汤色：透明蓝 | 汤色：透明橘 | 汤色：透明粉 | 汤色：透明绿 |

新 药 超

## きき汤 ファインヒート

| 厂商名称 | 株式会社バスクリン |
|---|---|
| 容量／价格 | 400克／¥933 |

巴斯克林（BATHCLIN）きき汤系列中，专为运动者开发的"FINE HEAT"在2015年秋季改版上市。其最大的特征在于碳酸泡比一般版本的きき汤多3倍，而且还有能够增加温感的生姜粉。在香氛成分方面则是可舒缓身心的α-松油精。

1　2　3

| 1 | カシス＆シトラスの香り 陈醋栗莓果香 |
|---|---|
| | 汤色：透明粉 |
| | 额外润泽成分：天然维生素E |

| 2 | グレープフルーツの香り 葡萄柚香 |
|---|---|
| | 汤色：透明橘 |
| | 额外润泽成分：氨基酸BCAA |

| 3 | レモングラスの香り 香茅草香 |
|---|---|
| | 汤色：透明绿 |
| | 额外润泽成分：茶氨酸 |

## バブ ナイトアロマ

| 厂商名称 | 花王株式会社 |
|---|---|
| 容量 / 价格 | 40克×12锭 / ￥400 |

花王BUB碳酸泡入浴锭的精油版本在2015年秋季改版并换装。除碳酸泡的温浴效果之外，这个系列的主打特色，就是入浴前能让身心放松的精油香。内有4种不同颜色的独立包装，分别是不同的香调。

| ローズハーモニーの香り 玫瑰花香 | スイートカモミールの香り 洋甘菊香 | フェアリーラベンダーの香り 薰衣草香 | ロマンティックジャスミンの香り 茉莉花香 |
|---|---|---|---|
| 汤色：透明粉红 | 汤色：透明黄 | 汤色：透明紫 | 汤色：透明桃 |

## バブ ピースフルハーブ

| 厂商名称 | 花王株式会社 |
|---|---|
| 容量 / 价格 | 40克×12锭 / ￥440 |

从 "Peaceful Herb" 这个名称就可看得出来这盒碳酸泡入浴锭的主题是能够让人感到安稳放松的草本香，一盒有4种香味。这盒入浴锭采用世界各地从古至今饱受喜爱的草本香氛，很适合喜爱自然草本香的人使用。

| ユーカリの香り 尤加利香 | ラベンダーの香り 薰衣草香 | ベルガモットリーフの香り 佛手柑叶香 | サンダルウッドの香り 檀香 |
|---|---|---|---|
| 汤色：透明草绿 | 汤色：透明紫 | 汤色：透明鲜绿 | 汤色：透明绿 |

## バブ 花めぐりの湯

| 厂商名称 | 花王株式会社 |
|---|---|
| 容量 / 价格 | 40克×12锭 / ￥400 |

花王BUB在2016年春季推出的新入浴锭。这次的主题是"和风"与"花香"，针对30多岁的轻熟女，开发出可散发优雅气息的和风入浴锭。

| さくらの香り 樱花香 | すみれの香り 紫花地丁香 | あやめの香り 菖蒲花香 | なでしこの香り 石竹花香 |
|---|---|---|---|
| 汤色：透明樱 | 汤色：透明紫 | 汤色：透明紫 | 汤色：透明红 |

## バブ クールマリンフラワーの香り

| 厂商名称 | 花王株式会社 |
|---|---|
| 容量 / 价格 | 40克×12锭 / ￥400 |

许多人都认为泡澡是冬天的事，但其实夏天泡温水浴也让身心放松。不过大部分夏季凉感入浴剂都是薄荷类或柑橘类香氛，而花王BUB在2016夏季推出适合女性在夏天泡澡的海洋花香新品。

## バブ 和汉ごこち

| 厂商名称 | 花王株式会社 |
|---|---|
| 容量 / 价格 | 50克×9锭 / ￥630 |

碳酸泡入浴锭专家BUB在2015年秋季推出的全新系列，主打特色是采用和汉药草及花果成分，打造出两款具有东方药浴概念的碳酸泡入浴剂。除花王独家技术下实现的细微碳酸泡之外，更添加了硫酸钠在肌肤表面形成保护层，让身体的温热感维持更久。无论是哪一种，都含有生姜萃取物、黄柏萃取物以及米胚芽油等日本独特的滋润成分。

| 月桂樹の香り 月桂树香 |
|---|
| 汤色：透明草绿 |
| 和汉草本成分：月桂树、艾草、丁香、紫苏、芹菜、罗勒 |

| 月見草の香り 月见草香 |
|---|
| 汤色：透明淡红 |
| 和汉草本成分：月见草、桂花、菖蒲水仙、陈皮、瑞香、杏实 |

## バブ メディケイティッド 冷涼クール

| 厂商名称 | 花王株式会社 |
|---|---|
| 容量 / 价格 | 70克×6锭 / ￥630 |

花王BUB碳酸泡入浴锭"メディケイティッド"（Medicated）是碳酸泡含量比同品牌其他类型多10倍的强化型商品，在2016年春季推出适合在夏季使用的凉感类型。夏季其实很容易因为太热而感到疲劳，这时不妨通过高浓度的凉感碳酸泡入浴锭来放松一下身心。

## Malon. by TBC
### エステティックホットバス

| 厂商名称 | エステティックTBC |
|---|---|
| 容量／价格 | 210克／¥1,450 |

日本第一美容美体中心旗下的品牌"Malon."，在2015年秋季推出"7日集中美容浴"。主打特色是利用锗、生姜萃取物、唐辛子萃取物、琥珀酸、碳酸钠等温感成分。不仅泡了之后身体会发热，而且泡澡粉会让水变得滑溜且带点稠性，所以很适合一边泡一边用洗澡水按摩身体。

## レールデュ サボン アロマバスソルト

| 厂商名称 | 株式会社フィッツコーポレーション |
|---|---|
| 容量／价格 | 230克／¥1,800 |

品牌主题为皂香身体保养的"L'air De SAVON"，2015年推出精油入浴盐。除香氛延续各品项的特色之外，还将罗马洋甘菊花油、葡萄柚果皮油以及大马士革玫瑰花油等天然精油与喜马拉雅山岩盐融合成入浴盐，非常适合重视香氛入浴感的人使用。

↑ フィーリングブリーズ
柑橘沐浴香

↑ イノセントタイム
玫瑰皂香

↑ センシュアルタッチ
海洋花香

## ビオレu　うるおいバスミルク

| 厂商名称 | 花王株式会社 |
|---|---|
| 容量／价格 | 600毫升／¥700 |

适合全家使用的入浴液。倒入水中后，浴缸里的水会呈现乳白色。在泡过之后，肌肤表面会形成一道防止水分蒸发的保护膜。在润泽成分方面，则包括乳木果油及神经酰胺-α。

→ ほのかでパウダリーな香り
爽身粉香

→ やさしいミルクローズの香り
温和玫瑰香

→ やさしいフルーツの香り
温和果香

## アーユルビオ ボディ バスパウダー

| 厂商名称 | ボーテ・ド・モード株式会社 |
|---|---|
| 容量／价格 | 50克／¥220；500克／¥1,500 |

从包装上"爆汗体感"这四个大字，不难发现这是一款通过排汗来提升代谢的入浴剂。主要的温感成分来自锗、生姜、唐辛子、香草醇丁醚。除此之外，还有脂肪分解酵素及西西里岛的岩盐。使用这类入浴剂时，建议采用半身浴的方式泡20分钟左右，水温为38～40度。

**新美**

### 和そると

| | |
|---|---|
| 厂商名称 | 株式会社石泽研究所 |
| 容量／价格 | 50克／¥240 |

主打和风素材的入浴盐。成分从最基础的盐到各类型的美容成分，全都使用日本国产素材。例如"盐"来自北陆石川县的能登半岛，是当地的制盐职人遵循古法，耗时2星期完成。相当适合喜欢和风素材入浴盐的人。

**← 生姜盐**
滋润成分：
鹿儿岛生姜根萃取物

**↑ お酒盐**
滋润成分：
秋田米发酵液

**← 柚子盐**
滋润成分：
德岛柚子果实萃取物

**← 蜜柑盐**
滋润成分：和歌山陈皮、温州蜜柑果皮萃取物

**新药超**

### 药用ソフレ浓厚しっとり入浴液

| | |
|---|---|
| 厂商名称 | 株式会社バスクリン |
| 容量／价格 | 480毫升／¥933 |

SOFRE浓厚滋润入浴液是添加了乳霜油性成分，专为干性肌肤开发的泡澡剂。在2016年的改版中，除原先的荷荷巴乳霜、凡士林及硬化油等油性成分之外，米糠油的添加量也增加了3倍，甚至多了鳄梨油这种新成分，相当适合肌肤干燥者或是在干燥的季节使用。

# 止汗爽身

每年到了夏天，湿纸巾及爽身喷雾就成了爽身大作战中最重要的武器。这几年湿纸巾及爽身喷雾不再只注重抑臭及爽身效果，而是将触角延伸至使用后的香氛感。接下来就一起看看2016年有哪些止汗爽身的新鲜产品吧！

### エスカラット 药用デオドラント パウダーシート

| 厂商名称 | コーセーコスメポート株式会社 |
|---|---|
| 容量／价格 | 12片／¥250　40片／¥450 |

可爱的史努比这次与高丝蔻丝魅宝的止汗爽身品牌"S·CARAT"合作，一连推出爽身湿纸巾与爽身喷雾。湿纸巾中含有天然止汗剂"明矾粉末"，再搭配抑菌成分，就不怕夏天老是发出汗臭味。另外，不只是止汗爽身成分，湿纸巾中还添加了有机植萃保湿成分，所以擦拭过后肌肤不会因为水分蒸发而变得干燥。

● 无香料　无香型

● ピュアシャボン　纯净皂香

● クリアフローラル　清新花香

● 保湿ケア／保湿型
美容成分：玻尿酸、迷迭香萃取物、海藻萃取物

● 角质クリア／角质保养型
美容成分：玻尿酸、珍珠萃取物、橘皮油

ビオレ　美肌ケアできる汗ふきシート

| 厂商名称 | 花王株式会社 |
|---|---|
| 容量／价格 | 10片／¥310　36片／¥720 |

湿纸巾的功能可谓没有极限，花王Biore的美肌保养湿纸巾不仅能擦拭脸上的脏污、汗水、多余皮脂，而且在轻轻擦拭脸部时还能同时进行保养。目前整个系列有保湿型及角质保养型两种类型。

### ビオレ さらさらパウダーシート 香りマジック

| 厂商名称 | 花王株式会社 |
|---|---|
| 容量／价格 | 10片／¥270 |

花王Biore爽身湿纸巾大玩香氛变调风！2016年春季推出的新产品除沿袭原有的干爽使用感之外，擦拭过后的味道竟然会产生变化。简单地说，就是使用时是一种香味，但残留下来的却是另一种香味。

● ライムソーダtoピーチの香り
莱姆苏打⇒桃子香

● アイスミントtoベリーの香り
清凉薄荷⇒莓果香

### ビオレ　さらさらパウダーシート
### 薬用デオドラント

| 厂商名称 | 花王株式会社 |
|---|---|
| 容量／价格 | 10片／¥270 |

　　添加了抑菌成分的身体专用湿纸巾，同样搭配透明的爽身粉末。由于纸巾本身的质地较厚不易破，所以从腋下到脚趾头都能尽情地擦拭。

●无香料
无香型

●クールミントの香り
清凉薄荷香

●せっけんの香り
纯净皂香

●ピュアフレッシュシトラス
纯净鲜橙香

### ビオレ　さらさらパウダーシート

| 厂商名称 | 花王株式会社 |
|---|---|
| 容量／价格 | 10片／¥270 |

　　花王Biore爽身湿纸巾的基本款。添加了透明爽身粉末的湿纸巾在擦拭之后，可让肌肤的清爽状态维持一段时间。湿纸巾本身略厚不易破，两种类型使用后会散发出不同的香味。

### ビオレ　さらさらパウダーシート
### アクアオアシスローズの香り

| 厂商名称 | 花王株式会社 |
|---|---|
| 容量／价格 | 10片／¥270 |

　　花王Biore爽身湿纸巾中的"香水级"香氛版本。这款带有海洋玫瑰香的湿纸巾，香味本身较为明显，擦拭之后会残留较长一段时间，适合在约会前或见重要的人之前使用。

### マンダム　ハッピーデオ
### さらさらパウダーイン ボディシート

| 厂商名称 | 株式会社マンダム |
|---|---|
| 容量／价格 | 10片／¥250 |

　　Mandom的迪士尼湿纸巾系列在2016年春季时也推出添加了爽身粉末的干爽型商品。纸巾本身偏厚且具有立体构造，所以能够吸附更多的液体，并切实擦拭肌肤上的汗水与异味。

●クリアフローラルの香り
清新鲜花香

●せっけんの香り
纯净沐浴香

## シーブリーズ ボディシート

| 厂商名称 | 株式会社エフティ資生堂 |
|---|---|
| 容量／价格 | 10片／¥361 |

资生堂的SEA BREEZE可以说是相当经典的止汗爽身品牌。由于主打年轻学生族，所以包装配色及香氛选择上也相对年轻化许多。在2016年春季的改版中，除外包装上多了北极熊图样外，湿纸巾本身也增大了10%，因此使用起来更顺手。

●无香料
无香型

●せっけん
皂香型

●ヴァーベナクール
清凉马鞭草

8×4パウダースプレー

| 厂商名称 | 花王株式会社 |
|---|---|
| 容量／价格 | 150克／¥713 |

8×4是花王妮维雅旗下的止汗爽身品牌，其爽身喷雾大致可分为两种类型。其中这个名为"FRAGRANCE SELECTION"的系列是强化香氛使用感的类型。对于较重视使用后香味感受的人来说，会比较适合这样的爽身喷雾。

●華やかなフローラル
スウィートの香り
华丽甜味香

●みずみずしいフルーティフローラルの香り
水感花果香

●上品なホワイトフローラルの香り
优雅白花香

## エスカラット
## 药用デオドラント パウダースプレー

| 厂商名称 | コーセーコスメポート株式会社 |
|---|---|
| 容量／价格 | 180克／¥590 |

高丝蔻丝魅宝的止汗爽身品牌"S·CARAT"与史努比合作，在2016年春季推出3款爽身喷雾。除抑菌除味成分及植萃保养成分之外，爽身喷雾本身添加了明矾粉末及有机蚕丝粉末，所以能够有效止汗，且令使用后的肌肤摸起来干爽顺滑。

●无香料
无香型

●クリアフローラル
清新花香

●ピュアシャボン
纯净皂香

## マンダム ハッピーデオ スプレー

| 厂商名称 | 株式会社マンダム |
|---|---|
| 容量／价格 | 80克／¥470 |

针对年轻人开发的迪士尼止汗喷雾在2016年春季推出新品。水蓝色黛西版本主打持续的清凉感，而粉红色米妮版本则添加了爽身粉成分。根据自己的使用需求及喜好，挑选出适合自己的类型。

●アイシーシャボンの香り
沁凉皂香（凉感型）

●スウィーティシトラスの香り
甜蜜柑橘香（爽身粉型）

# シーブリーズ デオ＆ウォーター

| 厂商名称 | 株式会社エフティ资生堂 |
|---|---|
| 容量／价格 | 160毫升／¥761 |

相信许多人应该都使用过瓶身颜色就像夏季雨后彩虹般耀眼的SEA BREEZE止汗爽身水。这款止汗爽身水在使用之前，必须先摇晃瓶身才能让沉淀于底部的爽身粉与爽身水均匀混合。2016年春季的改版重点，在于让沉淀于瓶底的爽身粉能更快分散开来，借此提高清爽滑润的使用感。新一代的包装也很有趣，一字排开之后，就像看连续动画一般，可以看到北极熊冲浪的样子呢！

① ② ③ ④ ⑤ ⑥ ⑦ ⑧ ⑨ ⑩

● **彩色清凉型** ①清凉马鞭草②宝绿天空③海洋浪花④清凉莓果⑤清新皂香⑥爽身粉香⑦清新玫瑰
● **宝蓝激凉型** ⑧激凉樱桃⑨激凉薄荷⑩激凉柑橘

# 8×4ボディフレッシュ ウォータージェル

| 厂商名称 | 花王株式会社 |
|---|---|

目前常见的止汗爽身商品剂型以喷雾型及化妆水型为主，但8×4在2016年春季推出独特的凝胶型。这种剂型最方便之处在于不像喷雾会发出声音，而且凝胶剂型附着性更佳。除了止汗抑味成分之外，该系列也都添加了爽身粉末。

**ウォータージェルクール**
凉感爽身凝胶
140克／¥645

①フレッシュソープ
新鲜皂香
②フレッシュフローラル
新鲜花香
③フレッシュベリー
新鲜莓果香

① ② ③

① ②

**ウォータージェル**
爽身凝胶
70克／¥555

①ライトソープ
清新皂香
②ライトミント
清新薄荷香

# マンダム エステデオ

| 厂商名称 | 株式会社マンダム |
|---|---|

Mandom在2016年春季推出的止汗爽身新品牌，针对腋下的止汗爽身需求，开发出质地较清爽、添加保湿成分玻尿酸的凝胶型，以及不沾手且添加润泽成分荷荷巴油的棒状膏型两项商品。强调利用高附着度的阻断配方，可以长时间抑制汗水异味。

● **デオドラント スティック**
止汗膏
14克／¥800

● **デオドラント
ジェルクリーム**
止汗凝露
30克／¥800

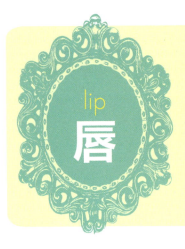

## 唇部保养

　　包装可爱且香味选择多的护唇膏，是许多日本药妆迷的收集品项之一，许多护唇膏控的包包中总是会放几支护唇膏备用。这几年护唇膏变得不再是冬季保养单品，许多护唇膏还具有润色或抗 UV 效果，因此一年到头都是适合使用护唇膏的好时节呢！

**新 药 超**

### メンソレータム プレミアムリッチモイスト

| 厂商名称 | ロート制药株式会社 |
|---|---|
| 容量／价格 | 2.4克／¥461 |

　　曼秀雷敦的棒状护唇膏中，滋润度算是最高的一个系列。除了高保湿性的复合神经酰胺之外，还有橄榄油、蜂蜜、鳄梨油、摩洛哥坚果油等8种滋润性高的润泽成分。因为质地较为浓厚且服帖，所以能长时间维持唇部的滋润度。
（SPF23／PA+++）

●无香料
无香型

●ナチュラルハニーの香り
天然蜂蜜香

●シャルドネローズの香り
法国玫瑰香

①

②

③

④
⑤
⑥

**药 超**

### メンソレータム リップベビーフルーツ

| 厂商名称 | ロート制药株式会社 |
|---|---|
| 容量／价格 | 4.5克／¥230 |

　　主题为水果香调的护唇膏。滋润成分为蜂蜜及橄榄油，再搭配维生素C、E衍生物及维生素A油。全系列有草莓、桃子、柠檬及葡萄莓果四种香味，这些香味都是添加了天然果汁而来。其中草莓及桃子香味除一般护唇膏之外，还有涂上后会散发出粉红色的润色版本。

①ストロベリーの香り
　草莓香
②ストロベリーピンク
　草莓粉红润色版
③ホワイトピーチの香り
　白桃香
④ピーチピンク
　蜜桃粉红润色版
⑤レモンの香り
　柠檬香
⑥グレープ＆ベリーの香り
　葡萄莓果香

## ケアセラ 高保湿リップクリーム

| 厂商名称 | ロート制薬株式会社 |
| --- | --- |
| 容量/价格 | 2.4克/¥800 |

来自乐敦干燥敏感肌保养品牌"CareCera"的护唇膏。主要滋润成分是CareCera的当家保湿成分——复合型神经酰胺。另外还添加了容易推展的超软凡士林,不必太用力涂就可以让护唇膏的成分完全包覆嘴唇,这对于嘴唇容易干裂的人来说可是好货一件呢!

## スキンアクア リップケアUV

| 厂商名称 | ロート制薬株式会社 |
| --- | --- |
| 容量/价格 | 4.5克/¥450 |

这款带有清凉薄荷香的护唇膏,其实是来自乐敦防晒品牌SKIN AQUA,因此护唇膏本身也具有抗UV效果。护唇滋润成分为超级玻尿酸、芦荟叶萃取物、胶原蛋白及角鲨烯。因为油性成分比较少,所以比较适合追求清爽感的夏季使用。(SPF22 / PA++)

## キュレル リップケアクリーム

| 厂商名称 | 花王株式会社 |
| --- | --- |
| 容量/价格 | 4.2克/¥850 |

Curél是花王旗下的干燥敏感肌品牌,护唇膏在2015年秋季换装改版,同时推出新的润色版本。除Curél独家的浸润保湿神经酰胺功能成分之外,另一个主要的润泽成分为荷荷巴油。

● 无色

● 淡粉色

## ニベア ディープモイスチャーリップ

| 厂商名称 | 花王株式会社 |
| --- | --- |
| 容量/价格 | 2.2克/¥348 |

花王妮维雅的高保湿护唇膏,主要保湿润泽成分为蜂蜜、蜂王浆萃取物、海藻糖、氨基酸、橄榄油。除此之外还有促进血液循环的维生素E及抗炎成分,所以适合嘴唇容易干裂者使用。(SPF20 / PA++)

● 无香料
无香型

● はちみつの香り
蜂蜜香

● オリーブ＆レモンの香り
橄榄柠檬香

## プレシャスガーデン リップクリーム

| 厂商名称 | コーセーコスメポート株式会社 |
| --- | --- |
| 容量/价格 | 3.3克/¥300 |

主打有机认证素材的Precious Garden 也推出3种不同香味的护唇膏。每一种香味的护唇膏除添加了有机乳木果油、蜂蜜及橄榄油之外,还添加了每种香味特有的水果萃取物。(SPA20 / PA+)

● フレッシュベリーの香り
新鲜莓果香

● ハニーピーチの香り
蜂蜜桃子香

● スウィートレモネードの香り
香甜柠檬香

## 近江兄弟社メンターム モイスキューブリップ

| 厂商名称 | 株式会社近江兄弟社 |
|---|---|
| 容量 / 价格 | 4克 / ¥500 |

外观呈四方形的近江兄弟高保湿护唇膏系列。该系列可谓近江兄弟的明星商品，也是许多日本药妆迷相当熟悉的护唇膏。虽然都属于高保湿系列，但每一种的滋润成分却各有特色。

● **メントール / 薄荷清凉型**
比例占25%的橄榄角鲨烯与5%的山茶花油，含有薄荷成分，使用时有清凉感。

● **ソイミルク / 浓郁豆乳型**
相当少见的豆乳素材护唇膏，主要美容成分是富含大豆异黄酮的豆乳发酵液与大豆萃取物。护唇膏本身带有一点淡淡的豆乳香。

● **アスタキサンチン / 虾青素抗衰老型**
美容成分为玻尿酸及抗衰老成分虾青素，而润泽成分则是荷荷巴油与角鲨烯。

## メンソレータム リップベビークレヨン

| 厂商名称 | ロート制药株式会社 |
|---|---|
| 容量 / 价格 | 3克 / ¥680 |

外观看起来像蜡笔的护唇膏。这款润色护唇膏的最大卖点在于层叠下的变色效果。例如涂上第一层之后，显现出来的是较淡的自然色，涂上第二层、第三层之后，发色就会变得越来越亮且红，因此能够依照各种场合自由调控唇色。保湿润泽成分为胡椒薄荷油及米油。

● **イノセントピンク**
纯洁淡粉

● **ドラマティックレッド**
冶艳鲜红

● **ムーディーピンク**
迷恋之粉

## リップドレス CC パールベージュ

| 厂商名称 | 株式会社近江兄弟社 |
|---|---|
| 容量 / 价格 | 3.6克 / ¥400 |

号称唇用CC霜的护唇膏。主要是利用珍珠粉的珠光效果调控唇色，同时修饰嘴唇上的纵纹。润泽成分为乳木果油及荷荷巴油。（SPF12）

## 近江兄弟社メンターム 口紅がいらない薬用リップ ほんのりUV

| 厂商名称 | 株式会社近江兄弟社 |
|---|---|
| 容量 / 价格 | 3.5克 / ¥400 |

就如同商品名"不需要口红的护唇膏"所说的，这是一款轻轻一擦，就能让双唇散发出粉红色的护唇膏。不仅有润色效果，荷荷巴油与橄榄油润泽成分也有不错的润唇效果。（SPF12）

## ローズオブヘブン リップエッセンス

| 厂商名称 | コーセーコスメポート株式会社 |
|---|---|
| 容量 / 价格 | 10克 / ¥600 |

采用100%植萃油性成分，搭配大马士革花蜜及玫瑰水打造的护唇精华液。这样的护唇精华液质地虽然浓厚，却能够简单地推展开来，使用起来有一股淡淡的花蜜香。

## SANA ハニーシュカ リップジェリー

| 厂商名称 | 常盤药品工业株式会社 |
|---|---|
| 容量 / 价格 | 11克 / ¥800 |

在许多护唇膏中，蜂蜜往往只是配角，但这款护唇精华液却是以蜂蜜为主角。主要的天然保湿成分包括玫瑰花蜜、生蜂王浆以及蜜蜡。在特殊制法下，使用起来并不会有蜂蜜特有的黏腻感，却保有玫瑰花蜜的淡淡香味。

新 药 超
### チューリップ

| 厂商名称 | ロート製薬株式会社 |
|---|---|
| 容量／价格 | 7克／¥554 |

只要嘟个嘴，就可快速完成涂护动作的"ChuLip"唇膏推出润色版本了！可爱的双色外壳包装充满玩心感，而且护唇膏本身也不容易掉色。另外，因为添加了3D珠光成分，所以使用后的唇色会散发出自然的立体光泽。（SPF22）

- ●スイートピンク 甜蜜粉
- ●ピーチピンク 鲜桃粉
- ●ビビッドピンク 鲜艳粉

新 药 超
### ニベア クリームケア リップバーム

| 厂商名称 | 花王株式会社 |
|---|---|
| 容量／价格 | 7克／¥600 |

花王妮维雅在2015年秋季推出的护唇罐。高纯度凡士林、荷荷巴油角鲨烯可发挥不错的密封护唇效果，除了可在上唇彩之前打底用，也可以在睡前厚敷一层当晚安膜。添加了可促进血液循环的维生素E及抗炎成分，所以特别适合嘴唇容易干裂者使用。

- ●無香料 无香型
- ●はちみつの香り 蜂蜜香型

新 药 超 美
### ハンディベイビー ハニーリップエッセンスC

| 厂商名称 | 株式会社シースタイル |
|---|---|
| 容量／价格 | 10克／¥800 |

质地就像浓厚的蜂蜜一般，可让双唇散发出光泽感的护唇精华液。主要护唇成分为蜂蜜、蜂王浆以及植萃成分。质地虽然偏浓厚，但涂在嘴唇上就会自然地化开，因此还算比较容易推展。（SPF20／PA+）

一般型

粉红润色型

---

# 时短彩妆

"时短"是日语"时间短缩"的简称，现在也常被用于形容快速且节省步骤的做法。现代上班族和家庭主妇生活忙碌，为了节省时间，所以推出了许多可以一次ＯＫ的时短彩妆和保养品。其中"时短彩妆"指的是适合起床后就忙着上班的女性使用，可快速完成的彩妆技巧。

新 药 超 美
### リップドレスリッチ

| 厂商名称 | 株式会社近江兄弟社 |
|---|---|
| 容量／价格 | 5克／¥600 |

润泽成分为乳木果油及荷荷巴油的润色护唇罐。只要用手指轻轻一擦，就能拥有唇蜜般充满光泽感的唇色，不需要再另外上唇彩。这对于白天赶着出门的忙碌女性而言，可谓相当方便的时短彩妆单品呢。

- ●クリスタルピンク 晶亮粉
- ●クリスタルレッド 晶亮红

美
### MAMA BUTTER リップトリートメント

| 厂商名称 | 株式会社ビーバイイー |
|---|---|
| 容量／价格 | 6克／¥780 |

主打自然温和风格的MAMA BUTTER也推出了护唇膏。MAMA BUTTER的主打成分——乳木果油比例约为15%，此外还添加了橄榄油及蜜蜡等自然素材，适合嘴唇皮肤较薄或敏感的人。

美
### メデルナチュラル リップトリートメント カモミールブレンドアロマ

| 厂商名称 | 株式会社ビーバイイー |
|---|---|
| 容量／价格 | 8克／¥680 |

主张99%的成分来自自然素材，以米油为基底，再搭配米神经酰胺、甘蔗角鲨烯等自然润泽素材的护唇精华液。使用时会有一股淡淡的洋甘菊草本精油味。

白
### HACCI リップスティック

| 厂商名称 | HACCI's JAPAN. LLC |
|---|---|
| 容量／价格 | 3克／¥3,700 |

HACCI是日本顶级蜂蜜保养品牌，这款HACCI护唇膏除蜂蜜之外，还添加了蜂王浆萃取物、角鲨烯、加水分解蚕丝等润泽成分。唇膏包装本身走中性风，所以也适合男性使用。唇膏本身没有香味，也适合在睡前厚涂一层当晚安唇膜。

# 男性保养

man
男

无论是走进药妆店还是美妆店，大部分美妆保养品的客户群还是以女性为主。不过随着男性爱美的意识抬头，日本出现越来越多针对男性肤质特性及喜好开发的美妆保养品，而且每年都会不断改版，甚至推出新品。

## 脸部保养

### 新 药 超
### ルシード
### 药用オイルコントロール化妆水

| 厂商名称 | 株式会社マンダム |
|---|---|
| 容量 / 价格 | 120毫升 / ¥800 |

LUCIDO男性保养系列中的控油化妆水。除Q10及渗透型氨基酸等共同美肌成分之外，最重要的成分就是高吸附力粉末。这些粉末主要用来吸附脸上多余的皮脂，让肌肤能够长时间维持清爽。若额头或T字部经常泛油光，不妨试试这一类的化妆水。

### 药 超
### OXY ローション

| 厂商名称 | ロート制药株式会社 |
|---|---|
| 容量 / 价格 | 170毫升 / ¥550 |

OXY是日本乐敦旗下的男性保养品牌，其最大的特色就是清凉的使用感。男性在生理结构上和女性不同，皮脂分泌量较女性多，因此OXY从这个角度切入，根据男性肌肤生理的特性，开发出一系列不同诉求的化妆水，但不管是哪一种类型，香味都是OXY独特的天竺葵香。

**モイストローション**
**保湿化妆水**

主要美容成分为两种玻尿酸及胶原蛋白，可在肌肤表面形成薄膜，防止水分蒸发的保湿化妆水。

**オイルコントロールローション**
**控油化妆水**

添加了保湿成分超级玻尿酸，以及可软化角质的水杨酸与毛孔收敛成分，质地非常清爽。

**アクネケアローション**
**抗痘化妆水**

除两种抑菌成分之外，还有能吸收脸部多余油分的"皮脂吸收粉末"，因此适合皮脂分泌旺盛的青春痘肤质使用。

**ミルキーローション**
**乳状化妆水**

化妆水、乳液、精华液三效合一的乳状化妆水，浓厚的质地适合干燥的季节使用。在滋润成分方面，则包括蜂王浆萃取物、维生素A衍生物及Q10。

### 新 药 超 ルシード 药用フェイスケア

| 厂商名称 | 株式会社マンダム |
|---|---|

LUCIDO是专为40多岁男性开发的保养品牌。大部分男性在进入中年之前，通常因为皮脂分泌量足够而没有什么肌肤上的问题。然而在进入中年之后，干燥、细纹及色素沉淀等问题就一一浮现。为应对这些肌肤问题，LUCIDO的主要美容成分采用了抗衰老成分"Q10"、保湿成分"渗透型氨基酸"及美白成分"传明酸"。

化妆水
120毫升
¥1,000

乳液
120毫升
¥1,000

乳霜
50克
¥1,000

### ルシード エイジングケア化粧水UV

| 厂商名称 | 株式会社マンダム |
|---|---|
| 容量／价格 | 120毫升／¥800 |

LUCIDO在2016年春季推出的防晒化妆水。除了含有Q10及渗透型氨基酸等美肌成分外，其最大的不同之处在于添加了可用洗面乳简单洗净的紫外线吸收剂，因此适合白天出门前使用。（SPF28／PA++）

### ニベアメン オイルコントロールローション

| 厂商名称 | ニベア花王株式会社 |
|---|---|
| 容量／价格 | 100毫升／¥800 |

若说保湿是女性保养的重点，那么男性最注重的保养应该就是控油了。这款妮维雅男用控油化妆水中的皮脂吸附成分，能吸附脸上多余的皮脂。虽然使用时会有一股清凉感，剃须后使用也不会有刺激感。

### ニベアメン UVプロテクター

| 厂商名称 | ニベア花王株式会社 |
|---|---|
| 容量／价格 | 30毫升／¥665 |

许多防晒品都会添加保湿或美肌成分，但这款妮维雅男用防晒乳则是针对男性皮脂分泌旺盛的问题，添加了可防止泛油光的皮脂吸附成分。质地虽然是乳液型，但使用后不会泛白，并且有一股清爽的柑橘香味。（SPF50+／PA+++）

### メンズアクネバリア 药用コンシーラー スポーティ

| 厂商名称 | 株式会社石泽研究所 |
|---|---|
| 容量／价格 | 5克／¥1,300 |

添加了抗炎抑菌成分，来自石泽研究所的男用急救痘痘遮瑕膏。这款遮瑕膏其实不算是新品，但为了应对夏季肤色变深的使用需求，所以在2016年推出小麦色版本，非常适合肤色本来就偏深的男性！

## 美 PROUDMEN.

| 厂商名称 | レノア・ジャパン株式会社 |
|---|---|

PROUDMEN.最早是制造西装除臭喷雾的男性香氛品牌，因其独特且充满沉稳感的柑橘香调而大受日本年轻人的喜爱。因此PROUDMEN.便以深受喜爱的香氛为基础，逐步开发出身体及脸部保养系列。

### リペアジェリーウォッシュ 洁颜剃须凝露

200毫升／¥2,500

男性因为皮脂分泌旺盛，所以比起干燥肌问题，更应该关心皮脂氧化对肌肤造成的伤害。因此这款可兼剃须泡使用的洁颜凝露特别添加了葡萄藤萃取物、苹果籽萃取物及儿茶素等抗氧化成分。另外针对男性毛孔粗大问题，也添加了萃取自蜂王浆，可吸附多余皮脂的"Acnacidol"。

### リペアエッセンス 保湿精华液

80毫升／¥3,500

质地偏清爽，可简单推展开来的精华液，却没有同系列特有的香氛味。在美肌成分方面，包括维生素A·C·E、玻尿酸、胶原蛋白及苹果干细胞萃取物。

スキン メン

| 厂商名称 | アンファー株式会社 |
|---|---|

D SKIN MEN是日本头皮健康专家"ANGFA"于2015年推出的全新品牌。这个专属男性的保养品牌，其精神在于融合先进的技术及日本传统。简单地说，就是从原料到包装都坚持Made in Japan。ANGFA本身就是推行预防医学的美妆制造商，因此拥有相当先进的研发技术，这个男性保养系列注重肌肤的再生力，因此全系列都添加了"IGF""EGE""FGF"及"VEGF"等细胞生长因子。

### アドバンス エッセンス 精华液

50克／¥4,630

主要成分为ANGFA独家开发的维生素C，同时用日本名泉"出云温泉水"替代一般精制水制成的精华液。质地清爽不黏腻。

### ワイルド＆クールウォッシュ 洗面乳

100克／¥1,852

采用静电吸附力强的冲绳南部海泥制成，能有效吸附毛孔中的皮脂。另外，洗面乳中含有天然素材制成的去角质微粒与包覆维生素的胶囊，可通过洗脸动作作为脸部肌肤进行按摩保养。

### ファイブ エナジーローション 化妆水

150毫升／¥1,852

包括宫古岛芦荟叶萃取物在内，针对男性的干燥、弹力、暗沉、粗大毛孔、剃须伤害五大肌肤问题，添加了10种植萃成分。另外还添加了抗氧化作用高于维生素C达33倍的"纳米白金粉末"，防止脸部黏腻泛油光。

🈳🈤
### スカルプD

| 厂商名称 | アンファー株式会社 |
|---|---|
| 容量 / 价格 | 350毫升 / ¥3,612 |

2015年推出的第11代SCALP D可谓日本"洗头皮"新观念的始祖。在大家都专注于洗头发的年代，SCALP D就认为只有健康的头皮才能长出健康的头发。SCALP D的根基成分，就是富含"多酚"且成分比例达20%的北海道黑豆发酵液。另外，SCALP D更是从再生医疗的角度，开发出"鸢尾花根萃取物"及"橘子萃取物"等能够针对头皮细胞发挥作用的独家成分，借此改善男性特有的头发困扰。

药用スカルプシャンプー オイリー
油性头皮洗发精

药用スカルプシャンプー ドライ
干性头皮洗发精

药用スカルプパックコンディショナー
头皮养护护发膜

🈯🈴
### サクセス 药用シャンプー

| 厂商名称 | 花王株式会社 |
|---|---|
| 容量 / 价格 | 380毫升 / ¥900 |

SUCCESS是日本花王旗下的男性洗护品牌。最早推出的这款洗发液经过数次改版，最近一次把瓶身做得更有曲线，其主要目的是方便使用者单手握住瓶身。因为洗发精本身是液体，所以不像其他洗发商品要先挤到手上，而是通过特殊设计的瓶嘴直接将洗发液挤到头皮上，强化头皮的洗净作用。

清凉型

エクストラクール
超凉型

清凉型

エクストラクール
超凉型

🈯🈴
### サクセス 药用シャンプー (Wリンス成分配合)

| 厂商名称 | 花王株式会社 |
|---|---|
| 容量 / 价格 | 350毫升 / ¥900 |

整体成分与SUCCESS洗发液相同，但这是加入了润发成分的乳状版本。若觉得洗发液版本洗后头发不够顺滑，就可以试试这个版本。该版本分为清凉型及瓶身上有黄色色条的超凉型。

## サクセス シャンプーボリュームアップタイプ

| 厂商名称 | 花王株式会社 |
|---|---|
| 容量 / 价格 | 350毫升 / ¥1,250 |

针对男性中年之后发量减少的问题，SUCCESS在2015年秋季推出黑色瓶装的毛发丰盈型版本。这款洗发精的最大特色，就是添加了"多晶硅-9"这种成分，让头发的根部直立以改善头发扁塌的问题，借此打造发量增多的丰盈视觉感。

## サクセス シャンプー 髪まとまるタイプ

| 厂商名称 | 花王株式会社 |
|---|---|
| 容量 / 价格 | 350毫升 / ¥1,250 |

相信许多人起床之后，都会有大发乱翘的问题，尤其是中短发的男性，头部两侧的头发更是经常乱翘膨起来破坏发型美感。针对发质偏硬偏且发量多的男性，SUCCESS在2016年4月推出的新品，主打特色在于让头发根部变软，使头发变得更"沉稳"一些。在使用感方面，这款洗起来并没有清凉感。

MARO 药用デオスカルプ

| 厂商名称 | 株式会社ストーリア |
|---|---|
| 容量 / 价格 | 480毫升 / ¥1,000 |

添加了抑菌成分及植萃油成分的洗润发系列，利用以油溶油的清洁原理，将头皮毛孔中的皮脂洗净。除此之外，还加入柿涩、黄柏、绿茶、啤酒花等传统的植萃保湿成分，为洗净皮脂的头皮发挥滋润作用。

シャンプー 洗发精

トリートメント 润发乳

## ルシード ニオイケア

| 厂商名称 | 株式会社マンダム |
|---|---|
| 容量 / 价格 | 450毫升 / ¥1,450 |

"中年油臭"是困扰着40多岁男性的问题，尤其是残留在头皮上的皮脂更是难缠。对于这种男性特有的头皮清洁问题，LúCIDO洗发精添加了能够清洁堆积在头皮毛孔中皮脂的成分。另外，为维持头皮油水平衡，还添加了甘草、桂皮及绿茶等植萃保湿成分。洗发精和护发乳本身都不香料，所以洗完之后并不会有特殊香味。

药用スカルプデオシャンプー 洗发精

ヘア&スカルプコンディショナー 润发乳

PRO TEC 头皮ストレッチ

| 厂商名称 | ライオン株式会社 |
|---|---|
| 容量 / 价格 | 300毫升 / ¥640 |

PRO TEC推出的男性洗润发系列。该系列的品名很有趣，叫作"头皮伸展洗发精／护发乳"。其实该系列是通过生姜根等滋润成分来软化头皮，借此打造健康的头皮环境。另外，洗发精与润发乳中都加有天然泥，所以洗完之后头发会显得顺滑许多，洗的时候会有一股薄荷清凉感。

シャンプー 洗发精

コンディショナー 润发乳

MARO 3Dボリュームアップシャンプー

| 厂商名称 | 株式会社ストーリア |
|---|---|
| 容量 / 价格 | 480毫升 / ¥1,500 |

MARO洗润发系列除了能抑臭除油的头皮洁净版外，还推出了立体丰盈版。添加了6种能让发丝更有弹性及光泽的植萃成分，这些成分能在头发根部形成薄膜，辅助发丝往上直立，借此打造发量增加的视觉感。

**药 美**

## MARO
### 药用ボリュームアップ育毛剤

| 厂商名称 | 株式会社ストーリア |
|---|---|
| 容量 / 价格 | 150毫升 / ¥1,850 |

主要成分为甘草酸钾、人参萃取物、獐牙菜萃取物等汉方成分。其实这些成分主要作用为抑制发炎及促进血液循环，所以能够帮助改善头皮的健康环境。只要头皮健康，自然就不会掉发，而且长出来的头发也会更健康。

**药 美**

## MARO 全身用クレンジングソープ

| 厂商名称 | 株式会社ストーリア |
|---|---|
| 容量 / 价格 | 450毫升 / ¥740 |

号称可以从脸洗到脚的全身清洁乳，因为添加了特殊的起泡成分，所以只要轻轻一搓就能搓出浓密的泡泡。洁净成分中还添加了月见草油及荷荷巴油，主要是用来洗净毛孔内的脏污。草本柑橘型的香氛持续时间长，闻起来真的有点像香水味。

**药 超**

## PRO TEC
### デオドラントソープ

| 厂商名称 | ライオン株式会社 |
|---|---|
| 容量 / 价格 | 440毫升 / ¥700 |

PRO TEC是日本狮王专为30多岁男性开发的头皮、身体清洁保养品牌。这款沐浴乳的主要清洁目标是男性特有的汗臭味与皮脂氧化后产生的异味。沐浴乳本身较水而不浓稠，能够快速地搓出泡泡。香味则是相当清新的海洋柑橘香调。

**新 药 超**

## マンダム
### スカルプケアサプリ

| 厂商名称 | 株式会社マンダム |
|---|---|
| 容量 / 价格 | 150毫升 / ¥1,000 |

专为20多岁男性开发的头皮健康辅助喷雾。为预防步入中年后的掉发危机，最重要的是从年轻时就开始照顾头皮。尤其是头皮会随着年龄增长而变硬，再加上过多的皮脂分布，会使得头发健康受到威胁。这款头皮化妆水分为添加了控油成分的"头皮清爽型"及添加了渗透型氨基酸的"发量丰盈型"两种，无论是哪一种都有保湿与抗UV效果。

**新 白 美**

## Dスキン メン
### アクティブデオウォッシュ

| 厂商名称 | アンファー株式会社 |
|---|---|
| 容量 / 价格 | 400毫升 / ¥2,315 |

D SKIN MEN除基础保养品之外，在2015年年底也推出了男性专用沐浴乳。容易搓出泡泡的沐浴乳，采用了日本众神故乡——出云的美肌温泉水。另外一个特色成分，是爽身抑味效果比银离子还高的纳米白金微粉，因此洗完之后感觉挺清爽的。

**新 药 超 ンズビオレ**

## 药用デオドラント ボディウォッシュ
### 肌ケアタイプ [医药部外品]

| 厂商名称 | 花王株式会社 |
|---|---|
| 容量 / 价格 | 440毫升 / ¥474 |

MEN'S Biore的止汗爽身沐浴乳在2015年秋季推出绿色保养版。除原本的止汗爽身成分与清洁毛孔脏污的洗净技术之外，这款浴乳特别加入保湿成分玻尿酸。因为是秋冬季节使用的保养型沐浴乳，洗起来没有清凉感，香味也改成了较为柔和的花香调。

**新 药 超**

## ルシード
### 药用デオドラント ボディウォッシュ

| 厂商名称 | 株式会社マンダム |
|---|---|
| 容量 / 价格 | 450毫升 / ¥950 |

专为40多岁男性开发的LUCIDO，针对中年男性特有的"油臭味"研发出甘草桂皮复合洗净成分，同时搭配消臭成分"绿茶萃取物"及抑菌成分。去除皮脂的清洁力较强，洗后不会残留油油的黏腻感。建议针对颈部、胸口、腋下等容易出汗的部位仔细按摩清洗，这样会更有效果。

**美**

## PROUDMEN.
### フレグランススキンウォッシュ

| 厂商名称 | レノア・ジャパン株式会社 |
|---|---|
| 容量 / 价格 | 250毫升 / ¥2,000 |

可同时洗头、洗脸、洗身体的多效沐浴精。洗起来带有清凉感，而且还有香水级的香氛效果，对于经常出差外宿的商务人士或喜欢上健身房的人来说，可谓相当方便的一款沐浴单品。

**ボトコラックス ブラック ハンド＆ボディクリーム**

 シトラスジンジャーの香り 柑橘姜汁香

 ベルガモットグリーンの香り 草本佛手柑

カシスオリーブの香り 黑加仑橄榄

| 厂商名称 | 株式会社ウエニ貿易 |
|---|---|
| 容量/价格 | 65克/¥800 |

　BOTOCOLLAX是日本国产香水制造商UENI贸易的男性香氛品牌，而该系列正是运用该品牌香水的香氛基底开发的身体乳。除了保湿成分生胶原蛋白之外，还有银离子及柿涩等抑臭成分以及可抗氧化的纳米白金微粒。虽然分类为身体乳，但也能用来保养脸部。

ライトブルー 淡蓝海洋

サンセットピンク 粉红日落

**RISINGWAVE VILLA ハンド＆ボディミルク**

| 厂商名称 | 株式会社フィッツコーポレーション |
|---|---|
| 容量/价格 | 250毫升/¥1,800 |

　RISINGWAVE是日本香氛专家FITS旗下的品牌，而RISINGWAVE VILLA则运用这个品牌的香味，开发出一系列的身体清洁保养商品。这两瓶身体乳就是采用花香系"淡蓝海洋"与果皂香系"粉红日落"的香氛，再搭配玻尿酸及乳木果油等润泽成分打造而成。质地清爽好推展，相当适合不喜欢黏腻感的男性使用。

**RISINGWAVE VILLA モイスト ハンドクリーム**

| 厂商名称 | 株式会社フィッツコーポレーション |
|---|---|
| 容量/价格 | 65克/¥1,200 |

　采用香水RISINGWAVE"淡蓝海洋"香味作为基底的香氛护手霜，主要润泽成分为橄榄油、乳木果油及蜂王浆。护手霜质地较像凝露状，所以相当清爽好推展。对于一个需要伸出双手换名片的商务人士来说，保养双手其实也相当重要呢！

**PROUDMEN. ハンド＆スキンクリーム**

| 厂商名称 | レノア・ジャパン株式会社 |
|---|---|
| 容量/价格 | 60克/¥1,400 |

　添加了4种天然植萃油性成分的护手霜兼全身用护肤霜，甚至能当作须后霜。对于不喜欢准备瓶瓶罐罐的人来说，可谓相当不错的一款商品。使用质地相当清爽，马上用手机或敲键盘也不会搞得黏黏的。

### R:ISM by RISINGWAVE
### ジェルフレグランス

| 厂商名称 | 株式会社フィッツ コーポレーション |
|---|---|
| 容量／价格 | 60毫升／¥600 |

过去的香氛主流为香水及体香膏，而RISINGWAVE在2015年推出兄弟品牌R:ISM发表的新品，就是这款号称"第三香水"的体香凝露。只要将质地像免洗洗手液一般的体香凝露涂抹在颈部，随时随地都能让自己散发出清新的香味。

85：ビートマリン
海洋清香

05：シェイクシャボン
纯净皂香

32：ライズフルーティ
甜蜜果香

67：ブレイクシトラス
清新柑橘

---

新美
### ボトコラックスブラック
### デイ＆ナイトミスト

| 厂商名称 | 株式会社ウエニ貿易 |
|---|---|
| 容量／价格 | 200毫升／¥1,200 |

利用BOTOCOLLAX香水系列的香味打造的全身香氛喷雾。成分基本上与身体及护手乳相同，但若不喜欢乳液涂在身上的感觉，或白天赶着出门没时间慢慢擦乳液的话，就可以选择这种香氛喷雾。

フレッシュアップルの香り
新鲜苹果香

さっぱりオレンジの香り
清爽柑橘香

---

新 药 超
### メンズビオレ
### 洗顔パワーシート

| 厂商名称 | 花王株式会社 |
|---|---|
| 容量／价格 | 22片／¥236<br>48片／¥379 |

MEN'S Biore的脸用湿纸巾。不同于身体湿纸巾，脸用湿纸巾的质地较细，所以对脸部肌肤的摩擦伤害较低。另外，湿纸巾中还添加了皮脂吸收粉末，所以擦完之后，肌肤摸起来会显得滑嫩。这两款香调的脸用湿纸巾用起来都有清凉感。

---

シトラスジンジャーの香り
柑橘姜汁香

BLACK

ベルガモットグリーンの香り
草本佛手柑

カシスオリーブの香り
黑加仑橄榄

---

药美 MARO プレミアムフェイスシート

| 厂商名称 | 株式会社ストーリア |
|---|---|
| 容量／价格 | 42片／¥410 |

MARO脸用湿纸巾的材质是能够切实擦掉脏污的极细嫩素，因为这种纤维构造为圆筒状，所以不容易刮伤肌肤。该系列脸用湿纸巾分为添加了玻尿酸的"滋润型"，以及添加了爽身粉与薄荷的"清凉型"。

モイスト
滋润型

クール
清凉型

## デ・オウ プレミアムリフレッシュシート

| | |
|---|---|
| 厂商名称 | ロート製薬株式会社 |
| 容量／价格 | 10条／¥450 |

　　DeOu是乐敦制药的男性身体清洁品牌，这个品牌原本就有身体脸部两用湿纸巾，但在2016年春季又推出了前所未见的新形态脸用湿纸巾。这款湿纸巾不仅是独立包装，而且还把40厘米×23厘米大的湿纸巾卷起来，感觉就像去居酒屋时拿到的冰毛巾一样呢!

## GATSBY さらさらデオドラント ボディペーパー クールシトラス

| | |
|---|---|
| 厂商名称 | 花王株式会社 |
| 容量／价格 | 10片／¥398 |

　　GATSBY的这款湿纸巾在2016年春季进行改版。除原先的抑菌、清凉以及爽身粉等成分之外，这次的改版重点在于变更纸巾材质。新的纸巾可更切实地擦掉肌肤上的脏污，所以使用后的清爽感也提升许多。

## メンズビオレ 薬用デオドラント ボディシート

| | |
|---|---|
| 厂商名称 | 花王株式会社 |
| 容量／价格 | 32片／¥379 |

　　MEN'S Biore的身体用湿纸巾。这款身体湿纸巾的最大特色，就是纸巾本身较大且偏厚，只要一张就可将全身擦干净。针对汗臭味这一点，湿纸巾中也添加了抑菌成分，同时加入薄荷成分以增加清凉的使用感。

レギュラータイプ
一般型

クールタイプ
激凉型

フレッシュアップルの香り
新鲜苹果香

さっぱりオレンジの香り
清爽柑橘香

## 8×4メン ロールオン

| | |
|---|---|
| 厂商名称 | 花王株式会社 |
| 容量／价格 | 60毫升／¥645 |

　　8×4MEN滚轮止汗爽身液在2016年春季也推出改版新品。这次的改版重点在于容量从50毫升增加到60毫升，同时容器也变得好握且方便使用。只要将瓶身前端的球状滚轮贴附在腋下等部位并滚动，速干型的止汗爽身液就会在涂抹部位发挥清凉的抑菌止汗作用。

## MARO プレミアムボディシート クール

| | |
|---|---|
| 厂商名称 | 株式会社ストーリア |
| 容量／价格 | 30片／¥460 |

　　MARO身体用湿纸巾的材质同样是极细螺萦，但厚度及大小都比脸用湿纸巾大，使用起来也有持续性的清凉感。另外，除了具有去除皮脂的作用之外，因添加了爽身粉末，所以使用后肌肤会变得顺滑。

无香料
无香型

スマートシトラス
清爽柑橘

フレッシュソープ
清新皂香

**新美** ボトコラックス ブラック デオドラント スプレー

| 厂商名称 | 株式会社ウエニ貿易 |
|---|---|
| 容量/价格 | 64克 / ¥1,000 |

　　BOTOCOLLAX在2016年春季推出的止汗爽身喷雾，同样是采用同系列香水的味道作为基底，但喷雾本身的香氛不会过于强烈，因此不会影响平时用的香水味道。喜欢该系列香氛却又不喜欢太重气味者，或许这个夏天可以试试这款新品。

| **1** シトラスジンジャーの香り 柑橘薑汁香 | **2** ベルガモットグリーンの香り 草本佛手柑 | **3** カシスオリーブの香り 黑加仑橄榄 |
|---|---|---|

1　　　　　2　　　　　3

**新药超** GATSBY パウダーデオドラント スプレー

| 厂商名称 | 株式会社マンダム |
|---|---|
| 容量/价格 | 130克 / ¥650 |

　　GATSBY爽身止汗喷雾是男性爽身药妆品中的经典老牌，许多男性可能都曾经使用过。在2016年春季的这一波改版中，除提升了抑菌止汗成分的附着量，以增加使用后的清爽感之外，也根据现今年轻男性的喜好，将喷雾香味微调成了较淡且偏甜的香调。

クリアオーシャン 海洋清香

クールシトラス 清凉柑橘

アクアソープ 水感皂香

スカッシュフルーティ 清新果香

无香性 无香型

GATSBY シールド デオドラント ロールオン シャボンシトラス

| 厂商名称 | 株式会社マンダム |
|---|---|
| 容量/价格 | 45毫升 / ¥650 |

　　GATSBY SHIELD的滚轮式止汗爽身液在2016年春季进行改版，同时推出了这款带有"柑橘皂香"味的新品。无论是无香型还是柑橘皂香型，都添加了双重抑菌成分及止汗成分，可以发挥长时间的止汗抑味效果。

**新药超**

GATSBY シールド フット デオドラント ジェル

| 厂商名称 | 株式会社マンダム |
|---|---|
| 容量/价格 | 20克 / ¥650 |

　　GATSBY SHIELD系列在2016年春季推出的足用新品。除了腋下等身体部位之外，双脚在闷热的夏季也容易发出异味。只要将软管中的凝胶挤出并涂抹于脚趾间，就能发挥足部抑臭止汗的效果。

株式会社 明治

## 胶原蛋白粉
## 长寿热销品牌 明治Amino Collagen

　　胶原蛋白粉听起来好像是最近几年的美容趋势，但明治的 Amino Collagen 却是早在 2002 年就已经诞生的长寿热销品牌。明治 Amino Collagen 取自鱼皮，在利用独家的酵素处理之后才顺利制成小分子胶原蛋白粉。在制法技术的进步下，胶原蛋白粉的特殊气味已经改善了许多，所以加入食物或饮料中食用时，并不容易感觉出异味。

药超 アミノコラーゲン

| 厂商名称 | 株式会社 明治 |
| --- | --- |
| 容量/价格 | 罐装 200克／¥2,980<br>补充包 214克／¥2,980 |

**白罐基本款**
胶原蛋白含量：5000毫克（每次建议量7克中）
**其他美容成分**
精氨酸：450毫克
葡萄糖胺：60毫克
维生素C：50毫克

罐装

补充包

药超 アミノコラーゲン　プレミアム

| 厂商名称 | 株式会社 明治 |
| --- | --- |
| 容量/价格 | 罐装 200克／¥4,500<br>补充包 214克／¥4,500<br>胶原蛋白饮 50毫升／¥330 |

**金罐豪华款**
胶原蛋白含量：5000毫克（每次建议量7克／一瓶50毫升中）
其他美容成分（胶原蛋白粉／胶原蛋白饮）
精氨酸：450毫克／450毫克
葡萄糖胺：60毫克／60毫克
维生素C：50毫克／100毫克
玻尿酸：20毫克／30毫克
辅酶Q10：10毫克／30毫克
神经酰胺：1200微克／1800微克
苹萃萃取物：30毫克（胶原蛋白饮）

## 胶原蛋白健康辅助食品的选择重点

　　一般而言，胶原蛋白的主要来源有两种。一种是来自鱼皮或鱼鳞的"鱼胶原蛋白"，另一种则是取自猪皮的"猪胶原蛋白"，但就吸收量而言，据说鱼胶原蛋白比较高。在建议摄取量方面，每日建议摄取量大约为 5000 毫克，因此在挑选此类健康辅助食品时，第一个要确认的重点就是胶原蛋白含量。另外一个重点就是，许多胶原蛋白都会添加不同的美容成分，因此在选择时也可以稍微注意一下有哪些额外的美容成分。

# 保健食品

提到保健食品不得不说美容辅助，大家第一个想到的莫过于胶原蛋白。胶原蛋白是存在于人体真皮中的蛋白质，其主要作用是维持肌肤的弹性与张力。人类一过 20 岁，肌肤当中的胶原蛋白就会不断流失。虽然胶原蛋白可以通过饮食摄取，但没有人能够每天吞下一堆鱼鳞鱼皮或鸡脚猪皮，因此市面上才会出现许多与胶原蛋白相关的营养补充品。当然日本不只有胶原蛋白，还有很多以其他成分为基础的美容辅助食品。

---

**专 オルビス コラーゲンパウダー**

| 厂商名称 | オルビス株式会社 |
|---|---|
| 容量／价格 | 180克／¥2,700 |

采用冷藏或冷冻猪皮，并于24小时内萃取而成，所以没有胶原蛋白特有的臭味。每日建议摄取量为6克（即内附量匙的一平匙）。
胶原蛋白含量：5000毫克（每次建议量6克中）
其他美容成分
维生素C：50毫克

---

**专 オルビス コラーゲンフォース**

| 厂商名称 | オルビス株式会社 |
|---|---|
| 容量／价格 | 150粒／¥2,200 |

锭剂的每日建议摄取量比粉状低，适合每天长期补充所用。ORBIS的胶原蛋白锭罕见地添加了来自南美的营养成分"马卡"。
胶原蛋白含量：600毫克（每日建议量5粒中）
其他美容成分
维生素C：100毫克
马卡萃取物：240毫克

---

**专 オルビス コラーゲンゼリー ライチ味**

| 厂商名称 | オルビス株式会社 |
|---|---|
| 容量／价格 | 20克×14条／¥1,496 |

可以当点心吃的荔枝口味胶原蛋白冻。除了荔枝口味之外，ORBIS其实会不定期地推出葡萄等期间限定口味哦！
胶原蛋白含量：1000毫克（1条中）
其他美容成分
玻尿酸：30毫克
维生素B6：0.4毫克

---

**专 ファンケル HTC コラーゲンDXパウダー**

| 厂商名称 | 株式会社ファンケル |
|---|---|
| 容量／价格 | 3克×30条／¥3,200 |

FANCL的胶原蛋白粉为独立包装条装，可以随身携带并添加在各种食物或饮品之中。较为特殊的成分是可保护胶原蛋白不受紫外线影响的苹果多酚。
胶原蛋白含量：2600毫克（1条3克中）
其他美容成分
苹果多酚：10毫克
维生素C：100毫克
维生素E：1毫克

---

**专 ファンケル HTC コラーゲンDXドリンク テンスアップ**

| 厂商名称 | 株式会社ファンケル |
|---|---|
| 容量／价格 | 50毫升×10瓶／¥3,200 |

胶原蛋白含量与胶原蛋白粉相同，但多了许多不同的美容成分，适合在集中美容时饮用。
胶原蛋白含量：2600毫克（1瓶中）
其他美容成分
苹果多酚：83毫克
维生素C：250毫克
维生素E：2毫克
玻尿酸：1毫克
辅酶Q10：1毫克
神经酰胺：600微克

---

**专 オルビス コラーゲン ザ ビューティ**

| 厂商名称 | オルビス株式会社 |
|---|---|
| 容量／价格 | 50毫升×10瓶／¥2,286 |

每瓶的胶原蛋白含量高6000毫克，在全系列中含量高，适合在集中美容时饮用。
胶原蛋白含量：6000毫克（1瓶中）
其他美容成分
维生素C：300毫克
神经酰胺：300微克

---

**专 ファンケルス HTC コラーゲンDX**

| 厂商名称 | 株式会社ファンケル |
|---|---|
| 容量／价格 | 180粒／¥1,620 |

除了胶原蛋白含量较外，也未添加辅助胶原蛋白成的维生素C与维生素E，这单一日常补充胶原蛋白所需
胶原蛋白含量：900毫克（6粒中）
其他美容成分
苹果多酚：10毫克

200

### 专 アスタリフト ピュアコラーゲンパウダー

| | |
|---|---|
| 厂商名称 | 富士フイルム株式会社 |
| 容量 / 价格 | 5.5克×30条 / ¥4,570 |

富士软片运用制作底片的技术，开发出除去了80%杂质的小分子鱼胶原蛋白。由于分子很小，所以溶于水后，水会呈现透明无臭的状态，很适合对胶原蛋白腥味敏感的人。

胶原蛋白含量：5000毫克（1条5.5克中）
其他美容成分
维生素C：30毫克
鸟氨酸：27毫克

### 药 ITOH プロテオグリカンコラーゲン

| | |
|---|---|
| 厂商名称 | 井藤汉方制药株式会社 |
| 容量 / 价格 | 104克 / ¥3,900 |

这款胶原蛋白粉最特别的成分，在于萃取自三文鱼鼻软骨的蛋白聚糖。据说该成分可促进胶原蛋白增生且保水性高。除此之外，还有富含多酚的山竹萃取物。

胶原蛋白含量：5000毫克（每日建议量5.2克中）
其他美容成分
玻尿酸：5毫克
蛋白聚糖：5毫克
山竹萃取物：100毫克

### 专 オルビス ホワイトステップ

| | |
|---|---|
| 厂商名称 | オルビス株式会社 |
| 容量 / 价格 | 180粒 / ¥2,400 |

ORBIS的亮白锭除维生素C外，还添加了酵母萃取物。这个酵母萃取物中大约有由15%是由半胱氨酸胜肽组成，而许多美白锭的主要成分正是半胱氨酸。

美容成分（每日建议量6粒中）
酵母萃取物：360毫克
维生素C：1000毫克
橙皮苷：30毫克
维生素B₁：1.0毫克
维生素B₂：1.1毫克
维生素B₆：1.5毫克

### 药 ITOH エクスプラセンタパウダー

| | |
|---|---|
| 厂商名称 | 井藤汉方制药株式会社 |
| 容量 / 价格 | 90克 / ¥2,900 |

以胎盘素为主，结合胶原蛋白、玻尿酸、Q10及神经酰胺五大美容营养素的胎盘素粉，适合同时想摄取多种主要美容成分的人。

美容成分（每日建议量3克中）
胎盘素：4000毫克
胶原蛋白：1000毫克
玻尿酸：5毫克
辅酶Q10：3毫克
神经酰胺：200微克

### 专 オルビス ヒアルロン酸

| | |
|---|---|
| 厂商名称 | オルビス株式会社 |
| 容量 / 价格 | 60粒 / ¥3,496 |

ORBIS的玻尿酸除了直接摄取玻尿酸之外，还添加了能够促进玻尿酸产生的蓝锦葵萃取物与N-乙酰葡糖胺，适合肌肤干燥者搭配脸部保养品一起使用。

美容成分（每次建议量2粒中）
玻尿酸：120毫升
蓝锦葵萃取物：1.2毫升
N-乙酰葡糖胺：10毫升

### 专 アスタリフト ホワイト サプリメント ホワイトシールド

| | |
|---|---|
| 厂商名称 | 富士フイルム株式会社 |
| 容量 / 价格 | 60粒 / ¥4,000 |

富士软片推出的亮白锭成分相当特别，不采用常见的半胱氨酸，而是选择虾青素这些红色的抗氧化素材，也就是通过肌肤本身的抗氧化能力，让肌肤由内抵挡紫外线的伤害。

美容成分（每日建议量6粒中）
虾青素：6毫升
茄红素：1.8毫升
红酒多酚：2.9毫升
小分子胶原蛋白：4毫升
维生素C：30毫升
维生素E：3毫升
烟碱酸：20毫升
β胡萝卜素：1.4毫升

### 药 ITOH コラーゲン・低分子ヒアルロン酸

| | |
|---|---|
| 厂商名称 | 井藤汉方制药株式会社 |
| 容量 / 价格 | 300克 / ¥4,800 |

日本药妆店中常见的胶原蛋白+玻尿酸粉。很单纯的成分，适合不需要多摄取其他美容成分的人。

胶原蛋白含量：4995毫克（每日建议量5克中）
其他美容成分
玻尿酸：5毫克

### 专 オルビス プラセンタ

| | |
|---|---|
| 厂商名称 | オルビス株式会社 |
| 容量 / 价格 | 60粒 / ¥2,496 |

大部分的胎盘素都萃取自猪胎盘，而ORBIS的胎盘素则萃取自三文鱼卵巢膜。这种来自鱼体的胎盘素中，含有猪胎盘中所没有的弹力蛋白等美容成分。

美容成分（每日建议量2粒中）
海洋型胎盘素：123毫克
米胚芽萃取物：11.1毫克
维生素B₁：1.1毫克
维生素B₂：1.2毫克
维生素B₆：1.1毫克

# 日本健康新主流，植物酵素风潮不退热

　　这几年日本人特别喜爱酵素，连带着药妆店也出现了许多酵素型的健康辅助食品。不过酵素究竟是什么呢？其实酵素大致可分为人体自行产生的"体内酵素"与通过食物摄取的"食物酵素"两大类。据说酵素能够改变肠内状况甚至能让血流更顺畅，但在日本有许多人将酵素用来作体重管理之用。

## 酵素界的新"刺客"！
## 异军突起的酵水素

　　在众多的酵素商品中，最近出现一支名为"酵水素"的新军。其实酵水素指的是"酵素"加"水素"，而水素就是中文里所说的"氢"。说到"氢"，其实又是另一个日本的美容新风潮。在许多艺人名媛的带领下，喝氢水、泡氢水澡俨然成为时尚的保养新潮流。就在这股新潮流之下，结合酵素与水素（氢）的酵水素已成为日本人的新宠。

## "水素"是什么？

　　日语中的"水素"就是中文所说的"氢"。据说氢的抗氧化能力相当强，可抑制87%的自由基，甚至能够增加胶原蛋白增生，以及抑制黑色素及脂肪团的形成，因此在日本才会被视为新的美容健康素材。

---

【药】【超】
酵水素328选

| 厂商名称 | 株式会社 M&F |
| --- | --- |

　　在日本大卖了400多万个的酵水素。从328种蔬果植物中萃取出酵素，并调和氢制成的健康辅助食品，基本款分为液态的酵素饮及固态的酵素锭。酵素饮附有一包"水素粉"，在喝的时候倒入瓶中搅拌均匀，而酵素锭则是直接将水素粉加到了锭剂中。

ドリンク
酵素饮
500毫升／¥4,740

サプリメント
酵素锭
60粒／¥1,600

ドリンク
19谷の麹入り
冲绳黑糖味
酵素饮
500毫升／¥4,740

除原有的328种蔬果植物酵素之外，还添加了19种谷麸成分，并加入了冲绳黑糖。

生サプリメント
酵素锭
90粒／¥4,190

利用特殊制法，耗费较长的时间，将"活"的酵素浓缩到胶囊中，同样也添加有冲绳黑糖。

药 スベルティ
生酵素×酵母

| 厂商名称 | 株式会社イムノス |
|---|---|
| 容量 / 价格 | 60粒 / ¥1,400 |

将200种蔬果植物酵素与酵母胜肽浓缩在一起，添加在酵素中的两种酵母，主要作用是辅助酵素发挥效用。除此之外，还添加了左旋卡尼丁及Q10等美体美容成分。

药 スベルティ
生酵素×酵母プレミアム

| 厂商名称 | 株式会社イムノス |
|---|---|
| 容量 / 价格 | 150粒 / ¥2,838 |

成分和制法基本上与60粒装的版本相同，但每粒中的酵素与酵母含量更多，可谓浓缩升级版。

药 ITOH
ベジダイエット 植物酵素

| 厂商名称 | 井藤汉方制药株式会社 |
|---|---|
| 容量 / 价格 | 90粒 / ¥2,400 |

含有58种酵素成分的酵素胶囊。除了58种酵素之外，还有萃取自菠萝的神经酰胺、芦荟萃取物及酵母萃取物。

药 スベルティ
スマート菌

| 厂商名称 | 株式会社イムノス |
|---|---|
| 容量 / 价格 | 56粒 / ¥1,362 |
| | 120粒 / ¥2,760 |

近年来日本流行摄取好菌的"菌活"，其实它也算是喝酸奶的升级版。这款"菌活"风潮下诞生的"SMART菌"，是以25种乳酸菌搭配这几年日本风行的燃烧系素材——金针菇及香菇红茶制成，是素材相当特别的新类型。

# 健康辅助食品新鲜货

　　传统的健康辅助食品不外乎是锭剂或液态，而且吃起来一点也没有"美味"的感觉。不过2015年日本药妆店里出现一个有趣的健康辅助食品的新品牌——"UHA グミサプリ"。其实UHA就是制造知名葡萄软糖"コロロ"的UHA味觉糖公司，这次他们突发奇想，把健康辅助食品的成分与自家软糖制造技术结合，所以才会打造出口感和一般软糖没有两样的新形式健康辅助食品。不喜欢吞服锭剂的人，或许该系列是个好选择呢！

B族维生素
10天分 / ¥350

维生素C
10天分 / ¥250

铁&叶酸
10天分 / ¥280

大豆异黄酮
10天分 / ¥580

胎盘素Q10
10天分 / ¥1,580

玻尿酸
10天分 / ¥580

## 阻断系

日本的健康辅助食品种类众多，其中体重管理型占了相当大的比例。在琳琅满目的体重管理型健康辅助食品成分中，最令吃货们青睐的种类，莫过于抑制吸收量的"阻断系成分"了。一般来说，阻断系成分的主要阻断目标有"碳水化合物""糖分"及"油分"。不过阻断系的健康辅助食品终究不是万能的，千万别以为吃了之后就可以肆无忌惮地暴饮暴食哦！在这里，为各位简单整理一下常见的阻断系成分，大家在挑选此类健康辅助食品时可作为参考。

### 日本健康辅助食品中常见的阻断系成分

| 日语 | 中文 | 阻断目标 |
|---|---|---|
| 茶花エキス | 茶花萃取物 | 糖 碳 油 |
| グァバ葉エキス | 番石榴叶萃取物 | 糖 碳 |
| サラシア | 莎拉木（五层龙） | 糖 碳 |
| 桑の葉 | 桑叶 | 糖 碳 |
| キノコキトサン | 菇类甲壳素 | 油 |
| キトサン | 甲壳素 | 油 |
| 杜仲葉エキス | 杜仲叶萃取物 | 油 |
| 緑茶エキス | 绿茶萃取物 | 油 |
| カテキン | 儿茶素 | 油 |
| 赤ワインポリフェノール | 红酒多酚 | 油 |
| 海藻ポリフェノール | 海藻多酚 | 油 |
| インゲン豆エキス | 白肾豆萃取物 | 碳 |
| ギムネマシルベスタ | 武靴叶 | 糖 |
| 食物繊維 | 膳食纤维 | 糖 |

**专 富士フイルム メタバリアスリム**

| 厂商名称 | 富士フイルム株式会社 |
|---|---|
| 容量／价格 | 240粒／¥4,570 |

富士软片跨界推出的健康辅助食品，除了四种阻断系成分之外，还加了两种燃烧系成分，算是双管齐下的商品。

阻断系成分：莎拉木、膳食纤维、绿茶萃取物、红酒多酚

**专 ファンケル 大人のカロリミット**

| 厂商名称 | 株式会社ファンケル |
|---|---|
| 容量／价格 | 120粒／¥2,592 |

这款"大人的Calorie Limit"和原本淡绿色包装的"Calorie Limit"成分几乎相同，但因为许多人上了年纪后会有代谢变差的问题，所以这个版本多加了促进代谢的"黑姜萃取物"。

阻断系成分：武靴叶、桑叶、绿茶萃取物、甲壳素、白肾豆萃取物

**专 オルビス スリムキープ**

| 厂商名称 | オルビス株式会社 |
|---|---|
| 容量／价格 | 60粒／¥1,296 |

同时添加了5种阻断系成分，小锭剂上画有爱心图案的"SLIM KEEP"，适合外食族的现代人偶尔解馋用。

阻断系成分：桑叶、番石榴叶萃取物、茶花萃取物、菇类甲壳素、杜仲叶萃取物

**专 ファンケル カロリミット**

| 厂商名称 | 株式会社ファンケル |
|---|---|
| 容量／价格 | 120粒／¥1,447 |

FANCL的"Calorie Limit"添加有5种阻断系成分，其中名为"鸠龙绿茶エキス"的成分，其实是绿茶萃取物。

阻断系成分：武靴叶、桑叶、绿茶萃取物、甲壳素、白肾豆萃取物

**专 富士フイルム メタバリアスリムプレミアム**

| 厂商名称 | 富士フイルム株式会社 |
|---|---|
| 容量／价格 | 240粒／¥5,520 |

基本成分与白色的普通版本类似，但多加了海藻多酚强化抑制吸收油分，而且燃烧系成分也多了两种，可以说是豪华升级版。

阻断系成分：莎拉木、膳食纤维、绿茶萃取物、红酒多酚、海藻多酚

**药 美 なかったコトに！**

| 厂商名称 | 株式会社グラフィコ |
|---|---|
| 容量／价格 | 120粒／¥1,400 |

なかったコトに！系列的基本款，适合平时饮食不均衡或爱吃零食的人作为入门款使用。

阻断系成分：儿茶素、白肾豆

药 美 **なかったコトに！**
**40代からのカロリーバランスサプリ**

| 厂商名称 | 株式会社グラフィコ |
|---|---|
| 容量／价格 | 120粒／¥1,680 |

专为40多岁的人士开发的新版本，除了阻断系成分之外，也添加了许多燃烧系成分与美容成分。

阻断系成分：莎拉木、白肾豆

药 美 **なかったコトに！ カロリーバランスチョコ**

| 厂商名称 | 株式会社グラフィコ |
|---|---|
| 容量／价格 | ¥458 |

专为体重管理期间也想吃甜食的人设计，是目前市场上少见的功能性巧克力。

阻断系成分：莎拉木、膳食纤维

药 **スベルティ 飲んでチョーオフカロ**

| 厂商名称 | キューオーエル・ラボラトリーズ株式会社 |
|---|---|
| 容量／价格 | 120粒／¥1,350　280粒／¥2,750 |

添加了4种阻断系成分，其中甲壳素这项成分是从虾壳中萃取出来的独家成分，号称效果是一般甲壳素的3～5倍。

阻断系成分：甲壳素、武靴叶、莎拉木、白肾豆萃取物

---

## 燃烧系

　　另一类体重辅助食品是以燃烧系成分为主，燃烧成分主要用于提升身体本身的代谢能力。

### 日本健康辅助食品中常见的燃烧系成分

| 日语 | 中文 |
|---|---|
| L- カルニチン | 左旋卡尼丁 |
| α- リポ酸 | α- 硫辛酸 |
| ヒハツエキス | 荜拔萃取物 |
| ショウガ | 生姜 |
| トウガラシエキス | 辣椒萃取物 |
| カプサシン | 辣椒素 |
| ガルシニア | 藤黄果 |

专 **オルビ スリムエクササイズ**

| 厂商名称 | オルビス株式会社 |
|---|---|
| 容量／价格 | 60粒／¥2,496 |

添加了可提升平日运动效果的燃烧系成分左旋卡尼丁，每次服用的含量高达500毫克。

燃烧系成分：左旋卡尼丁

专 **富士フイルム メタファイア**

| 厂商名称 | 富士フイルム株式会社 |
|---|---|
| 容量／价格 | 150粒／¥4,570 |

左旋卡尼丁含量为500毫克，再搭配其他3种燃烧系成分，所以身体虚寒的人也很适合的呢！

燃烧系成分：左旋卡尼丁、辣椒萃取物、生姜、荜拔萃取物

专 **ファンケル パーフェクトスリムα**

| 厂商名称 | 株式会社ファンケル |
|---|---|
| 容量／价格 | 120粒／¥1,447 |

主打提升基础代谢，除了燃烧成分之外，同时也加入了儿茶素等阻断系成分。

燃烧系成分：左旋卡尼丁、α-硫辛酸、藤黄果

药 **スベルティ 黒しょうが**

| 厂商名称 | 株式会社イムノス |
|---|---|
| 容量／价格 | 70粒／¥1,361　150粒／¥2,759 |

除四大常见的燃烧系成分之外，还添加了黑姜、黑蒜、黑洋葱、黑胡椒、陈醋醪五种黑色植萃素材。

燃烧系成分：左旋卡尼丁、荜拔萃取物、辣椒素、藤黄果

专 **オルビス スーパーアロニア**

| 厂商名称 | オルビス株式会社 |
|---|---|
| 容量／价格 | 60粒／¥4,572 |

虽然是燃烧系的健康辅助食品，但主打成分却是较为少见的"野樱莓"。其实富含多酚及花青素的野樱莓在欧美是相当知名的超级食物，目前日本也只有北海道或岩手县等寒冷地区才能顺利栽种。

燃烧系成分：生姜、荜拔萃取物

# 健康杂货

除了医药品及保养彩妆之外，日本药妆店里的口罩、免洗洗手液以及衣物消臭喷雾等杂货种类繁多，也是许多人会大肆采购的品项，下回到药妆店时，别忘了顺手带些健康杂货哦！

---

いちごの香り・ピンク　みかんの香り・オレンジ　メロンの香り・グリーン
草莓香・粉红色　　　　柑橘香・粉橘色　　　　哈密瓜香・粉绿色

### 药 超

**KOWA 三次元マスク**

| 厂商名称 | 兴和株式会社 |
|---|---|
| 容量 / 价格 | 7个 / ¥400 |

KOWA三次元口罩可谓日本药妆店口罩商品中的明星品牌，该系列是整个品牌的基本款。三次元的口罩不仅花样选择多，戴起来的感觉更是广受喜爱，尤其是那质地柔软的耳挂带，让戴口罩者不太容易耳朵痛呢！（日本制）

白色一般尺寸　　　粉红色小尺寸

### 药 超

**KOWA 三次元マスク こども用**

| 厂商名称 | 兴和株式会社 |
|---|---|
| 容量 / 价格 | 3个 / ¥350 |

KOWA三次元的儿童专用口罩。材质与设计都与成人版相同，但添加了小朋友喜欢的香味，并且采用马卡龙色系的口罩布，让小朋友戴口罩时能多一些乐趣。（日本制）

### 新 药 超

**KOWA 三次元プレミアムマスク**

| 厂商名称 | 兴和株式会社 |
|---|---|
| 容量 / 价格 | 3个 / ¥400 |

这两年日本什么东西都要推出Premium豪华版，KOWA的三次元口罩当然也没有错过这波热潮。除了原本就柔软的耳挂带及口罩本体之外，五层构造中最靠近嘴巴的内层触感变得更顺滑不刮嘴，而最外层则会自然反射光线，让口罩与肤色融为一体。另外，嘴巴部位的空间也比较大，呼吸起来更没有压力。（日本制）

白色一般尺寸　　　　白色小尺寸

### 药 超

**KOWA ほんのりハーブが香るマスク**

| 厂商名称 | 兴和株式会社 |
|---|---|
| 容量 / 价格 | 3个 / ¥400 |

KOWA三次元专为女性开发的不脱妆口罩。特殊的口罩用布，可让女性脸上的彩妆不容易附着在口罩上，而且还添加了不同香气的香氛胶囊，戴口罩时也能享受香氛的舒缓作用。（日本制）

カモミールの香り　ジャスミンの香り　ベルガモットの香り　ラベンダーの香り　ローズの香り
洋甘菊香　　　　　茉莉花香　　　　　佛手柑香　　　　　薰衣草香　　　　　玫瑰花香

### 手ピカジェル プラス

| 厂商名称 | 健荣制药株式会社 |
|---|---|
| 容量 / 价格 | 60毫升 / ¥600<br>300毫升 / ¥1,200 |

　　包装上有只可爱小浣熊的"TE PIKA GEL"在2015年年底推出黄色新版本。这个版本与原先粉红色版本一样，酒精浓度大约是80%。两者最大的不同之处在于粉红色版本为中性，而黄色版本则添加了磷酸后变成弱酸性。据说弱酸性酒精能提升抑制微生物的效果，因此黄色版本可谓加强升级版呢!

### シア＆ナチュレ ハンドジェル

| 厂商名称 | 株式会社シースタイル |
|---|---|
| 容量 / 价格 | 57毫升 / ¥800 |

　　酒精浓度为59%免洗洗手液，因为添加了薰衣草及香茅精油，使用起来没有刺鼻味。另外还添加了乳木果油及胶原蛋白等润泽成分，凝胶中的小晶球胶囊中包覆的则是维生素E。有了这些美肌成分，就不怕酒精成分把双手弄得干燥粗糙了。

### ウイルス当番

| 厂商名称 | 兴和株式会社 |
|---|---|
| 容量 / 价格 | 1个月型 / ¥1,000<br>2个月型 / ¥1,700<br>3个月型 / ¥2,200 |

　　只要将这个可爱的守卫摆在玄关或客厅中，就可抑制病毒、细菌、真菌捣蛋。其实这个商品是运用了二氧化氯对细菌、病毒、真菌的氧化作用，让这些微生物的构造出现变化并减弱原有的能力。

1个月型

2个月型

3个月型

### コルゲンコーワ 手とゆびの消毒ジェル

| 厂商名称 | 兴和株式会社 |
|---|---|
| 容量 / 价格 | 300毫升 / ¥1,100 |

　　除酒精成分外，还添加了"苯扎氯铵"的免洗手凝胶。在护手成分方面则有玻尿酸及芦荟萃取物。大瓶装适合放在玄关或门口鞋柜上，方便家人回家后先洗一下做简单清洁。

### ビオレu アロマタイム泡ハンドソープ

| 厂商名称 | 花王株式会社 |
|---|---|
| 容量 / 价格 | 230毫升 / ¥395 |

　　洗净技术与成分都和基本型洗手泡差不多，但这个专为家庭主妇开发的精油香氛版本，号称只洗一次就能将做家务或下厨所黏附的脏污与油垢洗净，而那迷人的香味，也算是属于家庭主妇的小确幸吧!

玫瑰花香型

草本花香型

皂香型

フルーツの香り
果香型

シトラスの香り
柑橘香型

### ビオレu 泡ハンドソープ

| 厂商名称 | 花王株式会社 |
|---|---|
| 容量 / 价格 | 250毫升 / ¥395 |

　　利用花王独家SPT洗净技术开发的弱酸性洗手泡。除了洗净成分之外还有抑菌成分，而且泡泡绵细，让小朋友也能简单完成洗手的动作。

**リセッシュ 除菌EX**

| 厂商名称 | 花王株式会社 |
|---|---|
| 容量 / 价格 | 360~370毫升 / ¥513 |

花王Resesh是相当知名的除菌喷雾品牌，在许多日本的商务饭店中都能见到它的踪影。整个品牌分为基本型、抑味型及防御型三个系列。其中基本型及抑味型的共同特性，在于将目标锁定在皮脂氧化及汗水接触细菌后产生的异味。若常穿的衣物或家中的布面沙发经常发出异味，不妨试试这个类型的除菌喷雾。

レギュラー
基本型

香りが残らないタイプ
香味不残留型

ほのかなグリーンハーブの香り
淡雅草本香

ほのかなピュアソープの香り
纯净淡皂香

デオドラントパワー
抑味型

强化化解男性体臭、烟味及烧烤烟味的类型。

香りが残らないタイプ
香味不残留型

ほのかなライトシトラスの香り
淡雅柑橘香

プロテクトガード
防御型

通过抑制静电产生的方式，减少花粉、尘螨及PM2.5的附着量。

---

**铁腕アトムの アロマガードミスト**

| 厂商名称 | 株式会社エコ・トレード |
|---|---|
| 容量 / 价格 | 50毫升 / ¥800 |

不含避蚊胺，由7种草本香氛组成的防蚊喷雾。虽然避蚊胺对人体有害，但不含避蚊胺的防蚊喷雾的效果却一般般。这款阿童木精油防蚊喷雾，是以柠檬桉油、香茅草油、薰衣草油、柠檬草油、茶树油、薄荷油、桧木油七种植萃精油制成。许多精油类的防蚊喷雾闻起来都不是很香，但这一款因厂商特调的黄金比例，所以闻起来很香，只是目前铺货点不算多，除免税店之外就是BIC CAMERA等卖场附设的药妆店里有。

---

**パテックス 机能性サポーター ハイグレードモデルひざ用**

| 厂商名称 | 第一三共ヘルスケア株式会社 |
|---|---|
| 容量 / 价格 | ¥3,700 |

第一三共Healthcare与华歌尔共同合作开发的护膝。透气速干的强伸缩性材质主体厚度仅有0.7毫米，所以穿上后关节不会难以活动，而且除了最上方那一圈之外，整个护膝侧面也有纵向的防滑落设计。在护膝原理方面，则是运用独家的交叉包覆方式将整个膝关节包起来，借此缓冲膝部所承受的冲击力（男女尺寸各有M、L、LL三种）。

---

**优月美人 よもぎ足温パット**

| 厂商名称 | 株式会社グラフィコ |
|---|---|
| 容量 / 价格 | 6片 / ¥900 |

这款足底专用"暖暖包"非常适合双脚总是冰冷而睡不好的女性。不过这可不是单纯的暖暖包，中间还多加了一片由艾草、薄荷及鱼腥草等草本成分所组成的吸水层，可吸附睡眠时足底排出的汗水。

---

**优月美人 ポカポカおしりのほっぺ**

| 厂商名称 | 株式会社グラフィコ |
|---|---|
| 容量 / 价格 | 6片 / ¥834 |

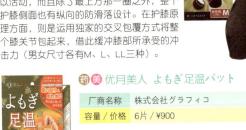

暖暖包的应用变化究竟有没有极限呢？臀部专用的暖暖包可能就是一大创举吧！据说许多人都有小屁屁冰冷的困扰，所以优月美人这一品牌才推出双臀专用的暖暖包。除发热功能之外，贴附臀部肌肤的那一面还添加了艾草、玻尿酸、胶原蛋白及神经酰胺等美肌成分。不过这个商品并不适合在睡觉时使用哦！

---

**バンテリンコーワ サポーターひざ专用**

| 厂商名称 | 兴和株式会社 |
|---|---|
| 容量 / 价格 | ¥1,500 |

VANTELIN是兴和的酸痛药品牌，除了酸痛药系列之外也推出了专用护具。这款膝部护具的开发方向着重于日常生活运动，利用特殊的U形辅助构造，由下及左右两侧支撑膝部。在2016年的春季改版中，左右两侧的支撑构造各加宽了5毫米，护具最上方的部分也改良得更容易伸缩且服帖。

# PART8

# 一起逛超市

# 坐落于日本人最想居住的地区
## 亲子购物新天堂——GRAND TREE 武藏小杉
### 新形态超市·伊藤洋华堂

相信许多人都喜欢逛日本的超市，因为在那里可以买到好吃的零食、帮助自己做出满桌好菜的调味料、好用方便的家庭用品，最后再买个当季水果、握寿司、现炸天妇罗回酒店享用，根本就是完美无缺的购物热点呀！

这回要介绍给大家的超市，就藏身在一座大型商场之中。因为这里占地宽广且品种齐全，所以成为我最近常逛常买的新欢。这家名为"GRAND TREE 武藏小杉"的综合商场，就位于 JR 横须贺线与东急东横线两条铁道的武藏小杉站之间。武藏小杉，因为往东进东京或往西进横滨都在 30 分钟车程内，加上居住环境相当舒适，所以近来成为日本人在东京最想居住的地区之一呢！

GRAND TREE 武藏小杉与其他综合商场不同的主打特色，是"适合亲子同乐"的商场。在这里你可以看到许多卖场设计或专柜，全都是专为小朋友设计，难怪就算是平日来，也经常看见一大群家庭主妇带着小朋友前来购物。

GRAND TREE 武藏小杉最大的卖点之一，莫过于其位于顶楼 5 楼的空中庭园"GRAND GREEN GARDEN"。为了让生活于都市中的小朋友也有机会在绿地开心地奔跑，GRAND TREE 武藏小杉在建造时就已经规划出这个秘密花园。这片占地广达 4300 平方米的空间，是日本所有商业设施中规模最大的空中庭园。除了各季节的花草树木之外，夏季开放的鲸喷水池区更是热门景点。

---

### Info

**GRAND TREE 武藏小杉**

开放时间　10:00～23:00
地　　址　〒211-0004 神奈川
　　　　　川崎市中原区新丸子东 3 丁目 1135-1
营业时间　10:00～21:00（超市至 22:00）
交　　通　JR 横须贺线·南武线·东急东横线·武藏小杉站

↑ 真不愧是主打亲子同乐的购物商场，连休息区的沙发座椅摆设也如此地富有童心。

↑ 位于4楼的"スマイルスクエア"（微笑广场）是免费开放的小朋友室内游乐场。广场上的大电视墙，播放的是互动式游戏画面。

↑ 在微笑广场旁，就是容易让妈妈们失去理智的"阿卡将"。

↑ 就连素有露营用品界LV之称的"snow peak"也在这里开了一家店。假日喜欢全家老少外出露营的人怎么能错过呢？

↑ 既然是亲子型购物商场，这里当然有许多设计可爱且品质好的儿童餐具。

↑ 你们是否和我一样喜欢来日本购买厨房用品及餐具呢？来到这一区根本就是让钱包大失血呀！

↑ 这几年中国人很迷LC锅，但听说现在的日本家庭主妇们，反倒开始迷右手边那柜日本制的铸铁锅品牌——"Vermicular"。

↑ 顶层5楼的空中庭园"GRAND GREEN GARDEN"，是GRAND TREE武藏小杉卖点之一。当初筹建时，即邀请孩子们到此种花，参观果园、鲸喷水场地等，期许为孩子们长大远游想起家乡时，想到在这块屋顶花园内还有自己亲手种下花朵的美好回忆。

↑ 位于1楼的超级市场GRAND TREE MARCHE，其实就是我常逛的伊藤洋华堂。由于周围的集合住宅相当多，所以这里是附近住户及贵妇们的专属市场，许多食材也都相当讲究。针对喜欢吃生菜的女性，这里还有一区沙拉吧可以自行组合成属于自己的沙拉餐。

↑ 不同于一般超市已经打包处理好冷藏的方式，这里的海鲜都是从邻近渔港直送，所以在这里可以看见活生生的海鲜。虽然带不走不能买，但光看也觉得开心呢！

↑ 现炸的炸物看起来好美味呀～带一些回酒店吃好了！

↑ 既然是亲子商场里的超市，当然也有专为小朋友设计的小便当哦！

←七美花园（7美のガーデン）是伊藤洋华堂旗下的药妆店品牌，许多伊藤洋华堂中都能见到它的踪影。七美花园除了一般药妆渠道都有的商品之外，也推出许多自有品牌商品。都来到这里了，当然要买一些"7&i集团限定品"才对呀！

### Ag+ メンズオフィスデオ

资生堂与日本小七共同开发的男性沐浴系列。资生堂Ag+是止汗爽身品牌，这回针对男性的特殊体味问题，与小七联名开发出沐浴乳及洗润发系列。另外，该系列在2016年夏季更换包装。有兴趣的朋友在购买时可以多注意一下。

### ネイチャーパーフェクト

Nature Perfect是七美花园与高丝耗费3年开发，于2015年8月正式推出的轻熟龄多效保养系列。针对30～40岁忙碌的现代女性需求，开发出早晚只要各用一瓶就可完成保养工作的保养品。除具有玻尿酸、胶原蛋白、神经酰胺、乌龙茶萃取物等保湿润泽成分之外，最特别的是添加了"芝麻芽萃取物"及"孟宗竹皮萃取物"这两种采收时期短的珍贵嫩芽美容成分，而该系列则是七美花园的限定商品。

**デイエッセンスジェルUV**
日用精华凝露
60克／¥2,200

**エッセンスジェル**
夜用精华凝露
100克／¥2,700

**ボディソープ**
沐浴乳
300毫升／¥647

**ヘアシャンプー**
洗发精
300毫升／¥647

**コンディショナー**
润发乳
300毫升／¥647

### サイン内服液DX

容量/价格　30毫升×3瓶／¥1,186

添加了中药萃取成分的无咖啡因营养补充饮。许多日本人在生病期间或觉得身体疲劳时，都会喝这样的内服液。

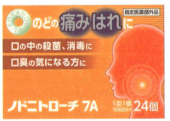

### ノドニトローチ7A

容量/价格　24个／¥554

喉咙痛或喉咙肿时服用的喉糖。服用方式是含在喉咙里慢慢让它融化，让有效成分可以不断地通过喉咙。

### 葛根汤S2

容量/价格　20包／¥1,505

葛根汤其实是汉方药的一种，但在日本却相当常见。一般来说，葛根汤适用于感冒初期，而七美花园限定版的葛根汤粉末制剂每日建议服用两次。

### 兴和 三次元さらさら快适マスク

容量/价格　5个／¥380

KOWA三次元口罩在七美花园也有限定品。这款上白下金的包装，是专属于7&i集团的限定版本哦！

### ロキソプロフェン錠

容量/价格　12錠／¥545

分类为第1类医药品的止痛药。由于药效较强而被归类为第1类医药品的销售管制规定限制，如果药剂师已经下班的话就无法购买哦！

# 居家清洁日用品特辑
## 洗衣液／柔顺剂／衣物香氛

在前作中曾介绍过超市里的食品及零食类，这次和大家一起来看看日本衣物清洁类产品。生活清洁用品最大宗也最重要的品项，应该就是洗衣液、柔顺剂这类产品。随着洗衣液的日益进化，从以前纯粹的洗净需求，进化到通过柔顺剂让衣服松软，甚至还有一些护色、避免缩水变形的洗衣产品。近年来，更出现了所谓的草本香氛以及香水洗衣液。可见洗衣服不再只是洗干净，更要求多功能以及香喷喷。就让我带领大家一起寻找日本的衣物清洁类生活用品吧。

### アタック Neo
### 抗菌EX Wパワー

| 厂商名称 | 花王株式会社 |
|---|---|
| 容量／价格 | 400克／¥360 |

同时兼具抗菌及抗真菌的双重除味洗衣产品，洗衣的同时抑制衣物异味产生菌生长。添加过氧化氢作为漂白抗菌成分，就连换洗衣物及洗衣机内槽也能避免异味的产生。洗衣剂不添加荧光剂，洗后带有淡淡的柑橘清香。

### エマール
### 洗濯洗剂 液体 おしゃれ着用

| 厂商名称 | 花王株式会社 |
|---|---|
| 容量／价格 | 500毫升／¥330 |

洗衣时防止衣物受损的洗衣液，避免衣物因洗涤造成褪色以及变形缩水等，就连容易变形的女性服饰也很适用。洗衣的同时去除异味来源，不仅仅是用香味盖过异味。不含荧光剂，一共有两种不同香味选择。

アロマティック
ブーケの香り
铃兰玫瑰花香

リフレッシュ
グリーンの香り
清新绿地香气

---

### トップ

| 厂商名称 | ライオン株式会社 |
|---|---|

TOP是由狮王推出的超浓缩洗衣液系列。除了浓缩用量更少以及体积更小之外，只需要漂洗一次即可。LION独家技术，将洗净成分浓缩，进而提升洗衣液洁力。

HYGIA(ハイジア)
抗菌加强版

利用正离子效果使细菌不易附着在衣物上，同时添加了自然茶树精油，带有薄荷香氛。

450克／¥360

香りつづくトップ
Aroma Plus
プレシャスピンク
柔软香氛洗衣液
华丽粉红花

添加了柔软成分的香氛洗衣精，洗完后衣物带有欧丁香及茉莉花等粉色植物香氛调和出的华丽香气。
前调：桃子、百香果、黑加仑
中调：玫瑰、欧丁香、茉莉花
后调：檀香、香草、琥珀

400克／¥360

香りつづくトップ
Aroma Plus
エレガント イエロー
柔软香氛洗衣液
优雅黄花

添加了柔软成分的香氛洗衣液，使用了黄玫瑰、含羞草、黄苍兰等黄色植物，带有阳光温柔的优雅香气。
前调：橘、菠萝、洋甘菊
中调：黄玫瑰、含羞草、黄苍兰
后调：檀香、雪松、粉香

400克／¥360

## ラ・ボンルランジェ
## 柔軟剤入り洗剤

| 厂商名称 | 株式会社ストーリア |
|---|---|
| 容量／价格 | 850克／¥498 |

　　LAVONS LE LINGE的洗衣液是一系列以香水为基底，同时加入了柔软成分的多效合一洗衣液。在洗衣的同时让衣物具有抗菌效果，就算在室内晒衣服也不会产生讨厌的气味。香气来自有机认证草本萃取物，包装富有设计感，就连放在柜子里也像个家饰。

●フローラルシック／别致花香
前调：香柠檬、荔枝、浆果
中调：玫瑰、木兰、紫罗兰
后调：雪松、琥珀、白麝香

●スイートフローラル／甜蜜花香
前调：木兰、西洋梨、浆果
中调：茉莉花、兰花、睡莲、紫罗兰
后调：檀香、香草、麝香

## ボールド
## ぷにぷにっとジェルボール

| 厂商名称 | プロクター・アンド・ギャンブル・ジャパン株式会社 |
|---|---|
| 容量／价格 | 437克(18粒)／¥360 |

　　Bold系列是添加了柔软成分的洗衣胶囊，同时也添加了香氛成分，让衣服洗完之后香喷喷的。香气成分较自家洗衣液浓缩了两倍，能让衣物晒干后保留香气。易冲洗配方，就算只漂洗一次也能将洗涤剂冲净。波轮式洗衣机及滚筒式洗衣机都能使用。

スプラッシュサンシャインの香り
阳光香氛

エレガントブロッサム&ピオニーの香り
优雅花香&芍药

## アリエール
## パワージェルボール

| 厂商名称 | プロクター・アンド・ギャンブル・ジャパン株式会社 |
|---|---|
| 容量／价格 | 437克(18粒)／¥360 |

　　洗衣胶囊是ARIEL系列中洗衣浓度最高的产品。将每次洗衣需要的剂量浓缩在一粒胶囊中，一颗可以清洗6公斤以内的衣物。使用胶囊内的洗衣凝胶洗服，能有效清洁衣物及去除气味。波轮式洗衣机及滚筒式洗衣机都能使用。

●パワージェルボール／强力除味型（绿色柑橘香）
　　蓝色包装的强力洗衣凝胶，主打强力消臭。胶囊内的洗衣凝胶能超越自家浓缩洗涤剂的洗净除臭力，能洗去黏附于衣物上的皮脂脏污以及异味。

●リビングドライジェルボール／室内晒衣型（清新大地香）
　　这款主打长效消臭。尤其是在室内晒衣服的时候，把衣服放在室内干燥，其实容易产生一股味道。这款就是为了这种情况研发的24小时长效消臭版本。

## 第三类洗涤剂——
## ジェルボール／洗衣胶囊

　　洗衣物，首先想到的不外乎是洗衣液或洗衣粉。2014年日本推出了一款特殊的洗涤剂类型，其利用特殊的水溶性薄膜包覆凝胶状洗涤剂，而这种凝胶球状设计被称为第三类洗涤剂"洗衣胶囊"。洗衣时只需将胶囊丢入洗衣槽内和衣物一起混洗，省去了测量的动作。但也因为外层为水溶性薄膜，所以使用时请务必保持双手干燥。

# 柔顺剂／衣物香氛／去味喷雾

　　除了洗衣液之外，柔顺剂当然也是不可或缺的生活香氛杂货。除了单纯的柔顺剂之外，还衍生出了许多不同的系列。现今的柔顺剂还特别添加了香氛、精油，甚至是香水成分，在柔软衣物的同时还能让衣物变香。另一方面，许多厂商也专为不能常洗的布沙发、床垫等布制品开发专用的抗菌去味喷雾。由于每个人对香味的喜好有所不同，接受度也不同，因此使用衣物香氛时也要衡量一下自己的生活与工作形态哦！

### ハミング

| 厂商名称 | 花王株式会社 |
|---|---|
| 容量／价格 | 600毫升／¥320 |

　　Humming是全家老少都可以使用的柔顺剂，使用后能避免衣物纤维对肌肤造成刺激。特殊蓬松效果能让每根纤维之间充满空气感，因此使用后的毛巾也能更快吸水，摸起来就如羽毛般松软。洗后能防止静电产生，同时使细菌不易附着而产生异味。

フローラルブーケの香り／新鲜花束

オリエンタルローズの香り／东方玫瑰

フルーティグリーンの香り／果香绿园

### ハミングファイン

| 厂商名称 | 花王株式会社 |
|---|---|
| 容量／价格 | 570毫升／¥380 |

　　Humming Fine系列的柔顺剂除了让衣物柔软之外，还添加了长效防臭成分，让穿上衣服到脱下衣服都保有清新香气。柔软成分取自植物，香味取自自然香氛精油。此外，该系列还有蓬松清爽干燥效果，衣物洗后穿着时不会因为汗水而感到黏腻，保有清爽的触感。

リフレッシュグリーンの香り
清新绿地
前调：洋甘菊
中调：铃兰、蜜桃
后调：清新琥珀、雪松、麝香

ローズガーデンの香り
玫瑰花园
前调：蜜桃
中调：玫瑰、茉莉花
后调：调和麝香、香草、木质调

マリンシトラスの香り
海洋柑橘
前调：柑橘、葡萄柚
中调：睡莲、清新香本
后调：麝香、木质调

ホワイトジャスミン
ソープの香り
白茉莉皂香
茉莉花香及沐浴后清新皂香（数量限定）

## フレア フレグランス

| 厂商名称 | 花王株式会社 |
|---|---|
| 容量／价格 | 570毫升／¥380 |

除了能让衣物摸起来更柔软蓬松之外，水分及汗水还能触动成分中的香味感应因子，使衣物从早到晚都能持续散发香气。抗菌防臭的成分能抑制讨厌的异味产生，而且冬季使用还可以降低静电发生的概率，最重要的是能让人举手投足之间都散发迷人香气。

**スウィート＆スパイス**
**甜蜜香料**
前调：莱姆、香柠檬
中调：白豆蔻、肉豆蔻、肉桂
后调：麝香、粉香、广藿香

**フローラル＆スウィート**
**花朵甜蜜**
前调：树莓、白桃、紫罗兰叶
中调：大马士革玫瑰、茉莉、栀子花
后调：香草、檀香、糖粉香

**パッション＆ベリー**
**热情浆果**
前调：覆盆莓、黑樱桃、小红莓
中调：铃兰
后调：白麝香、香草

**フラワー＆ハーモニー**
**花朵协奏曲**
前调：青苹果、西洋梨
中调：铃兰、小苍兰、芍药
后调：轻麝香、雪松

**プレシャス＆ホワイトブーケ**
**珍爱白捧花**
前调：香柠檬、绿叶香
中调：茉莉、橙花、栀子花
后调：檀香、麝香、琥珀

## ソフラン アロマリッチ

| 厂商名称 | ライオン株式会社 |
|---|---|
| 容量／价格 | 600毫升／¥379；香氛喷雾：200毫升／¥379 |

Aroma Rich系列的香味散发原理，是将自然精油成分包覆在精油晶球中，并在身体活动时释放出香氛，因此一整天都能随时释放清新香气。植物萃取成分能使纤维根根柔软，同时还可防止静电产生。除此之外还有防臭抑菌的能力，可抑制衣服上沾染的汗水或香烟等气味。这四种香味也都推出了香氛喷雾（香りのミスト）。

**ジュリエットの香り**
**朱丽叶（甜蜜花香）**
前味：黑加仑、青苹果
中味：晚香玉、茉莉、铃兰
后味：香草、甜琥珀、檀香

**スカーレットの香り**
**斯嘉丽（果香花调）**
前味：黄金桃、百香果、洋甘菊
中味：天竺葵、大马士革玫瑰、含羞草
后味：麝香、檀香、琥珀

**ダイアナの香り**
**黛安娜（玫瑰粉香）**
前味：覆盆子、柚子、白桃
中味：英国玫瑰、橘子花、白木兰
后味：安息香、咖啡色森林

**マリアの香り**
**玛丽亚（白花香）**
前味：杨桃、无花果叶、西洋梨
中味：圣母百合、栀子花、晚香玉
后味：雪松、白麝香、粉

## 香りとデオドラントのソフラン

| 厂商名称 | ライオン株式会社 |
|---|---|
| 容量／价格 | 强力消臭型：<br>620毫升／¥379<br>防臭香氛型：<br>650毫升／¥379 |

使用自然精油香氛，隔离会产生异味的汗水及烟臭味。柔软成分萃取自植物，可软化每一根纤维，同时避免静电产生。分成纯净香味的防臭香氛型以及强调消臭的双重强力消臭型。

**强力消臭型**
**フルーティグリーン**
**アロマの香り**
**果调绿地香**
前调：绿叶、青苹果
中调：茉莉、铃兰
后调：琥珀、湿地、麝香

**强力消臭型**
**ホワイトハーブアロマ**
**の香り**
**白色草本香**
前调：绿茶、茶树
中调：铃兰、茉莉
后调：琥珀、檀香、麝香

**防臭香氛型**
**アロマソープの香り**
**精油皂香**
前调：薰衣草、粉红胡椒
中调：茉莉、橘子花
后调：粉香、麝香、琥珀

**防臭香氛型**
**フローラルアロマの香り**
**精油花香**
前调：树莓、蜜桃、苹果
中调：粉红玫瑰、芍药
后调：麝香、檀香、甜香

## ランドリン 柔軟剤

| 厂商名称 | 株式会社パネス |
|---|---|
| 容量／价格 | 600毫升／¥665<br>香氛喷雾：370毫升／¥474 |

上市时以"穿上香水"作为主打特色的柔顺剂。其实不仅是香味，就连洗后的柔顺感也是其重点。洗后能避免味道残留及细菌附着，即使在室内晒衣物也不会有扰人的异味产生。其不仅外观设计具有流行感，成分提取自有机植物，小朋友的衣物也可使用。同种香味也有香氛喷雾（ファブリックミスト）型可以选择。

**クラシック フローラル / 经典花香**
前调：蜜桃、苹果
中调：玫瑰、铃兰、茉莉
后调：木质调、麝香、雪松、巴萨米克醋

**ラワー テラス / 花园清香**
前调：青柠花、青苹果
中调：茉莉、紫丁香、铃兰、玫瑰
后调：珍珠麝香、雪松、白琥珀

**ジャックミント / 杰克薄荷（FOR MEN）**
能够去除香烟以及流汗后等造成的气味，主要中调采用薄荷香调，相较于花香，这款香氛喷雾特别适合男性日常使用。（只有香氛喷雾款）
前调：黑加仑、青柠花、海洋香调
中调：铃兰、紫罗兰、绿叶
后调：白豆蔻、檀香、琥珀

## ラボン ルランジェ

| 厂商名称 | 株式会社パネス |
|---|---|
| 容量／价格 | 600毫升／¥665；香氛喷雾370毫升／¥474 |

　　从清洗到穿到身上，衣服就像被香水包覆般的奢华芳香。使用自然香料，以及有机植物萃取柔软成分，就算是贴身衣物，对肌肤也不刺激。而且成分都是使用可生物分解素材，享受香氛也不会增加环境负担。柔顺剂同系列香氛皆推出除味喷雾（ファブリックミスト）款。

## ライジングウェーブ ヴィラ デニムデオドライザー（デニム用消臭スプレー）

| 厂商名称 | 株式会社フィッツコーポレーション |
|---|---|
| 容量／价格 | 140毫升／¥1,500 |

　　日本制造香水RISING WAVE的衍生产品之一，由Fits与日本知名丹宁布制造商"カイハラ"以及牛仔裤品牌"Lee"三方首度合作，针对无法常清洗的牛仔裤推出的丹宁布用消臭喷雾。避免水洗造成牛仔裤褪色的同时消除丹宁布特殊气味，以及穿着后附着于布料中的烟味、汗味、油味以及尿味，使用后速干可马上穿。

ラグジュアリー フラワー／奢华花香
前调：香柠檬、柠檬、茉莉
中调：玫瑰花茶、橘子花
后调：麝香、琥珀、木质调

ラグジュアリー リラックス／奢华放松
前调：栀子花
中调：玫瑰、铃兰、香草、茉莉、紫罗兰
后调：木质调、琥珀、麝香

ラグジュアリー ガーデン／奢华花园
前调：黑加仑、绿叶
中调：玫瑰、铃兰、茉莉、木兰花
后调：麝香、木质调、香草

フレンチマカロン／法式马卡龙
前调：柑橘、西洋梨、浆果
中调：茉莉、兰花、睡莲
后调：香草、麝香

シークレットブロッサム／秘密花园
前调：绿叶、柠檬
中调：茉莉、铃兰、玫瑰
后调：麝香、琥珀、木质调

シャンパンムーン／沐月香槟
前调：竹叶、海洋香调
中调：茉莉、铃兰、紫罗兰、紫丁香
后调：橙花、琥珀、麝香

香味：皇家花香调

## レール デュ サボン ファブリックスプレー

| 厂商名称 | 株式会社フィッツコーポレーション |
|---|---|
| 容量／价格 | 250毫升／¥900 |

该系列是皂香香水品牌L'air de Savon推出的衣物除味皂香喷雾。使用后除了能去除异味之外，还会散发出一股能安抚情绪的洁净香味。由在日本饭店业除臭市场上占有率第一的清香水共同开发，是一款男女都适用的皂香衣物喷雾。

フィーリングブリーズ
柑橘沐浴香

前调：葡萄柚、红苹果、蜜桃、芒通柠檬
中调：铃兰、白玫瑰
后调：海洋、麝香

イノセントタイム
玫瑰皂香

前调：青苹果、黑加仑、臭氧
中调：凡尔赛玫瑰、铃兰
后调：麝香、雪松

センシュアルタッチ
海洋花香

前调：西洋梨、醛香、臭氧
中调：玫瑰、法国铃兰
后调：海洋、麝香

## レノア

| 厂商名称 | プロクター・アンド・ギャンブル・ジャパン株式会社（p&g） |
|---|---|
| 容量／价格 | 375克／¥650 |

将洗衣液或柔顺剂一起加入之后，就能让衣服清香的香氛宝石和香香珠。其中Happiness Aroma Jewel是用来增加衣物香味的香氛宝石。Lenor系列除了香味之外，主打增加了独家消臭成分，针对汗臭、中老年体臭，或是青春期等所谓的年龄段体臭都能有效的除味香香珠。因此Lenor也很适合男性使用。

### レノアプラス
### 衣类の消臭专用
### デオドラントビーズ

クールリフレッシュ
の香り
清新清爽

グリーンミスト
の香り
绿色喷雾

### レノア ハピネスアロマジュエル

エメラルドブリーズ／祖母绿微风

前调：柑橘、蜜桃、菠萝
中调：茉莉花、玫瑰花、紫花地丁、丁香
后调：香草、橘子花木调香、百合花

パールドリーム／珍珠梦幻

前调：香柠檬、蜜桃、紫花地丁
中调：蓝西番莲、芍药、茉莉花、玫瑰
后调：木调香、香草、香水草、麝香

ルビーフローラル／红宝石花香

前调：柑橘、哈密瓜、莱姆
中调：茉莉、橘子花、紫罗兰
后调：香草、木调香、琥珀

ガーネットピオニー／石榴石芍药

前调：柑橘、柠檬
中调：晚香玉、栀子花、玫瑰
后调：白麝香、琥珀、雪松

アメジストバニラ／紫水晶香草

前调：苹果、蜜桃、茴芹
中调：铃兰、蓝西番莲、茉莉
后调：香草、麝香

# PART 9

# 美容家电特辑

# 从松下家用电器制造工坊
## 到首屈一指的电器制造商的**Panasonic**

说到 Panasonic，大家一定会想起"松下幸之助"这位知名的企业家。小学未毕业就成为童工的他，从小累积了许多企业经营与实务经验，1918 年，他成立了 Panasonic 的前身——松下家用电器制造工坊。

许多人手边的吹风机等美容家电都是 Panasonic Beauty 系列的商品，但其实松下电器在 1918 年创业时的第一种商品是电灯灯座。事实上，Panasonic 的室内照明制造技术成熟，长期致力于"先进的工艺技术"与"时尚潮流"的融合，许多日本人家里的灯具上都可见 Panasonic 的商标，在中国国内也能见到由 Panasonic 制造的电源开关及插座。

松下家用电器制造工坊最早只是一个小小的家庭工厂，最早生产的电灯灯座，不仅品质好，售价还比市面上的同质同类商品低。其实这也是松下幸之助的经营理念之一，就是让大家都能买得起家用电器，后来还陆续开发出当年属于高档家电的高品质平价电热器及电熨斗。

创始初期为家庭工厂的松下家用电器制

造工坊，在一片不景气与经营困难的环境中逐步逆势成长，到了 20 世纪 20 年代才陆续成立工厂及东京办公室。或许是因为创始人松下幸之助出身寒门，所以更懂得、更愿意倾听一般百姓的需求。

在许多老电影或怀旧影集中，自行车前方大多挂着一个子弹型的小头灯，这是松下幸之助经过了半年的苦心研究后的成果。在 20 世纪 20 年代，自行车的头灯几乎都是蜡烛或燃油式，虽然当时已经有电池式头灯，但其使用持续时间短，且故障率还偏高。而这款名为"子弹型头灯"的灯具，便是运用松下家用电器制造工坊引以为傲的灯具制造技术，在改善所有灯具的缺点后完成的。

←松下电器1918年创业时制作的第一种商品——电灯灯座。

之后，松下家用电器制造工坊秉持松下精神不断成长，陆续在 1931 年推出第一部收音机，在 1939 年开发出家用电视接收机。不过松下幸之助并未因此停下脚步，而是选择在 1950 年前往欧美各国视察。然而，对 Panasonic 而言，最关键的转变期是与美国飞利浦签订技术合作协定的 1952 年。也就是在这一年，松下家用电器制造工坊进化成为"松下电子工业"。

2000 年之后，因应女性头发吹整与脸部保养等需求，Panasonic 整合所有美容家电，成立"Panasonic Beauty"这个日本美容家电迷都熟知的品牌。

回顾近百年的历史，虽然最早的灯具与现今热门的美容家电完全没有关联，但平民普及化及贴近使用者需求的开发原则却始终如一。

## 日本高度成长期的三大神器

松下幸之助早期就看准了日本的家电化时代即将来临，因此一直致力于灯具及收音机等小家电的制造。不过到了 20 世纪 50 年代，随着日本经济不断提升，人们的生活品质逐渐变好，Panasonic 便开始陆续投入生产黑白电视机、洗衣机及冰箱这三种当时日本人口中所谓的"三大神器"。

1 1951年　洗衣机一号　MW-101
2 1952年　黑白电视机一号　17K-531
3 1953年　电冰箱1号　NR-351

# 我"形"我"塑"必备法宝——
# Panasonic Beauty

Panasonic Beauty

自 1937 年发行日本首款吹风机起，Panasonic 至今在美容家电领域已耕耘了半个多世纪，并在 2008 年时将美容家电商品事业群命名为 Panasonic Beauty，以最先进的技术及想法生产出能使每个人展现出不同之美的多样性产品。Panasonic Beauty 的品牌精神"忙しいひとを、美しいひとへ"（就算忙碌，也要变美），主要以工作、做家务或带小孩等忙碌的女性为目标对象，就算没有时间去美体美容中心，也能在家中追求自己心中渴望的美丽。美丽不只讲求效果，更讲究效率，就通过美容家电让自己更有效率地变美吧！

美容家电的类型与产品种类众多，也许你已经有所接触，接下来将为大家解说同类型产品之间的差异及特色。

## 吹风机

吹风机是法国人于 19 世纪 90 年代发明的划时代产物，1906 年才由德国人做成商品。当时的吹风机相当笨重，不如现今的吹风机般轻巧，1947 年前后才渐渐轻量化成为可单手使用的重量大小。对于目前大家所用的折叠式吹风机，Panasonic 最早于 1972 年推出第一代产品。吹风机的主要原理是利用电力产生热源，并利用马达及风扇产生的风把热气吹出，因此吹风机算是一种高功率的家电产品，通常里面都会有保险丝以及温度控制器等安全装置。吹风机的主要作用原理除了利用温热风以外，同时利用空气流动来提升水分蒸发速率，因此风量及风压也是吹整效率的参考指标。近年来，吹风机的附加功能越来越多，各品牌主打的特色亦有所不同，目前最常见的几项特殊功能有以下几种。

### マイナスイオン / 负离子

在吹整头发时，让头发表面吸附负离子，使头发更快干，同时帮助水分更容易渗透至头发中，借此提升头发本身的含水量，而发质也不会因为热风吹整而变得干涩。

### ナノイー / 纳米水离子

nanoe 是通过空气中水分产生的超细微离子，其含水量约为负离子的 1000 倍，不仅能给予头发水分，还能帮助洗后的秀发毛鳞片闭合，使秀发光泽提升且较不易毛躁。如此一来，不仅能缩短头发干燥的时间，同时也能利用纳米水离子滋润并保养头皮。

### ヘアードライヤー　ナノケア　EH-NA97

| 参考售价 | ¥21,000 |
|---|---|
| 适用电压 | AC100V |

　　主打纳米水离子以及双重矿物负离子的吹风机，可在吹干头发的同时，强化头发对抗外来因素的不良影响。出风口为Panasonic特有的速干吹嘴，主要原理是利用内层强风以及外层弱风产生的风速差，将整束头发吹开进而增加接触面积。除可选择温热、冷风以及提升光泽感的冷热模式之外，其他特殊功能包括将头皮吹干的"头皮护理模式"，以及利用纳米水离子补充肌肤水分的"肌肤保养模式"。

**建议使用方法：**

　　先将头发用温热强风吹至九分干，再切换至冷热循环模式吹干所有头发。若有需要，也可切换至头皮护理模式将头皮也一并吹干。

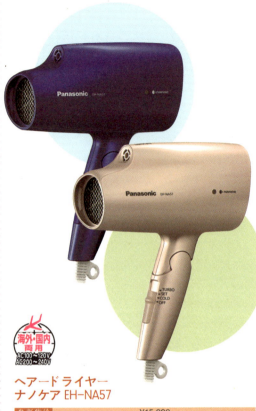

### ヘアードライヤー ナノケア EH-NA57

| 参考售价 | ¥15,000 |
|---|---|
| 适用电压 | 100～120V / 200～240V |

　　同样主打纳米水离子保养的吹风机，其出风口虽然为一般吹嘴，但附有速干接头。此外，NA57是NA系列唯一适用于世界电压的产品，电压在100～120V或200～240V的地区都可使用。

### ヘアードライヤー　イオニティ EH-NE67

| 参考售价 | ¥7,200 |
|---|---|
| 适用电压 | AC100V |

　　除了能产生纳米水离子的NA系列之外，Panasonic还推出有主打负离子功能的NE系列。主要特色是附有快干接头，同时还有超大出风量，能让头发快速干燥。EH-NE67的吹嘴左右两侧各有一个负离子产生器，在使用热风吹整时，两旁会吹出冷风。在冷热风同时吹整之下，头发会变得更加柔顺且有光泽。

## 日本家电还分日本国内版、国际版？

在日本，家电与电子产品可从保修及电压进行区别。第一种是日本国内专用，这类家电产品大多会标注适用电压：AC100V 50~60Hz。若看见这样的标识，就代表是日本国内专用机型。

另一类是国际电压版本，此类产品大多是充电式或带有变压器的产品，而电源插头上也都会注明电压范围。在日本购入的家电，其适用电压一般在AC100~240V。此类产品还有一个需注意的地方，例如吹风机的电源插头通常是不带变压器的，这种电器上通常会有电压选择切换开关。一般来说，电压设定开关会有100~120V和200~240V两种，在200~240V的环境下使用时，如果忘记切换至200~240V，可能会导致机器损毁。

还有一种是海外规格产品，又称为国际保修版本，规格上也有国际电压以及定电压两种，部分产品是针对特定国家推出的220V电压专用。另外，有些商品目前是由海外工厂生产，但可能因为海外人士的消费诉求而改在日本国内生产。国际保修版本的最大特色在于，在国外也可能享有保修及维修等后续服务，但依国家及商品不同也可能不在范围内。此外，海外规格产品（ツーリストモデル）在日本国内无法享有保修，需在出境后才能享有国际保修。

不仅是海外规格产品，就连日本国内版的家电也是，一旦带出境使用，便视同放弃日本国内保修。

↑日本国内专用版本都会标示着日本国内适用电压AC100 V。

↑如果是国际电压版本，外盒上也会印有"海外·国内两用"（海外国内两用）的标志。

↑没有变压器的家电需要先将电压调整至正确的选项，使用前敬请再次确认电压。

↑附有标准(12-32毫米)及望远镜头(35-100毫米)。

### DMC-GF7WSG

| 参考售价 | ￥100,000 |
| --- | --- |
| 适用电压 | 充电器 AC100~240V |
| 电池资讯 | 锂电池7.2V |

虽然这款适合旅行时使用的轻巧微单DMC-GF7WSG仅推出银黑、银白两色，但在海外规格商品中，GF7海外规格版本最为特别。因为它除了原汁原味保有日本国内版的可翻转触摸屏及自拍专用的双快门等各种功能外，海外规格产品为日本制造，而且只限定在日本国内销售。本书北海道特辑中的照片，便是用这台相机进行采访拍摄的。

## 头皮清洁按摩器

除头发之外，头部保养还有一个重点是头皮护理。美丽的头发源于健康的头皮，除了用双手洗头之外，现在还能通过电动头皮按摩器这类产品来加强清洁头部及按摩头皮。

电动头皮按摩器大致可分为"震动清洁"和"刷头转动清洁"等类型。一般而言，刷头转动型可模拟手指按摩揉捏的方式进行头皮按摩，若在洗头时使用，在按摩头皮的同时可以更深层地清洁，因此特别推荐在洗发时使用。另外，在使用时建议以发旋为中心，按"由外向内"的方向移动，如此一来就能让刷头更加贴合头皮，并在按摩的同时将头皮向上提拉。

### 头皮エステ

充电式全机防水头皮SPA机。机体上有4个刷头，运转时两两一组，各自以规律的节奏进行转动，而转动方式则是模拟手指按摩头皮时的揉捏动作。洗发的同时进行按摩，能更切实地清洁头皮，想要打造健康的秀发，头皮健康不可忽视。刷头为替换式，可依需求更换不同类型的刷头。此外，不同机型的清洁、按摩模式也会有所不同。

#### EH-HM77〈皮脂洗净タイプ〉

| 参考售价 | ¥12,000 |
|---|---|
| 适用电压 | AC100~240V |
| 电池资讯 | 锂电池 |

主打男性市场的银色版本，除强化刷头的洗净油脂能力之外，还加强了清洁头皮的功能。

#### EH-HE97〈サロンタッチタイプ〉

| 参考售价 | ¥15,000 |
|---|---|
| 适用电压 | AC100~240V |
| 电池资讯 | 锂电池 |

除桃红色的清洁刷头外，还附有粉红色的刮痧刷头。偏硬的刮痧刷头，可强力按摩头皮。

## 洗脸机·导入导出仪器

洗脸与按摩是脸部保养的两个重点，但只用双手洗脸总觉得有点不够彻底，因此后来就出现了脸部清洁辅助机器。另外，有些人觉得用双手按摩好像无法让保养品更加深入，因此市面上也开始出现各种辅助保养的导入仪器。

目前洗脸机最常见的清洁原理有两种。一种是利用刷头在手上起泡后直接用于脸部来清洁，另一种则是机器起泡头转动产生浓密泡沫后，再用泡沫清洁脸部。

另一方面，美容导入仪器又分为"离子导入/导出仪器"及"超声波导入仪器"两种类型。超声波导入仪器利用高速震动对肌肤进行细微且密集的按摩；而离子导入/导出仪器则是运用电子相斥或相吸的原理，将保养品成分导入或是导出肌肤的脏污。另外，部分导入仪器会附加温热效果，借此提升保养效果。

### 洗颜美容器　浓密泡エステ　EH-SC50

| 参考售价 | ¥19,000 |
|---|---|
| 适用电压 | AC100~240V |
| 电池资讯 | 锂电池 |

除尾端有可提升卸妆效果的温热探头之外，整体设计也和常见的洗脸机不同。这台浓密泡洗颜美容器的清洁原理并非刷头摩擦清洁，而是利用物理原理先将洗面乳等洁颜产品充分起泡后，再搭配震动功能进行脸部清洁。另外，这个洗脸机也能替换成柔细刷头，建议每周使用一次，用来进行深层清洁并去除老废角质。

### 导入美容器　イオンエフェクター

这个系列属于离子导入/导出仪器，主要原理是利用电流产生特有的"电气浸透流"，使保养品保湿成分更加深入肌肤，提升保养效率。呈三角形的仪器探头，更容易贴合脸部和鼻翼等部位的死角。机器本身并不防水，因此使用后需用擦拭的方法保持清洁。

注：清洁及保湿模式时需搭配化妆棉使用。

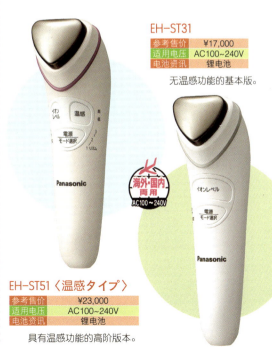

#### EH-ST31

| 参考售价 | ¥17,000 |
|---|---|
| 适用电压 | AC100~240V |
| 电池资讯 | 锂电池 |

无温感功能的基本版。

#### EH-ST51〈温感タイプ〉

| 参考售价 | ¥23,000 |
|---|---|
| 适用电压 | AC100~240V |
| 电池资讯 | 锂电池 |

具有温感功能的高阶版本。

## 美颜机器

说到脸用美容家电，就不得不提到蒸脸器。据说以前的人们，会用热的水蒸气来让脸部肌肤更加红润，而这样的保养方式，应该就是脸部蒸汽美容的雏形。将水汽化成纳米大小，使其能更深入肌肤，打造出就像喝了水一样饱满的肌肤。现今日本市面上有许多雾化机，其原理不仅仅只是加热雾化，而是通过特殊机器将水转化成纳米级雾状粒子，部分机器甚至能温热或冷却这些雾状粒子。在温度差及细微水分子的作用下，不仅能促进肌肤代谢与补充水分，部分机型甚至还能提升脸部清洁效果。

### スチーマー　ナノケア
### EH-SA35

| 适用电压 | AC100V |
|---|---|
| 参考售价 | ¥20,000 |

此系列的蒸脸机从过去的花朵开口设计更改为可以收叠的蛋形掀盖设计，因此收纳后的体积变得更小。2015年推出的新机种，还新增了Panasonic美容家电主打的草本香氛卡匣座，可在蒸脸的同时享受草本香氛。利用温热的水蒸气也能达到深层清洁脸部的目的。

### EH-SW54
### 目もとエステ〈ビューティタイプ〉

| 参考售价 | ¥22,000 |
|---|---|
| 适用电压 | AC100~240V |
| 电池资讯 | 锂电池 |

使用之前要先将眼罩内的网状补水片打湿，如此一来热敷过程中就会产生温热的蒸汽。2015年推出的升级香氛版本，其前方有一个草本精油卡匣槽，使用时只要插入精油卡匣，就可同时享受精油香氛。使用后精油卡匣需收纳至夹链袋中，否则香氛精油会持续挥发掉。在妥善保存之下，精油卡匣大约可使用30次。另外，眼罩本身具有律动按摩功能，可利用不同的震动速度发挥按摩眼周的效果。在运作模式方面，共有3种律动模式以及高、低两种温度可以选择。

↙ EH-TSW5E国际版本前方的饰板用了玫瑰金色，并且附有两个精油卡匣。

↑ 眼罩内有一个可以吸附水分的补水片，在热敷的同时产生蒸汽滋润眼部。

## 眼周保养仪器

身处3C时代的现代人，无论是上班族还是学生，都会因为长时间阅读或使用电脑、手机而造成眼睛疲劳或酸涩。毕竟眼睛是灵魂之窗，再怎么样也要好好照顾。舒缓眼睛疲劳的方法相当多，其中一种方式为热敷。据说通过热敷的方式能促进眼周循环，有舒缓眼睛周围肌肉疲劳的效果。在脸部温热保养方面，除抛弃式蒸汽眼罩之外，目前市面上也出现了许多可热敷甚至能按摩眼部的美容家电。在使用这类眼部美容家电之前，记得先卸下隐形眼镜及眼妆。若想滴眼药水，也建议在热敷之后使用。

## 电动牙刷、冲牙机

　　除了脸部保养重要外，口腔清洁也很重要。说话、大笑或是任何一个表情，其实都和嘴部息息相关。现今的口腔保养从最早的清洁，一路进化到牙龈护理。在与口腔相关的美容家电方面，最受关注的类型是电动牙刷以及齿间清洁与牙龈保养用的冲牙器。目前市面上的电动牙刷，清洁作用方式可分为直刷、横刷以及旋转刷头三种类型。从振动速度的角度来看，一般可分为电动牙刷、声波振动牙刷以及超声波振动牙刷，而部分机型甚至会利用振动搭配离子功能来加强清洁效果。另外，冲牙机的主要作用原理是利用压力产生脉冲式喷射水流，借此辅助清洁齿间或牙龈袋等牙刷不易清洁的部位。

### 声波振动ハブラシ ドルツ
### EW-DE54

| 适用电压 | AC100~240V |
|---|---|
| 电池资讯 | 锂电池 |
| 参考售价 | ¥24,800 |

　　每分钟刷头振动达到31000次的音波振动牙刷，在日本取得"日本齿科医者会推荐"的认证标章。振动方式能呈现日本牙科推荐的横向往返，这样的刷头振动能更有效率地去除牙龈袋中的污垢。另外，牙刷本身产生的负离子也能更容易去除附着在牙齿上的脏污。同捆包装中含有负离子极细毛刷头、负离子密合刷头、负离子硅胶牙龈按摩刷头与重点部位研磨刷头共4种刷头。

→EW-TDEF4这种电动牙刷也有同款式的国际版本，主要差别在于国际版本把原本银色的部位都更换成了金色设计。

### ジェットウォッシャー ドルツ
### EW-DJ51(左)

| 适用电压 | AC100~240V |
|---|---|
| 电池资讯 | 锂电池 |
| 参考售价 | ¥10,000 |

　　在日本网络论坛中曾被热烈讨论，同时也获得日本齿科医者会推荐的冲牙机。除了一般脉冲水流外，还有特殊的气泡水流模式。脉冲强力水流可清洁牙缝间牙刷不易清除的食物残渣，含有气泡的水流可温和地清洁牙龈袋，同时也可用来按摩保养牙龈。采用充电式无线设计，储水箱装满水大约可以使用35秒。

→EW-DJ10(右)
参考售价：¥6,600

除充电式机型外，也有利用干电池驱动的轻便版本。虽然少了气泡水流模式，但其将喷嘴设计成可收纳于机身侧边，同时储水槽本身就是盖子的收纳设计更方便外出时携带。

### 声波振动ハブラシ ポケットドルツ

| 电池资讯 | 干电池 |
|---|---|

　　干电池供电型的声波振动电动牙刷，外出或出差时都可随身携带，刷头振动功率可达到每分钟16000次。刷头背面还设计成可温柔清洁舌头表面的舌苔刷，就算是外出也能够简单进行口腔保养。不仅体积缩小，还将外观设计得像口红一般，放在化妆包中也不会觉得格格不入。

←EW-DS26
参考售价：¥4,270

采用可爱的粉红色上盖搭配金色机身设计。卸下牙刷刷头便是脏污擦头，除了能刷干净牙齿外，还可进行局部清洁。

←EW-DS27
参考售价：¥4,270

采用帅气的深蓝色上盖及黑色机身设计，将牙刷刷头取下后，配有尺寸为SS的齿间刷。除了能清洁牙齿外，连牙缝脏污也可以一并去除。

### 5枚刃ラムダッシュ　ES-LV9A

| 参考售价 | ¥44,800 |
| --- | --- |
| 适用电压 | AC100~240V |
| 电池资讯 | 锂电池 |

在Panasonic目前主打的五刀头电动剃须刀中，这是顶级的机型，同时附有自动清净充电器。刀头接触面积大，用以分散剃须时对肌肤产生的压力，借此减少剃须动作对肌肤摩擦产生的刺激。这款剃须刀的另一个特色，就是将每分钟往复14,000次的马达设计在刀头底端，如此一来能解决使用时手把振动的问题。剃须刀头可前后、左右、上下的立体自由移动，因此能更加紧密贴合脸部线条。刀片使用Panasonic独家技术，采用与日本刀制法相同的锻造技术，让刀头更加锐利耐用，特别适合胡须较多较浓的男性。

### お风吕剃りラムダッシュ　ES-ST29

| 参考售价 | ¥11,800 |
| --- | --- |
| 适用电压 | AC100~240V |
| 电池资讯 | 锂电池 |

除五刀头系列之外，Panasonic也针对年轻男性市场推出了适合在入浴时使用的剃须刀。该系列采用无线充电方式，全机符合IPX7防水设计基准，因此清洁时可以直接用水冲洗。该系列的刀头为三刀头设计，同样采用与日本刀制法相同的锻造技术，线性马达高速驱动之下可让刀头往复速度达到每分钟13,000次。适合胡须量一般和略多的男性。

### お风吕剃りラムダッシュ ES-ST39

| 参考售价 | ¥13,800 |
| --- | --- |

相较于ES-ST29，这款ES-ST39不仅多了收纳袋，还多了一个起泡模式功能。市面上任何不含颗粒的洗面乳，在剃须刀内建的特殊振动功能下，都能产生绵密的泡沫，这些泡沫可以直接当成刮胡泡使用。

→ES-ST29及ES-ST39皆随机附赠无接点充电器。

## 电动剃须刀

　　在众多美容家电中，有个专属于男性的类型，那就是电动剃须刀。人体毛发每天大约会生长 0.4 毫米，也就是每个月大概会伸长 1.2 厘米。因此对于男性而言，每天刮胡或修胡，是维持脸部外观形象的重要步骤。

　　剃须刀也持续进化，从最早的刀片式剃须刀，到目前常见的 T 形剃须刀，在使用上也更方便及安全。另外在电动剃须刀方面，也从早期的旋转式单刀头进化到现在的旋转式多刀头、往复型以及螺旋式刀头剃须刀。这三种电动剃须刀的共同特色就是有铁网保护肌肤不被刀片刮伤，清洁上也比传统剃须刀复杂一些。无论是使用哪一种剃须刀，剃须这个动作多少会对肌肤产生刺激，因此剃须后务必记得使用具有镇静效果的须后保养品，以防止肌肤变得干燥及脆弱。

## 电动除毛器

说到除毛相关产品，除传统的手动除毛刀之外，还有许多相关的美容家电。这些除毛美容家电包括电动美体刀、拔除式脱毛器，以及居家光疗美体仪器。身体用电动剃刀原理与男性的剃须刀类似，主要是利用刀片将皮肤外的毛发刮除。脱毛器和美体刀的最大差别，在于脱毛器是用类似镊子拔毛的原理，将毛发整根拔除，因此脱毛器处理后的毛发再长出来所需的时间会比美体刀久。而光疗美体仪器的主要原理是利用能量干扰毛发生长，因此需要在除毛后使用。

### 脱毛器 ソイエ ES-ED95

| 适用电压 | AC100~240V |
|---|---|
| 电池资讯 | 锂电池 |
| 参考售价 | ¥22,000 |

这组脱毛器的头部为可更换设计，一共附有5种不同的功能头。除大面积用的脱毛头外，还有比基尼线与腋下专用的局部脱毛头。另外还有剃刀刀头，不同部位可使用不同的配件。另外还有可以用来除脚皮等硬皮的配件，以及超声波去角质刷头。除了直接除毛外，也能先将沐浴乳挤于脱毛头上，利用机器旋转产生泡沫，借此温和地拔除毛发。除毛机前端附有LED照明灯以便在除毛时看得更清楚，机体使用后可直接用水冲洗。

### 光美容器　光エステ
（ボディ用／コードレス）ES-WH81

| 适用电压 | AC100~240V |
|---|---|
| 电池资讯 | 锂电池 |
| 参考售价 | ¥32,500 |

近几年日本除了除毛刀及脱毛器外，还有这种光疗美体仪器。虽然它本身没有除毛的效果，却能干扰毛发生长，使毛发较不明显。使用时，探头在接触肌肤后约3秒会闪一次，依照耐痛力可选择不同的强度。由于照射只对深色产生有反应，因此只有黑色、茶色及暗金色毛发才能触动机器反应。机体本身相当轻巧且采用充电设计，使用时不会有电线影响操作。

## 低周波训练产品

除了与身体外观有关的美容家电外，市面上还有利用电流让肌肉收缩的原理，进而舒缓肌肉酸痛问题的低周波产品。此外也有利用电流刺激肌肉，增加运动中的肌肉负荷，以提升肌肉锻炼效率的产品。2015年Panasonic推出了一项很特别的产品，那就是能在跑步的同时训练腹部肌肉的训练腰带。

### ビューテイトレーニング
<ラン・ウォーク用ウエスト>
ES-WB60

| 适用电压 | AC100~240V |
|---|---|
| 电池资讯 | 锂电池 |
| 参考售价 | ¥35,000 |

在运动的同时利用电流刺激肌肉收缩，达到跑步时加强腹部运动的复合训练效果。利用独家的动作感应器，侦测肌肉的伸展或转动，于适当的时机提供反向运动力，给予肌肉负荷借此提升运动强度。可以设定成跑步、健走、转动以及休息时关闭侦测四种模式，各模式下皆有1~50的强度选择。除电子零件外，腰带可以直接水洗。

**图书在版编目（CIP）数据**

日本美妆品购物攻略：终极推荐版 / 郑世彬著. --
北京：人民邮电出版社，2017.5
ISBN 978-7-115-45317-4

Ⅰ. ①日… Ⅱ. ①郑… Ⅲ. ①化妆品－选购 Ⅳ.
①F767.9

中国版本图书馆CIP数据核字（2017）第054938号

## 内 容 提 要

日本药妆研究专家郑世彬远赴日本实地采访，亲身试用后以"平实专业"的角度分析，从美妆、彩妆、发妆、保养品、护齿品、香氛、零食、育儿用品、家居杂货、美容家电等多方面，为读者整理了日本美妆店与药妆店最新、最扎实的资讯和必买品种，还制作了面膜、美容家电、居家清洁用品以及北海道与奈良美妆品特辑，并对资生堂、花王、雪肌精、高丝、菊正宗、肌研、ORBIS、FANCL等知名品牌进行了终极推荐。本书是日本自助旅行者及前往日本购物者的上佳指南。

◆ 著　　　　郑世彬
责任编辑　孔　希
责任印制　周昇亮

◆ 人民邮电出版社出版发行　　北京市丰台区成寿寺路 11 号
邮编　100164　电子邮件　315@ptpress.com.cn
网址　http://www.ptpress.com.cn
北京缤索印刷有限公司印刷

◆ 开本：690×970　1/16
印张：14.5　　　　　　　　　2017 年 5 月第 1 版
字数：300 千字　　　　　　　2017 年 5 月北京第 1 次印刷
著作权合同登记号　图字：01-2016-5839 号

定价：69.80 元
读者服务热线：**(010)81055296**　印装质量热线：**(010)81055316**
反盗版热线：**(010)81055315**
广告经营许可证：京东工商广字第 8052 号